中国社会科学院城乡发展一体化
智库系列研究成果

中国"三农"研究

Agricultural, Rural and Peasant Studies in China No.1

（第一辑）

主　编　魏后凯

副主编　潘晨光　翁　鸣

中国社会科学出版社

图书在版编目（CIP）数据

中国"三农"研究. 第一辑/魏后凯主编. —北京：中国社会科学出版社，2017.7

ISBN 978 – 7 – 5203 – 0601 – 0

Ⅰ.①中… Ⅱ.①魏… Ⅲ.①三农问题—研究—中国 Ⅳ.①F32

中国版本图书馆 CIP 数据核字（2017）第 129531 号

出 版 人	赵剑英
责任编辑	刘晓红
责任校对	韩天炜
责任印制	戴 宽

出　　版	中国社会科学出版社
社　　址	北京鼓楼西大街甲 158 号
邮　　编	100720
网　　址	http://www.csspw.cn
发 行 部	010 – 84083685
门 市 部	010 – 84029450
经　　销	新华书店及其他书店

印　　刷	北京明恒达印务有限公司
装　　订	廊坊市广阳区广增装订厂
版　　次	2017 年 7 月第 1 版
印　　次	2017 年 7 月第 1 次印刷

开　　本	710×1000　1/16
印　　张	15.5
插　　页	2
字　　数	226 千字
定　　价	69.00 元

主要编撰者简介

主编　魏后凯

经济学博士，中国社会科学院农村发展研究所所长、研究员、博士生导师，中国社会科学院城乡发展一体化智库常务副理事长。兼任中国区域科学协会理事长，中国城郊经济研究会会长，民政部、国家民委、北京市等决策咨询委员，环境保护部环境影响评价专家咨询组成员。长期从事区域经济、产业经济、资源与环境经济研究，公开出版独合著学术专著 17 部，发表中英文学术论文 400 多篇，科研成果获 20 多项省部级及以上奖励。2001 年享受国务院颁发的政府特殊津贴。

副主编　潘晨光

哲学博士，中国社会科学院农村发展研究所原党委书记、研究员、博士生导师，中国社会科学院城乡发展一体化智库副理事长，中国县镇经济交流促进会常务副会长。主要研究领域：人才与人力资源。主持完成国家信息化专项规划重大研究课题"中国信息化人才战略研究报告"，院重大项目"中外国家功勋荣誉制度研究""人才国际竞争力"等。主编《中国农村发展报告 2016》《中国人才发展报告》《中国城乡统筹发展报告》《中国民间组织发展报告》《中国人才发展 60 年》《社会科学前沿问题思考》等著作。

副主编　翁　鸣

经济学博士，中国社会科学院农村发展研究所研究员，中国社会科学院城乡发展一体化智库秘书长，研究生指导教师。主要研究方向为农产品国际贸易、农村基层民主建设。公开出版独、合著学术著作 9 部，发表学术论文 169 篇，撰写内参报告和国家高端智库《研究专报》50 多篇，编辑智库《智库专报》20 多期。自 2000 年以来连续参加"农村绿皮书"撰写工作。曾获商务部全国外经贸研究成果论著二等奖、中国社会科学院优秀成果专著三等奖。

破解"三农"难题
推进城乡发展一体化^①

（代序）

党的十八大以来，推进城乡发展一体化已经成为全党和全国的工作重心之一。党的十八大明确提出：解决好农业、农村、农民问题是全党工作重中之重，城乡发展一体化是解决"三农"问题的根本途径。2015年4月30日，习近平总书记在中央政治局第二十二次集体学习时进一步指出："我国经济实力和综合国力显著增强，具备了支撑城乡发展一体化物质技术条件，到了工业反哺农业、城市支持农村的发展阶段。"在新阶段，加快推进城乡发展一体化，形成以工促农、以城带乡、工农互惠、城乡一体的新型工农城乡关系，让广大农民平等参与现代化进程、共同分享现代化成果，是落实中央"四个全面"战略布局的必然要求，也是以习近平同志为总书记的党中央治国理政新理念、新思想、新战略的重要组成部分。

在中央统一部署和强农惠农富农政策的支持下，我国新农村和美丽乡村建设稳步推进，城镇基础设施和公共服务不断向农村延伸，农村居民收入持续快速增长，农民生活水平显著提高，城乡发展差距进一步缩小。这标志着我国城乡发展一体化已经取得显著成效，城乡关系正朝着

---

① 此文为中国社会科学院院长王伟光于2016年9月6日在中国社会科学院城乡发展一体化智库成立大会上的讲话。

良性互动的方向发展。但是，也应该清醒地认识到，目前我国农业竞争力还不强，农民收入水平还较低，城乡发展差距还较大，"农业弱、农民苦、农村穷"的状况尚未得到根本改变，要从根本上破解城乡二元结构，建立以城带乡、城乡一体的中国特色社会主义新型城乡关系依然任重而道远。从党和国家事业发展全局的战略高度，集中力量加强城乡发展一体化的理论和政策研究，可谓正当其时！

城乡发展一体化的重点在农村。破解"三农"难题，推进城乡发展一体化，离不开专业智库的智力支持。中国社会科学院是党中央国务院重要的思想库、智囊团，是具有国际影响的国家级综合性高端智库，服务国家新农村建设和城乡发展一体化既是我们的责任，更是我们的义务。中国社会科学院农村发展研究所（以下简称农发所），是我国从事"三农"理论与政策研究的学术重镇和国家队。三十多年来，农发所始终紧贴农村改革发展实际，始终围绕服务国家战略需求，始终跟踪国际学术前沿，深入开展调查研究，完成了一批有影响的优秀科研成果，为积极探索中国特色的"三农"理论和政策作出了重要贡献。

建所以来，农发所一直高度重视"三农"问题和城乡发展一体化研究。多年来，农发所一大批专家、学者从不同方面、多个视角，围绕如何破解"三农"问题、实现城乡发展一体化进行了大量研究和探索，形成了众多有价值的学术成果，为中央决策提出了许多具有重要参考价值的政策建议，许多建议得到了党和国家领导人的重要批示。这些研究积累为城乡发展一体化智库建设打下了良好基础。

依托农发所建立城乡发展一体化智库，是将中国社会科学院建成世界一流中国特色新型智库的重要组成部分。农发所全体人员一定要充分认识到建设这个智库的重要性和必要性，高度重视这一工作，举全所之力建设好智库，使之成为国际上有影响、国内最知名的"三农"智库。中国社会科学院一贯高度重视"三农"问题，今后将一如既往地支持城乡发展一体化智库的各项工作，为城乡发展一体化智库创造良好的发展环境。院各相关部门也要积极予以配合和全力支持。

在城乡发展一体化深入推进的大好形势下，城乡发展一体化智库如何加快自身建设，如何更好地在中央决策中发挥更大的作用，是需要认真思考的重要问题。借此机会，我想对城乡发展一体化智库的建设和发展谈几点要求和希望：

一要坚持为人民做学问。习近平总书记多次强调："小康不小康，关键看老乡"，"没有农村的小康，特别是没有贫困地区的小康，就没有全面建成小康社会"。城乡发展一体化智库组织和开展的各项研究，必须坚持马克思主义的指导地位，把握正确的政治方向，自觉与以习近平同志为总书记的党中央保持高度一致，始终站在党和人民的立场上做学问，为最广大人民的利益服务，为增进农民福祉、促进农村繁荣服务，这一点是丝毫不能动摇的！

二要服务国家的战略需求。智库的根本任务在于服务党和国家的科学决策。习近平总书记明确指出：实现城乡发展一体化，目标是逐步实现城乡居民基本权益平等化、城乡公共服务均等化、城乡居民收入均衡化、城乡要素配置合理化，以及城乡产业发展融合化。因此，城乡发展一体化智库需要围绕上述五大目标任务，开展前瞻性、针对性、战略性、综合性、长期性研究，最重要的是，要能够提出具有总体思维和全局眼光的高质量对策建议，这是智库建设最终的立足点，也是智库的重要使命。智库建设是否成功，这是最重要的衡量标准。

三要搭建开放的研究平台。城乡发展一体化是一个综合性研究领域，涉及国家诸多部门和我院多个研究院所。建设好城乡发展一体化智库，一定要树立开放合作的意识，紧密联系我院相关院所、有关部委和高校的专家学者，整合国内外相关资源，构建一个开放性的研究平台，推动我院"三农"问题和城乡发展一体化研究迈上一个新的台阶，充分发挥我院的思想库和智囊团作用。要继续办好《中国农村经济》和《中国农村观察》，充分发挥学会、中心和全国社科农经网络大会的平台作用。

四要加强人才队伍建设。智库建设要坚持人才为先。要紧紧围绕智库建设的重点方向，下大力气抓好人才培养和引进工作，全面提升科研、编辑、管理人员的素质和能力，同时加强研究生和博士后培养工作，建立完善访问学者进修制度，逐步形成结构合理、梯次分明、精干高效、符合国家战略需求的高水平智库人才队伍，为智库发挥作用储备后备力量。

王伟光

2016 年 9 月 6 日

目　　录

一　城乡发展一体化

二　粮食安全与农业发展

三　农村发展与小康社会建设

四　农业管理体制改革

五　农村产权制度改革

一　城乡发展一体化

新常态下我国城乡一体化的推进战略

魏后凯

当前，中国城乡一体化已经进入适应新常态的全面推进新阶段。在这一新的发展阶段，推进城乡一体化需要有新思路、新机制和新举措。特别是如何充分发挥市场调节与政府引导相结合的双重调控作用，全面激发各市场主体的内在活力和创新动力，有效促进城乡要素自由流动、平等交换和均衡配置，构建适应新常态的新型城乡关系和可持续的城乡一体化长效机制，从而推动形成以城带乡、城乡一体、良性互动、共同繁荣的发展新格局，使农村居民与城市居民共享现代化成果，实现权利同等、生活同质、利益同享、生态同建、环境同治、城乡同荣的一体化目标，将是新时期推进城乡一体化的重点和难点所在。

一 新常态下推进城乡一体化面临的挑战

自 2012 年起，中国经济开始进入以"增速减缓、结构优化、动力多元、质量提升"为基本特征的新常态。这种新常态是中国经济发展进入新阶段后的必然结果，它符合世界经济发展的一般规律。在中国经济进入新常态后，城乡一体化格局呈现出四个明显趋势，即城镇化增速和市民化意愿下降、城乡收入差距进入持续缩小时期、要素从单向流动转向双向互动、政策从城市偏向转向农村偏向。应该看到，新常态是一把"双刃剑"，既给城乡一体化发展提供了良好机遇，也将使推进城乡一体化面临严峻挑战。这种挑战与长期积累的各种问题和矛盾相互交织在一起，呈现出综合、复杂、多维的特点。

（一）农民增收和市民化难度加大

农民增收是缩小城乡收入差距的关键。长期以来，中国城乡居民收入增长呈现出"城高乡低"的不平衡增长格局。1986—2009 年，城镇居民人均可支配收入年均增长 7.4%，而农村居民人均纯收入年均仅增长 5.0%。这种状况直到 2010 年以后才得到根本扭转。2010—2014 年，农村居民人均纯收入年均增长 10.3%，比城镇居民人均可支配收入增速高 2.4 个百分点；2015 年，农村居民人均可支配收入实际增长 7.5%，比城镇居民高 0.9 个百分点。从农民增收的来源看，近年来农民增收越来越依赖外出打工的工资性收入，而过去在收入来源中占支配地位的家庭经营收入所占比重和增长贡献率均在急剧下降。与 1991—1997 年相比，2010—2013 年工资性收入对农村居民家庭人均纯收入增长的贡献率由 26.8% 提高到 52.5%，而家庭经营收入的贡献率则由 67.9% 下降到 33.8%。2015 年，农村居民人均可支配收入增长中有 48.0% 来自工资性收入，20.3% 来自转移净收入，来自经营净收入和财产净收入的贡献率仅分别为 28.5% 和 3.2%。在新常态下，进入城镇务工的农民工较大部分将逐步转变为市民，成为城镇居民的一部分，而经济增速减缓和资本对劳动力的替代将导致城镇对农民工的需求增长趋缓，由此影响到农民的非农就业机会，这样工资性收入和转移净收入对农民增收的贡献将趋于下降，农民增收将更多地依靠家庭经营收入和财产净收入。从农民家庭经营收入看，随着工资、土地租金、农资等要素成本的不断上涨，以及农产品价格"天花板"效应凸显，农产品价格上涨和盈利的空间都日益受到限制。在这种情况下，农民增收的难度将日益加大，其潜力主要集中在三个方面：一是依靠发展现代农业来提高农业劳动生产率和竞争力；二是推动农村第一、第二、第三产业融合发展，开辟农民增收的新渠道；三是加快农村产权制度改革，赋予农民更多的财产权利，不断增加农民的财产性收入。

同时，新常态下农民工市民化和融入城市的难度也将逐步加大。一方面，当前需要市民化的农民工规模大，市民化程度低、成本高、难度大。2014年，中国户籍人口城镇化率为36.6%，比常住人口城镇化率低18.2个百分点，这表明全国城镇常住人口中尚有2.48亿农业户籍人口未完全实现市民化。这些农业转移人口的市民化程度2011年只有40%左右。据估算，全国农业转移人口实现市民化的人均公共成本平均约为13万元，其中需要在短期内集中投入的约2.6万元。如果按2014年市民化意愿的平均值51%推算，当前需要解决市民化的农业转移人口存量大约为1.26亿人，这样需要短期内集中投入总量将达到3.3万亿元。另一方面，在新常态下，经济增速减缓将使就业压力加大，并对农民工就业产生重要影响。很明显，农民工就业难题破解和全面融入城市将是一个长期的艰巨过程。

（二）"农村病"综合治理刻不容缓

近年来，随着城镇化的快速推进，农村人口老龄化、村庄"空心化"、农业劳动力质量退化、农村"三留守"和环境污染等问题日渐突出，形成了"农村病"。①人口老龄化。由于大量农村青壮年劳动力到城市打工和安家落户，一些老人留守在农村，导致农村人口老龄化现象严重。2014年，中国乡村60岁以上老龄人口比重为17.6%，65岁以上老龄人口比重为11.5%，分别比城市高3.8个和2.6个百分点。②村庄"空心化"。随着城镇化的快速推进，农村人口大批向城镇迁移，使许多村庄人去房空，形成"空心村"。在四川，许多地方农村房屋闲置率已接近40%。③农业劳动力质量退化。大量农村青壮年劳动力外出务工经商，留在农村的大多是老人、妇女和儿童，农业劳动力质量退化严重，中国农业正成为"老人农业"。④"三留守"群体庞大。中国农村留守老人和留守妇女均已接近5000万人，留守儿童按第六次全国人口普查数据推算，则达到6102.55万人，占农村全部儿童的37.7%。"三留守"问题已经成为当前农村突出的社会问题。例如，留守老人缺乏关爱、缺乏生活照料和精神慰藉、失能无靠等问题突出；留守儿童更容易遭到歧视和意外伤害，他们经常感到烦躁、孤独、闷闷不乐等，比非留守儿童存在更多的心理问题。⑤环境污染日趋严重。由于环卫设施严重落后，农村生活垃圾和污水处理率极低，加上过量使用化肥、农药和大量使用农用地膜，农村环境污染日趋严重。如何加强对"农村病"的综合治理，促进城市与农村共同繁荣，已经成为新常态下推进城乡一体化面临的严峻挑战。

（三）资源配置亟待实现城乡均衡

实现城乡公共资源的均衡配置，是推进城乡一体化的核心内容。近年来，随着新农村建设和城乡一体化的快速推进，各级财政加大了农村公用设施和公共服务投入，农村公共投资的增速明显高于城市公共投资。然而，从人均占有资源看，由于原有基数较低，目前农村地区人均公共投资仍然低于城市，有的甚至相差很大。例如，在医疗卫生方面，目前中国医疗卫生资源的80%左右集中在城市，尤其是先进的医疗技术、设备和优秀人才高度集中在城市大医院，而农村医疗卫生设施落后，医疗技术人才匮乏，且普遍存在年龄老化、专业水平低的情况。自2007年以来，农村人均卫生费用获得了快速增长，其相当于城市人均卫生费用的比例显著提高，但2013年该比例也只有39.4%。

在社会保障方面，尽管近年来中央对新农合和新农保的补助资金成倍增长，2011年达到1187.33亿元，占中央财政投入社会保险基金的35.3%，但目前新农合和新农保的标准和水平依然很低，与城镇职工基本医疗保险和社会养老保险差距很大。因此，要实现城乡公共资源的均衡配置，今后仍有很长的路要走。在新常态下，公共资源配置需要继续坚持向农村倾斜，依靠增量调整，促进存量相对均衡。这里所讲的城乡公共资源均衡配置只是一种相对均衡而不是绝对均衡。一方面，随着城镇化的快速推进，农村常住人口将逐渐减少，农村基础设施和公共服务建设需要考虑到人口迁移因素，公共服务设施布局要与未来城乡人口分布格局相适应；另一方面，有相当数量农村人口虽然居住在农村，却在城市进行公共服务消费，尤其是教育文化、医疗卫生等方面的公共服务，因而农村基础设施和公共服务建设还应考虑到农村居民在城市消费的情况。

（四）城乡二元体制急需加快并轨

城乡二元结构是制约城乡一体化的主要障碍。近年来，虽然各级政府在破解城乡二元结构方面做出了很大努力，但迄今为止，在户籍制度、土地管理、劳动就业、公共服务、社会保障、社会治理等诸多领域，城乡分割的二元体制依然根深蒂固。在户籍制度方面，一些地方虽然取消了农业户口和非农业户口的划分，但不同性质户口上原有的权益并未统一，仍须加以标识区分，城乡户籍一元化改革有名无实。在土地管理方面，中国长期实行城乡有别的建设用地使用制度，受到现有法律的限制，农村集体建设用地不能入市流转，与国有建设用地不同权、不同价，二者处于不平等的地位。在社会保障方面，城乡居民社会保障双轨运行、差距较大，城乡接轨和跨区域转移接续任务十分艰巨。比如，在城乡有别的社会救助制度和政策下，农村社会救助标准和水平普遍低于城市，而且缺乏制度化。2014 年，全国城市低保平均标准是农村的 1.77 倍，平均支出水平是农村的 2.21 倍。各地区之间的极值差距更大。2014 年第四季度，全国县级以上行政单位中最高城市低保标准是最低农村低保标准的 14.5 倍，最高城市低保人均支出水平是最低农村低保人均支出水平的 88.0 倍。在新常态下，全面推进城乡一体化不仅需要实现城乡各项体制的全面并轨，变城乡二元分治为城乡并轨同治；而且要解决区域间社会保障的转移接续问题，加快全国统筹的力度，推进全国基本公共服务均等化和社会保障一体化进程。显然，由于地区间发展差异较大，要实现各项体制的城乡和全国并轨，需要中央加大对农村和落后地区的转移支付力度。而随着中国经济由高速增长转变为中高速增长，财政收入的增长速度也将逐步放慢，在这种情况下中央和落后地区将面临较大的财政压力。

二 新常态下推进城乡一体化的总体战略

当前，中国已经进入全面推进城乡一体化的新阶段。在新常态下，全面推进城乡一体化需要采取系统集成的"一揽子"方案，而不能采取零敲碎打的办法。为此，必须全面深化城乡综合配套改革，建立并完善城乡统一的户籍登记制度、土地管理制度、就业管理制度、社会保障制度以及公共服务体系和社会治理体系，促进城乡要素自由流动、平等交换和公共资源均衡配置，实现城乡居民生活质量的等值化，使城乡居民能够享受等值的生活水准和生活品质。可以说，建立城乡统一的"四项制度"和"两大体系"，是全面推进城乡一体化的根本保障。

（一）建立城乡统一的户籍登记制度

城乡二元户籍制度是造成城乡二元结构的重要制度基础。近年来，各地加快了户籍制度改革的步伐，相继取消了农业户口和非农业户口的划分，并不同程度地放宽了农村人口落户城镇的政策，绝大部分省份都建立了居住证制度和城乡统一的户籍登记制度。但是，总的来看，目前户籍制度改革仍停留在放开户籍层面，并未触及深层次的社会福利制度改革，各项相关配套制度改革严重滞后。在新常态下，必须进一步深化户籍制度改革，建立并完善城乡统一的户籍登记制度，为消除城乡二元结构、促进城乡一体化提供制度保障。

首先，明确户籍制度改革的方向。户籍制度改革，就是要打破城乡分割，按照常住居住地登记户口，实行城乡统一的户籍登记制度，同时剥离户籍中内含的各种福利，还原户籍的本来面目。户籍制度改革的关键是户籍内含各种权利和福利制度的综合配套改革，户籍制度改革只是"标"，而其内含各种权利和福利制度的改革才是"本"。户籍制度改革必须标本兼治，其目标不是消除户籍制度，而是剥离户籍内含的各种权利和福利，取消城乡居民的身份差别，建立城乡统一的户籍登记制度，实现公民身份和权利的平等。当前，各地户籍制度改革大多把着力点放在户口迁移政策的调整即放宽落户条件上，而对综合配套改革没有引起足够的重视。多数城市都把有合法稳定职业和收入来源等作为落户的基本条件，一些特大城市则采取积分落户办法，甚至把年龄、学历、职称、投资、纳税、信用等作为落户条件，带有明显的歧视性质。显然，这些做法沿袭了过去放宽落户条件的思路,并非户籍制度改革的终极目标,而只能是一种中短期的过渡性目标。从长远来看,户籍制度改革的最终目标只能是按照常住居住地登记户口这一唯一标准,实行城乡统一的户籍登记制度。

其次,采取双管齐下的推进策略。推进户籍制度及其相关配套改革是一项长期的艰巨任务。从目前的情况看,中国户籍制度改革应实行长短结合,采取双管齐下的推进策略。所谓"双管齐下",就是一方面,按照现有的放宽落户条件的思路,实行存量优先、分类推进,逐步解决有条件(例如,有合法稳定住所和合法稳定职业)的常住农业转移人口落户城镇的问题;另一方面,通过剥离现有户籍内含的各种福利,逐步建立均等化的基本公共服务体系以及城乡统一的社会保障制度、就业管理制度、土地管理制度和社会治理体系,以常住人口登记为依据,实现基本公共服务的常住人口全覆盖。前者实质上是一种户籍政策调整,后者才是真正意义上的户籍制度改革。因此,从根本上讲,户籍制度改革最终能否成功,关键在于能否建立均等化的基本公共服务体系和城乡一体的体制机制。一旦这种城乡一体的体制机制形成,放宽落户条件的改革思路也就失去了意义。在这种情况下,两条改革路径最终将实现并轨,农业转移人口市民化将与城镇化实现同步。

(二)建立城乡统一的土地管理制度

长期以来,中国实行的是城乡二元土地管理制度。这种城乡二元体制导致了城乡土地市场的分割和地政管理的分治,严重影响了城乡一体化进程。全面推进城乡一体化,必须打破这种二元管理体制,从根本上消除土地制度障碍,建立城乡统一的土地管理制度和土地市场,严格、规范土地管理秩序。

首先,健全土地统一登记制度。实行统一的土地权属登记,以法定形式明确土地使用权的归属和土地的用途,是建立城乡统一的土地管理制度的基础。①明确土地行政主管部门为唯一的土地权属登记机构,对城乡土地进行统一确权、登记和颁证。②统一土地登记标准。无论城镇国有土地还是农村集体土地，无论耕地、林地、草地还是非农建设用地，都要纳入统一的土地登记体系，发放统一的土地登记簿和权利证书，建立城乡统一的土地登记信息系统。③以土地为核心，把过去分散在国土、城建、农业、林业、水产等部门的职能统筹起来，对土地及地上附着物和海域等不动产进行统一登记颁证，建立并完善不动产统一登记制度。

其次，实行城乡地政统一管理。①加强地籍调查。结合土地调查，以"权属合法、界址清楚、面积准确"为原则，以农村地籍调查尤其是农村集体土地所有权和建设用地使用权地籍调查为重点，全面摸清城乡每一宗土地的利用类型、面积、权属、界址等状况。②建立统一的地籍信息中心。在地籍调查的基础上，整合各部门人力、设备、信息等资源以及城乡土地图形数据和属性数据，建立城乡统一、全国联网的地籍信息中心，向全社会开放，实现资源共享。③建立统一的土地统计制度。由土地行政主管部门和统计部门负责，建立城乡统一的土地分类标准、统计口径和指标体系，统一发布土地数据，改变目前有关土地统计数字不实、不准的状况。④对城乡地政实行统一管理。土地的地政管理权限不能分散，更不能以城乡差别、权属性质和土地上附着物的不同作为"分治"的依据。城乡地政业务应依法由土地行政主管部门实行统一管理，国有林地、草地和农业用地也只能由土地行政主管部门代表国务院颁发土地使用证，只是其土地使用的类型不同而已。

最后，建立城乡统一的土地市场。①统一城乡建设用地制度。尽快修订《土地管理法》《物权法》《担保法》《城市房地产管理法》等相关法律，对妨碍农村集体经营性建设用地同等入市的条文进行修改，加快建立统一、规范的建设用地制度。对《宪法》第十条中"城市的土地属于国家所有"的规定，也应根据新形势加以修订。②规范集体经营性建设用地流转。在积极开展试点的基础上，尽快探索建立农村集体经营性建设用地使用权流转制度，对流转主体、流转条件、流转形式、收益分配、交易规则、土地用途等进行规范，为农村集体经营性建设用地同等入市创造条件。"小产权房"因不符合规划和用途管制，目前建设、销售和购买均不受法律保护，应尽快研究制定分类政策措施，提出"小产权房"的具体处置办法。③切实保障农民宅基地用益物权。宅基地是农村集体建设用地的主体，因属于非经营性建设用地，目前暂未纳入同等入市的范围。但是，从长远看，应进一步放开宅基地流转限制，逐步将农民宅基地纳入城乡统一的建设用地市场。④建立城乡统一的土地交易平台。在确权登记发证的基础上，将农民承包地、集体建设用地、宅基地、林地等的使用权纳入统一的土地交易平台，规范交易程序，促进农村集体土地合理有序流转。

（三）建立城乡统一的就业管理制度

建立城乡统一的劳动力市场和就业管理制度，是促进城乡一体化的重要保障。近年来，各地在推进城乡就业一体化方面取得了显著成效，农民工就业歧视问题已得到初步解决。但是，劳动力市场的城乡分割状况至今仍未根本消除，城乡就业不平等问题依然突出。为此，必须深化劳动就业制度改革，促进城乡之间、区域之间劳动力自由流动，彻底消除对农民工的各种就业限制和歧视，以促进城乡平等充分就业为目标，建立城乡统一的就业失业登记制度和均等的公共就业创业服务体系，推动形成平等竞争、规范有序、城乡一体的劳动力市场。

首先，消除影响城乡平等就业的一切障碍。长期以来，城乡分割的二元户籍制度和劳动力市场，造成了严重的城乡就业歧视，其中最为突出的是对农民工的就业歧视问题。这种歧视主要表现在就业机会不平等和就业待遇不平等两个方面。为此，要进一步深化体制改革，彻底消除影响城乡平等就业的一切障碍，尤其是对农民工的各种就业限制。要在法律上明文禁止各种形式的对农民工的就业歧视，赋予和保障农民工与城镇原居民同等的就业权益，依法保障农民工与城镇原居民同工同酬和同等福利待遇，建立并完善城乡平等的一体化就业政策体系，包括就业机会、创业支持、职业培训、劳动保护和就业管理等方面的政策。

其次，建立城乡统一的就业失业登记制度。改革开放以来，中国实行的一直是城镇就业失业登记制度，而没有把农村劳动力纳入就业失业登记范畴。各级政府的就业援助和就业服务政策也主要针对城镇劳动者制定和实施。这种城乡二元的就业管理制度，将农村有就业能力和就业要求但没能就业的劳动者排除在外，既是对农村劳动者的歧视，也难以真实反映全社会的就业失业状况，不利于宏观调控和社会稳定。迄今为止，有关部门仍只发布城镇新增就业人数和城镇登记失业率数据。为此，应借鉴江苏、山东青岛、四川成都等地的经验，尽快在全国范围内推广建立城乡统一的就业失业登记制度，将农村劳动力统一纳入就业失业登记范围，统一发放《就业失业登记证》，定期发布城乡统一的社会登记失业率。在条件成熟时，要采用调查失业率指标取代登记失业率指标。

最后，完善城乡均等的公共就业创业服务体系。①对劳务市场、人才市场等各类劳动力市场进行整合，将城乡分割、行业分割、部门分割的劳动力市场统一起来，构建城乡统一、公平开放、规范有序的公共就业服务体系。②打破城乡界限，在求职登记、职业介绍、就业指导、就业训练、创业支持等公共就业创业服务方面，对城乡劳动者同等对待，实行统一的标准。同时，要加大资金投入力度，加强对农业转移劳动力的职业培训，并将其纳入国民教育培训体系。③将失地农民、农村失业和就业困难人员等统一纳入就业扶持和就业援助的范围，各种社会保险补贴、失业保险金、创业补贴、小额信贷等就业援助政策和就业困难人员认定，要实现城乡全覆盖和无缝对接。

（四） 建立城乡统一的社会保障制度

目前，中国社会保障制度还存在统筹层次不高、城乡发展不平衡、转接机制不完善、农村保障水平低等诸多问题，长期形成的社会保障城乡分割的状况尚未根本改变。为此，应坚持广覆盖、保基本、多层次、可持续的方针，以增强公平性和适应流动性为重点，着力完善机制，扩大覆盖面，不断提高保障水平和统筹层次，分阶段逐步建立"全民覆盖、普惠共享、城乡一体、均等服务"的基本社会保障体系，最终实现人人享有基本社会保障的目标。

首先，建立城乡统一的基本医疗保险制度。现行基本医疗保险制度包括城镇职工基本医疗保险、城镇居民基本医疗保险和新型农村合作医疗保险三项制度。这三项制度参保人群不同，管理机构有别，筹资方式、保障水平、运作模式、报销比例等也各异，且城乡互不衔接。这种"碎片化"状况，既带来了城乡居民之间和不同群体之间的不公平，还造成了居民重复参保、财政重复投入、管理上相互掣肘等问题。为此，必须加大资源整合力度，统筹城乡医疗保障，建立城乡统一的基本医疗保险制度。总体上看，大体可以分三步走：第一步，完全取消各级机关、事业单位职工的公费医疗，将机关、事业单位职工和农民工全部纳入职工基本医疗保险，建立统一的城镇职工基本医疗保险制度。第二步，整合城镇居民基本医疗保险制度和新型农村合作医疗保险制度，建立统一的城乡居民基本医疗保险制度。第三步，整合城乡居民基本医疗保险制度和城镇职工基本医疗保险制度，建立城乡统一的基本医疗保险制度，实现医疗保险方面城乡居民在制度上的公平和对公共资源的共享。

其次，建立城乡统一的基本养老保险制度。长期以来，中国基本养老保险制度城乡分割，不同群体的保险待遇相差悬殊，各种保险的统筹层次差别大，政府财政负担沉重，不可持续的风险加大。自 2013 年以来，国家已将新型农村社会养老保险和城镇居民社会养老保险合并，并明确在 2020 年前全面建成公平、统一、规范的城乡居民基本养老保险制度。从长远发展看，不仅要打破城乡分割，还必须打破职业界限，突破"养老双轨制"，加快机关事业单位基本养老保险制度改革，构建由机关事业单位、城镇职工和城乡居民三项养老保险制度构成的基本养老保险体系，并在此基础上再适时整合这三项保险制度，最终建立全国统筹、城乡统一的基本养老保险制度，使全体人民公平地享有基本养老保障。

最后，完善城乡统一的社会救助制度。①统一城乡社会救助政策。除了少数具有城乡特色的救助项目，例如农村五保户供养、城市流浪乞讨人员救助等，城市与农村应按照统一的制度框架，实行统一的标准和政策，建立涵盖基本生活、医疗、教育、住房、就业、法律等方面救助在内的社会救助体系，为城乡困难群众提供均等化的社会救助服务。尤其要加快建立城乡统一的最低生活保障制度和医疗救助制度。②统一城乡社会救助对象类别。要按照统一的标准，并考虑到城乡的特殊性，统一确定城乡社会救助对象类别。要进一步完善临时救助制度，将常住非户籍人口和外来务工人员等流动人口统一纳入当地社会救助范围。③加大对农村的支持力度。中央和各级地方财政要加大对农村社会救助的投入力度，进一步落实和完善农村医疗救助、教育救助、就业救助、住房救助、法律救助等，不断提高农村社会救助的标准和水平，促进城乡社会救助资源配置均衡化。

（五）建立城乡统一的公共服务体系

城乡公共服务一体化是统筹城乡发展的内在要求，也是促进乡协调发展的重要保障。现阶段，推进城乡公共服务一体化，重点是加快城市基础设施和公共服务向农村延伸，逐步缩小城乡公共服务水平差距，以城乡基本公共服务均等化为核心，构建城乡一体、可持续、公平的公共服务体系。

首先，加快城市基础设施和公共服务向农村延伸。在统筹城乡发展的过程中，一定要把新型城镇化与新农村建设有机结合起来，按照城乡基础设施联网对接、共建共享的思路，加快推进城市交通、信息、供电、供排水、供气、供热、环卫、消防等基础设施向农村延伸、向农村覆盖，加强市、镇、村之间道路和市政公用基础设施无缝对接，逐步形成城乡一体的基础设施网络。在交通方面，要按照"路、站、运一体化"的思路，大力加强农村公路和客运站点建设，构建通乡达村、干线相通的公路网络和完善便捷、城乡一体的客运网络；同时，提高城市公交的覆盖面，优化线路和站点布局，逐步将公交延伸到郊区和城市周边乡镇、村庄，促进城乡公交一体化。在信息方面，重点是推进城乡邮政、通信和信息服务设施一体化。在市政公用设施方面，要重点推进城乡供电、供水、供气、供热、环卫等一体化。在此基础上，全力推进城市公共服务向农村延伸，促进城乡公共服务接轨和一体化。尤其要加快推进城市文化、体育、教育、医疗卫生、环卫等公共服务向农村延伸和覆盖，大力推动城市资本、技术和人才下乡，参与新农村建设。

其次，全力推进城乡基本公共服务均等化。国际经验表明，实现城乡基本公共服务均等化是一个长期的过程。如果以机会均等作为均等化的目标，美国实现城乡义务教育均等化花了66年，澳大利亚花了约70年，日本花了约90年；美国实现城乡医疗卫生均等化花了89年，澳大利亚花了74年，日本花了39年。从中国的实际出发，要实现高水平、可持续的基本公共服务均等化目标，大体可以分三步走：第一步是着力解决农业转移人口市民化问题，切实保障其公民基本权利和基本公共服务的权益，例如政治权利、劳动权益、就业培训权益、义务教育权益、基本社会保障权益等，逐步实现基本公共服务城镇常住人口全覆盖；第二步是着力解决城乡基本公共服务接轨问题，逐步实现基本公共服务城乡常住人口全覆盖，使各地城乡居民能够享受到区域内均等化的基本公共服务；第三步是加大全国统筹力度，着力解决区域之间基本公共服务尤其是社会保障的接轨问题，力争到2030年左右在全国范围内实现基本公共服务均等化的目标。

（六）建立城乡统一的社会治理体系

长期以来，中国实行的是城乡分治的管理体制。所谓"城乡分治"，就是按照城乡人口或城乡地域标准，在人口登记管理、规划建设、公共服务、社会保障、财政体制、行政管理等方面实行二元治理。这种城乡分治既是当今中国"三农"问题的重要根源，也是阻碍中国经济社会持续健康发展和城乡一体化的关键因素。全面推进城乡一体化，必须打破这种城乡分治的二元体制，清除各种制度壁垒，建立城乡统一的行政管理制度，从城乡分治转变为城乡同治，推动形成公平公正、规范有序、高效便民、城乡一体的新型社会治理格局。

首先，从城乡分治转变为城乡同治。促使行政管理从城乡分治到城乡同治转变，需要将城乡统筹的理念融入经济社会发展的各个领域和全过程，把城乡统筹的职能融入各级部门的常规职能之中，形成既管城又管乡的长效机制，实现覆盖城乡的全域规划、全域服务、全域管理。为此，要改变过去"重城轻乡"的传统观念，打破"城乡分治""镇村分治"的体制障碍，按照全域规划、全域管理、城乡同治的思路，把各级政府部门的管理职能由城镇向农村延伸和覆盖，尤其要把规划、土地、交通、通信、科教、文化、环卫、防疫、城管、水务、安全、消防等经济社会管理和公共服务职能由城镇向农村延伸，实行统一规划、统一建设、统一保护和统一管理，制定覆盖城乡的统一政策，推动形成权责一致、分工合理、决策科学、执行顺畅、监督有力的城乡一体的行政管理体制。今后凡新出台的政策，除与土地承包、集体经济、农业生产、城镇建设等直接相关的外，均应取消城镇与农村的区分，实行统一标准、统一政策、统一管理、统一服务。

其次，建立城乡一体的社区治理体系。长期以来，受城市偏向政策的影响，中国城市社区建设成效显著，而农村社区建设严重滞后。当前，农村社区普遍存在经费投入不足、公共设施落后、专业人员匮乏、管理体制不顺等问题。为此，必须抛弃过去那种"重城轻乡"的观念，调整城市偏向的社区政策，着力统筹城乡社区发展，建立城乡一体的社区治理体系。现阶段，重点是加强农村新型社区建设，促进农村社区化管理。在推进农村社区建设中，要尊重农民意愿，不能强迫农民"上楼"，搞大拆大建。有条件的地区，可按照地域相近、规模适度、有利于整合公共资源的原则，因地制宜、积极稳妥地推进"撤村建居"，分类分批建立农村新型社区。要借鉴城市社区的管理模式和服务理念，加强农村社区规划建设，加大对公共服务设施的投入力度，建立并完善社区服务中心和"一站式"服务大厅，不断增强社区的服务功能，逐步把社区服务延伸到自然村落，切实提高农村社区的综合服务能力和水平。

城乡发展一体化面临的主要问题及政策启示

张海鹏　朱　钢

　　城乡发展一体化是解决"三农"问题的根本途径，2020 年全面建成小康社会目标的确立，为城乡发展一体化提出了新的要求。为了全面、科学、客观地衡量我国城乡发展一体化水平和进程，课题组根据城乡发展一体化的内涵，编制了包括经济发展、社会发展、生活水平和生态环境 4 大类、31 个指标构成的评价指标体系。利用该评价指标体系，以 2007 年（中共十七大明确提出形成城乡经济社会发展一体化新格局之年）各项指标全国平均值为下限，以 2020 年目标为上限，测算了 2010—2014 年全国及各地区城乡发展一体化实现程度及进展，概括当前城乡发展一体化存在的共性问题，提出相关的政策启示。

一　我国城乡发展一体化现状

　　根据上述指标体系和 2020 年目标值（见附表）进行测算，2010—2014 年全国和各地城乡发展一体化呈现出以下特征。

（一）城乡发展一体化总水平实现程度达 52.92%，但进展放缓

　　2014 年，全国城乡发展一体化总水平实现程度为 52.92%，距离实现 2020 年目标不到一半路程，与时间进度大体保持同步。各大区域的城乡发展一体化水平实现程度均显著提升，其中，东部地区总水平实现程度达 81.37%，已经实现目标的 4/5 以上。所有省份（不包括西藏）城乡发展一体化水平实现程度均大幅提升，2014 年有 1/3 的省份总水平实

现程度超过 50%，特别是北京、天津、上海、江苏和浙江 5 个省份超过 80%。

与此同时，城乡发展一体化总水平实现程度进展放缓。2010—2014 年，我国城乡发展一体化总水平实现程度提高了 27.86 个百分点，年均提高 6.97 个百分点。相比 2007—2010 年期间年均 8.35 个百分点的提高幅度，推进速度明显趋缓。在上述 4 年中，仅 2011 年提高幅度高于平均提高幅度，总体呈现减缓趋势。分区域看，除东北地区以外，其余 3 大区域年度提高幅度也呈现渐次降低的态势。分省来看，只有 4 个省份的年度提高幅度大体呈现上升趋势。城乡发展一体化实现程度进展放缓，致使全国如期完成 2020 年目标的前景不容乐观。

表1　　　　中国及各地区城乡发展一体化总水平实现程度及进展　　　单位：%

省（市、区）	2010 年	2011 年	2012 年	2013 年	2014 年	2014 年比 2010 年提高（百分点）	年均提高（百分点）
北京	85.98	85.13	86.01	85.43	86.02	0.04	0.01
天津	68.50	76.62	81.45	84.22	84.72	16.22	4.05
河北	27.68	34.53	42.02	47.90	53.06	25.38	6.34
山西	18.51	24.23	31.31	35.99	41.04	22.53	5.63
内蒙古	9.19	16.73	25.10	27.89	34.31	25.12	6.28
辽宁	36.79	43.25	50.21	52.87	55.62	18.83	4.71
吉林	32.93	39.18	41.86	44.09	45.74	12.80	3.20
黑龙江	24.14	29.04	33.28	39.62	41.52	17.38	4.35
上海	81.83	84.74	86.30	87.06	88.43	6.60	1.65
江苏	73.74	79.01	84.03	86.22	88.38	14.64	3.66
浙江	71.78	76.43	80.41	85.46	87.78	16.00	4.00
安徽	12.79	20.98	27.43	35.36	41.70	28.91	7.23
福建	49.52	55.03	61.85	65.64	69.66	20.14	5.04
江西	25.64	33.72	41.68	44.29	49.15	23.51	5.88

省(市、区)	2010 年	2011 年	2012 年	2013 年	2014 年	2014 年比 2010 年提高（百分点）	年均提高（百分点）
山东	49.45	56.69	63.27	67.97	73.70	24.24	6.06
河南	25.16	37.97	36.70	42.72	47.82	22.67	5.67
湖北	21.52	28.26	34.42	41.40	45.98	24.46	6.11
湖南	12.43	23.58	30.24	36.03	41.79	29.37	7.34
广东	42.15	45.01	51.89	53.19	63.26	21.11	5.28
广西	3.04	10.61	17.55	25.76	34.56	31.53	7.88
海南	32.04	40.77	46.46	55.18	60.23	28.19	7.05
重庆	17.58	28.01	33.57	43.48	44.84	27.27	6.82
四川	3.17	15.11	20.24	26.14	34.83	31.66	7.92
贵州	-36.05	-32.33	-21.27	-7.77	-5.11	30.94	7.73
云南	-15.51	-9.66	-5.04	3.55	7.37	22.88	5.72
陕西	15.76	24.97	30.05	34.05	38.46	22.69	5.67
甘肃	-18.74	-7.90	0.47	5.39	9.90	28.64	7.16
青海	-18.89	-6.61	7.84	2.89	4.69	23.59	5.90
宁夏	-7.15	-0.65	-2.17	15.17	24.35	31.50	7.88
新疆	6.36	13.20	16.90	30.39	35.20	28.84	7.21
全国	25.06	32.83	39.53	46.85	52.92	27.86	6.97

注：在描述实现程度时，符号"-"表示实现程度低于 2007 年全国平均水平，后同。

（二）中西部地区城乡发展一体化实现程度进展速度明显快于东部地区

2010—2014 年，东部、中部、西部和东北地区城乡发展一体化总水平实现程度分别提高了 15.60 个、25.71 个、29.07 个和 16.78 个百分点，中西部地区城乡发展一体化实现程度进展明显快于东部和东北地区。东部地区 10 个省份中除海南以外，其他省份实现程度进展均慢于全国平

均进展，其中，北京实现程度进展缓慢，基本徘徊不前；上海实现程度
进展也较为缓慢。东部地区进展缓慢与其基数较高有关。而西部地区11
个省份中，有8个省份提高幅度超过25个百分点，其中有6个省份进展
高于全国平均进展。

中西部地区城乡发展一体化进展速度快于东部和东北地区，导致城
乡发展一体化区域间差距明显缩小。从总体看，西部地区与所有地区之
间差距缩小，中部地区与东部、东北地区之间差距缩小，东北地区与东
部地区之间差距缩小。2014年与2010年相比，东部地区城乡发展一体
化总水平实现程度与中部地区、西部地区和东北地区的差距，分别降低
了10.11个、13.46个和1.18个百分点。

经济发展水平、城乡居民收入和消费水平的区域差距缩小，中西部
地区农村外出务工人员数量增多、工资性收入提高，以及中央不断加大
对中西部地区财政投入和其他政策的支持力度，这是城乡发展一体化总
水平实现程度区域差距不断缩小的主要因素。

表2　　　　　　各大区域城乡发展一体化总水平实现程度及进展　　　单位:%

区域	2010年	2011年	2012年	2013年	2014年	2014年比2010年提高（百分点）	年均提高（百分点）
东部地区	65.77	71.37	75.19	78.19	81.37	15.60	3.90
中部地区	18.22	26.61	32.59	38.35	43.93	25.71	6.43
西部地区	-4.08	4.29	11.49	18.86	24.98	29.07	7.27
东北地区	31.71	36.29	42.43	44.80	48.49	16.78	4.20
全国	25.06	32.83	39.53	46.85	52.92	27.86	6.97

**（三）城乡发展一体化四个方面实现程度全面提升，经济发展一体化
进展相对缓慢**

2010—2014年，我国城乡发展一体化四个方面实现程度全面提升，

而且上升幅度明显。其中，生活水平一体化实现程度最高、进展最快。
2014年，生活水平一体化实现程度达到62.77%，比总水平实现程度高
9.85个百分点，比经济发展一体化、社会发展一体化和生态环境一体化
分别高出17.41个、13.71个和8.29个百分点。生活水平一体化实现程
度比总水平实现程度进展快9.18个百分点，比经济发展一体化、社会发
展一体化和生态环境一体化分别快12.01个、14.47个和10.24个百分
点。生活水平一体化提升较快，主要得益于农民收入持续较快增长并高
于城镇居民收入增长幅度。2014年与2010年相比，城乡居民收入比由
3.23缩小到2.75。

生态环境一体化实现程度和进展速度均仅次于生活水平一体化。
2014年，生态环境一体化实现程度为54.48%，距实现目标还有不到一
半的路程，实现程度进展略低于总水平实现程度进展，这主要得益于污
染物排放以及环境卫生治理状况的明显改善。近几年，国家明显加大对
环境污染的治理力度。另外，城市和农村的生活垃圾处理率均较大幅度
提升。不过，农村生活污水处理水平低、进展缓慢。

社会发展一体化实现程度较低，进展相对缓慢。2014年，社会发展
一体化实现程度为49.06%，比2010年提高22.57个百分点。社会发展
一体化实现程度较低和进展较慢的主要原因是，教育均衡发展和卫生均
衡发展实现程度较低，其深层次原因是农村人力资源素质依然较差；同
时，医疗卫生和教育公共资源的城乡配置不尽合理，差距缩小的进程
较慢。

在上述四个方面，经济发展一体化实现程度进展落后。2014年，经
济发展一体化实现程度为45.36%，实现程度距目标不及一半。2014年
与2010年相比，虽然经济发展一体化实现程度也有较大幅度提升，但
是，其实现程度依然较低，与生活水平一体化实现程度差距达17.41个
百分点。2010—2014年，经济发展一体化实现程度年均提高6.26个百
分点，明显低于生活水平一体化实现程度进展，也低于总水平、生态环
境一体化实现程度进展。同时，经济发展一体化实现程度与总水平、生
活水平和生态环境一体化实现程度的差距不断扩大，分别由2010年的

4.74 个、5.41 个和 7.36 个百分点扩大到 7.56 个、17.41 个和 9.12 个百分点。

表3   城乡发展一体化四个方面实现程度   单位：%

项目	2010 年	2011 年	2012 年	2013 年	2014 年	2014 年比 2010 年提高（百分点）	年均提高（百分点）
经济发展一体化	20.32	26.58	31.24	38.97	45.36	25.03	6.26
社会发展一体化	26.49	35.83	43.12	44.68	49.06	22.57	5.64
生活水平一体化	25.73	33.77	40.92	54.72	62.77	37.04	9.26
生态环境一体化	27.68	35.13	42.84	49.03	54.48	26.80	6.70
总指数	25.06	32.83	39.53	46.85	52.92	27.86	6.97

二　我国城乡发展一体化存在的主要问题

（一）发展不平衡是城乡发展一体化中的主要问题

尽管我国城乡发展一体化的区域差距不断缩小，但是这种差距仍然巨大，主要体现为东部地区与其他地区之间，西部地区与其他地区之间的差距。2014 年，东部、东北、中部和西部地区城乡发展一体化总水平实现程度分别为 81.37%、48.49%、43.93% 和 24.98%；东部地区城乡发展一体化总水平实现程度是全国总水平的 1.5 倍，分别是其余三个区域的 1.7 倍、1.9 倍和 3.3 倍；西部地区城乡发展一体化总水平实现程度不到全国总水平的一半，分别为东部地区、中部地区和东北地区的 31%、

52%和57%。城乡发展一体化实现程度排名前5位的上海、浙江、江苏、北京和天津的平均水平是排名后5位的贵州、青海、云南、甘肃和宁夏的平均水平的10倍以上。

值得关注的是，经济发展一体化实现程度的区域差距非常明显。2014年，东部地区城乡经济发展一体化实现程度是西部地区的18倍以上。2010—2014年，部分区域之间有的差距还有所扩大。例如，西部地区经济发展一体化实现程度与东部地区和中部地区的差距分别扩大了2.27个和7.81个百分点。东北地区社会发展一体化实现程度与东部地区的差距扩大了6.01个百分点。东北地区生活水平一体化实现程度与中部地区的差距扩大了6.46个百分点。

（二）城乡二元经济问题十分突出，而且扭转速度缓慢

近年来，虽然我国城乡二元经济问题有所改善，但城乡经济结构与经济增长匹配程度较低，现代农业发展水平不高。截至2015年，我国农业科技进步贡献率虽然已经达到了55%以上，但仍远低于发达国家70%—80%的水平，导致农业比较劳动生产率远低于非农产业比较劳动生产率。2014年，我国城乡二元对比系数约为0.22，从国际经验来看，发达国家一般为0.5—0.8，发展中国家一般也能达到0.3—0.4的水平，这充分表明我国城乡二元经济问题十分突出。

我国城乡二元经济问题扭转并不理想，大部分地区城乡二元经济问题还呈现恶化趋势。东部地区二元对比系数由2010年的0.19下降到2014年的0.18，西部地区由0.16下降到0.14。分省来看，2010—2014年，有18个省份的二元对比系数出现恶化，甚至包括北京、上海、浙江、江苏、山东和广东，由此拖累东部地区城乡发展一体化总水平提前实现目标。

（三）城乡要素配置短板效应明显，信贷资金配置和土地配置严重不合理

根据测算，2014年要素配置实现程度为43.22%，距离实现目标还有一半以上的路程，低于经济发展一体化实现程度。要素配置不仅实现程度低，而且进展也较为缓慢，成为制约、延缓经济发展一体化实现程度提高的重要因素。其问题主要是信贷资金配置和土地配置不合理。我国城乡金融市场存在严重的樊篱，资金缺乏有效的双向流动。虽然国有银行城乡金融规模不断扩大，但是城乡金融机构分布更加失衡，现存农村金融机构有效供给不足，农村资金外流严重，对城乡发展一体化造成了负面影响。

我国土地市场一体化进程更为缓慢，城乡二元土地市场刺激城市快速蔓延扩张，土地城镇化速度显著快于人口城镇化速度。统计资料显示，2009—2014 年，我国城镇建成区面积增加了 20.95%，而同期城镇人口只增加了 13.47%。事实上，我国耕地的产出效率高于世界上绝大多数主要粮食生产国，非农用地的产出效率则远低于国际先进水平。从这个意义来讲，城乡土地配置不合理的问题更加尖锐。

（四）推进城乡基本公共服务均等化任务仍然艰巨

近年来，我国城乡基本公共服务均等化取得了显著成效，城乡居民在医疗保障、义务教育以及基本养老保险方面均实现了制度全覆盖。但是，城乡基本公共服务标准差距依然较大。以义务教育为例，虽然中央和地方政府对农村教育的重视程度和投资力度都不断加大，农村居民受教育年限稳步提高。但是，城乡教育差距并没有呈现明显改善的趋势，截至 2014 年，我国城乡人口平均受教育年限比约为 0.76，并且存在着较大的区域差距。

从人口受教育年限的角度，城乡教育差距扩大可能与受教育程度较高的农村青壮劳动力大量进入城市务工有关，但是，依然偏向于城市的教育体制和投资倾向也是不可忽视的因素。再以城乡卫生技术人员配备为例，2010 年农村每千人卫生技术人员为 3 人，2014 年已经上升为 3.8人，配备数量呈明显增加趋势；可是，城乡卫生技术人员比例也同时提高，从 2010 年的 2.53 变为 2014 年的 2.55，这表明同期城市每千人卫生技术人员数量增长更快，偏向城市的医疗卫生投资和政策还在强化。以上仅从基本公共服务数量的角度进行城乡比较，如果进一步考虑质量差异，城乡基本公共服务的差距将成倍增加。

（五）新农村建设提升空间巨大

我国新农村建设取得了巨大的成就，但按照城乡发展一体化要求还存在诸多薄弱环节。以农村生活垃圾和生活废水处理为例，2014年，我国城市生活垃圾无害化处理率已达91.80%；同期，对生活垃圾进行处理的行政村比例仅为48.2%。不同区域之间差距巨大，东部地区对生活垃圾进行处理的行政村比例已达71.86%，东北地区仅为22.03%，前者是后者的3.3倍。对生活污水进行处理的行政村比例更低，2014年全国平均仅为10%；区域差距同样巨大，东部地区这一比例为22.87%，东北地区仅为2.63%，前者是后者的8.7倍。再如，我国部分地区农村人居环境，特别是无害化卫生厕所普及率亟待提高。截至2014年，吉林、黑龙江和青海无害化卫生厕所普及率还不到17%。

三 继续推进城乡发展一体化的政策启示

（一）欠发达地区推进城乡发展一体化应加快经济发展和城镇化

经济发展差距是导致城乡发展一体化区域差距的根本原因。尽管中央加大了对欠发达地区社会事业特别是农村社会事业发展的转移支付，使城乡发展一体化水平大幅度提高，但由于经济发展水平和城镇化率较低，导致城乡发展一体化区域差距依然较大。欠发达地区加快城乡发展一体化进程，从根本上摆脱过度依赖中央转移支付解决区域差距的局面，必须加快自身经济发展和城镇化步伐。

中央在制定支持欠发达地区发展的政策时，仍要着眼于促进欠发达地区经济发展。采取更加优惠的财税金融政策和开放政策鼓励产业转移，鼓励企业落户欠发达地区小城镇（市），实现当地就业和当地城镇化，这是提升欠发达地区城乡发展一体化水平的基本途径。

（二）培训现代职业农民，加大金融支持力度，提升农业经营水平，从根本上消除城乡二元经济

当前，发展规模经营除了土地制度不适应以外，还存在两大制约因素：一是缺乏高素质的现代职业农民；二是金融支持不足。

针对农村劳动力素质继续恶化的趋势，国家应该继续加大农村基础教育投入，并对农村留守人员进行职业教育培训。可以考虑将职业农民教育纳入现行教育体系当中，从人、财、物等方面给予大力支持，尤其在办学用地场所、创业基地建设、办学设备购置和税收等方面给予政策支持。

针对金融支持农业不足的问题，应采取综合措施，提升金融支持力度。不断增设或升级改造营业网点，加大乡镇及以下网点的布设力度；促进金融机构间的合作，不断创新金融产品；大力拓展资金来源，发展互联网金融与农村合作金融。

（三）强化土地管理，严格耕地保护，提高非农用地利用效率，优化土地资源城乡配置

降低土地非农化速度，提高城镇化质量。我国现有城镇非农建设用地7.3万平方公里，容纳了7.3亿人。按这个标准，再增加3万—4万平方公里的土地就可以满足未来我国城镇化的土地需求。目前，全国农村建设用地有18.5万平方公里，足以满足城镇化的土地需要，现有的城镇建设用地还有提高利用效率的空间。因此，在未来的城镇化进程中，应该强化土地规划管理，使耕地得到严格保护，重点提高非农用地利用效率。

强化土地使用总体规划的基础性作用。基本农田和非基本农田需要细致、严格地区分，未来的城镇化占地必须限制在非基本农田上。构建切实有效的耕地保护制度，包括划定农业保护区。调整财政支农政策，将农村土地整理资金集中投放到农业保护区。适当补偿对耕地保护有贡献的农户，建立健全农地动态监测系统，耕地占补由数量平衡改为"土

宜性"平衡。

提高城镇土地利用效率，严格控制城镇用地总量，提高现有城镇土地的集约利用水平。优化城镇土地利用结构，降低工业用地份额，增加居住用地和公共服务用地份额。整治和盘活闲置土地，推动其合理利用，提高使用效率。

（四）以环境综合整治为抓手，进一步提升美丽乡村建设

以改水、改厕和垃圾综合处理为重点，推动村庄的环境综合整治。采取城镇供水管网延伸或建设跨村连片集中供水工程方式，发展规模化集中供水，保障集中供水的水质。

加快农村卫生厕所建设进程，在有条件的村庄先采用粪便统一收集，集中推广"生态厕所"新技术。

健全农村垃圾处理体系，建立"村收、镇运、县处理"的城乡统筹垃圾处理模式，提高农村垃圾收集率、清运率和处理率。建立污水处理设施，对村庄内的污水集中收集、集中处理。

以水电路网等城乡互联互通为突破口，建设既体现优美乡村风光，又达到城市文明和生活便利的基础设施体系。以农业面源污染治理为抓手，全面改善村庄内耕地、水体、森林和草地的质量，提高区域内生态保护水平。

附表　　城乡发展一体化实现程度评价指标体系及 **2020** 年目标值

一级指标	二级指标	三级指标	具体指标	单位	2007 年均值	2020 年目标值
经济发展一体化	经济发展	GDP 水平	人均 GDP	元	23411	≥61000
		城镇化率	人口城镇化率	%	45.9	≥60
	产业协调	城乡二元经济	二元对比系数		0.18	≥0.35
		农业发展	第一产业劳动生产率	万元/人	1.12	≥2.4
			农业综合机械化率	%	35.2	≥68

续表

一级指标	二级指标	三级指标	具体指标	单位	2007年均值	2020年目标值
经济发展一体化	要素配置	劳动力配置	非农产业劳动力比重	%	59.2	≥80
		资金配置	农业贷款相对强度		0.48	≥1
			财政支农相对程度		0.66	≥1
		土地配置	土地相对利用率		0.63	≥1
社会发展一体化	教育均衡发展	农村教育人力资源水平与城乡差异	农村义务教育教师平均受教育年限	年	14.21	≥15.8
			城乡义务教育教师平均受教育年限比（农村/城市）		0.95	≥0.98
		农村人力资源水平与城乡差异	农村人口平均受教育年限	年	7.18	≥8.5
			城乡人口平均受教育年限比（农村/城市）		0.76	≥0.80
	卫生均衡发展	农村妇女健康和保健水平	农村孕产妇死亡率（县级孕产妇死亡率）	1/10万	34.3	≤10
		农村医疗卫生人力资源水平与城乡差异	农村每千人口卫生技术人员	人	2.7	≥4.7
			城乡每千人口卫生技术人员比（城市/农村）		2.37	≤2
	文化均衡发展	文化传播可及性	开展互联网业务行政村比重	%	48.1	100
			农村宽带入户率	%	6	≥50
	社会保障均衡发展	城乡基本医疗保障差异	城乡居民基本医疗保障水平比（城市/农村）		8.8	≤2
		城乡最低生活保障差异	城乡居民最低生活保障标准比（城市/农村）		2.6	1

续表

一级指标	二级指标	三级指标	具体指标	单位	2007 年均值	2020 年目标值
生活水平一体化	收入消费水平与城乡差距	农村居民收入与城乡差距	农民人均纯收入	元	4555	≥12000
			城乡居民收入比（城市/农村）		3.33	≤2
		城乡居民消费差距	城乡居民生活消费支出比（城市/农村）		3.53	≤2
	居住卫生条件	农村安全饮用水	农村自来水普及率	%	62.7	≥90
		农村卫生厕所	农村无害化卫生厕所普及率	%	34.8	≥70
生态环境一体化	水资源利用	农业用水效率	农田灌溉水有效利用系数		0.48	≥0.6
	污染物排放	化学需氧量排放强度	亿元 GDP 化学需氧排放量	吨/亿元	85.7	≤25
		二氧化硫排放强度	亿元 GDP 二氧化硫排放量	吨/亿元	79.9	≤20
	环境卫生治理	城市生活垃圾处理	城市生活垃圾无害化处理率	%	62	100
		农村生活垃圾处理	对生活垃圾进行处理的行政村比例	%	11.7	≥90
		农村生活污水处理	对生活污水进行处理的行政村比例	%	3.4	≥30

注：（1）表中均为 2010 年价格水平。

（2）我们根据国家针对全面建成小康社会和"十三五"规划制定的相关目标，提出了 2020 年全面建成小康社会下的城乡发展一体化目标。

进城落户农民"三权"问题研究

任常青　郜亮亮　刘同山

一　前言

土地承包经营权和宅基地使用权是法律赋予农户的用益物权，集体收益分配权是农民作为集体经济组织成员应当享有的合法财产权利。2016 年中央一号文件指出要"维护进城落户农民土地承包权、宅基地使用权、集体收益分配权（以下简称"三权"），支持引导其依法自愿有偿转让上述权益"。"三权"是农民在农村最重要的财产权，也是他们最重要的财富来源。农民与"三权"的关系既是重要的经济关系，也是重要的政治关系。

维护进城落户农民"三权"的前提是赋权。赋权是新的发展阶段创新农村集体所有制实现形式的客观要求。在各地正在进行的农村土地制度改革和集体经济产权制度改革中，赋权是一项重要并具有挑战性的工作，与其相关的是成员权的界定和权益的属性。对于日益融入城乡一体化浪潮的农村来说，居住在农村的人员，除了集体经济组织成员外，还有越来越多的外来人员，客观上要求界定不同成员拥有不同的权益。这是城市化和农业现代化进程中遇到的新问题，也是亟待解决的问题。

依法自愿有偿转让"三权"权益，首先，要有法可依。现行的《土地管理法》《农村土地承包法》等都对农村承包地、宅基地和建设用地的权益属性做了明确的法律界定。但是，一些约束性条款当时是适宜的，现在已不合时宜。其次，让农民自愿转让其权益，需要有一个开放的农村土地市场和产权交易市场。这样，其权益价值才能真正得以承认，权益的财产属性才能得以体现。最后，要重新定义农村产权市场的边界。如果仍把农村产权交易的范围限定在本集体经济组织内部，就很难说是市场起决定性作用。

二 "三权"改革的经验与问题

（一）"三权"改革的经验

农村集体产权制度改革是一项综合性强、涉及面广，需要凝聚智慧、开拓创新。各地在产权改革中，既考虑了产权形成的历史背景，又考虑到农村发展的现实需要；既坚持依法办事，按政策行事，又充分发挥村民自治的作用。

第一，将维护和保障农民的财产权利作为出发点和落脚点。"三权"是农民在农村最大的财产权利，既要维护和保障他们的权益不受侵犯，又要使其财产权利保值增值，实现最大收益。

第二，"三权"转让基于农民自愿原则。已经确立的农民权益要真正交到农民手里，就不能依靠行政命令加以干预。农民是否转让，何时转让，以什么价格转让，转让给谁，应由权益持有者自主决策。政府做的事情是制定规则，维护规则的严肃性，让农民在规则框架下做出自己的选择。

第三，打破传统集体组织边界促进"三权"转让。在农村人口持续向城镇迁移、集体成员人数不断萎缩的背景下，将受让人限制在原集体经济组织内部，就无法充分发挥市场的价格发现功能，也无法使农户上述权益的保障在增值层面有所突破。只有打破原有集体组织边界，让更多的人参与土地交易市场，才能发现农村土地和房屋的真实市场价值，才能更好地保障进城农户有关权益、保障土地退出者的经济利益。

第四，"三权"转让要处理好成员资格认定、成员权内涵之间的关系。退出"三权"后，如果原权益拥有者不再持有集体经济组织的任何权益，该成员将自动失去集体经济组织成员资格，转入者将因持有集体经济组织的权益而自动取得成员资格。集体经济组织成员资格与其是否拥有权益有关。退出权益的农民，如果仍居住在该村，他仍是该村村民或居民，但不再是该集体经济组织成员，不再享有与集体经济组织有关的权益。

第五，政府积极稳妥地推进相关工作，是"三权"转让顺利实施的重要保障。实践中，农村"三权"转让的实现方式，有的是政府主导，有的是政府支持下的市场行为。看上去无论是借助政府"有形之手"，还是市场"无形之手"都可以实现"三权"顺利转让，实际上是发挥了政府与市场的不同作用。

第六，制订可供选择的多种方案。农户分层分化是当前农村社会的重要特征，因此，不同地区、不同类型农户对"三权"转让有差别化的需求。由于农户的收入来源、经济状况、土地依赖程度等都有很大的不同，过于详细和"一刀切"的退出政策难以取得满意的效果。政策宜粗不宜细，有利于处理退出过程中出现的各类复杂问题。

（二）试点中存在的问题

（1）二轮承包期影响"三权"转让。第二轮承包期大部分地方将于2027年或2028年到期。十八届三中全会《决定》提出"稳定农村土地承包关系并保持长久不变"，但如何实现"长久不变"，如何处理二轮承包和"长久不变"的关系，目前尚无定论。在"长久不变"落实之前，"三权"转让至少面临以下三个问题：一是超过二轮承包期的"三权"转让合同的法律效力问题。二是随着二轮承包期临近，土地承包经营权转让的价格将越来越低。三是在开始下一轮承包时，如果集体经济组织成员权依然没有清晰界定，二轮承包期内已经有偿退出"三权"的农户，会否重新要求获得成员权，继而参与下一轮承包？

（2）"三权"转让中受让人的成员资格问题。如果"三权"转让的受让人是本村人，其在本集体经济组织的成员资格不存在问题；如果受让人不是本村人，其成员资格如何获得，目前还没有相应的政策。

（3）产权改革滞后影响进城落户农民的集体资产权益分配。进城落户农民尽管仍拥有集体资产权益分配权，但是，其权利难以实现，这与农村产权改革滞后有关。在集体资产股份量化之前，拥有的权益真正变为财富的渠道还不畅通。

（4）留在农村的人对进城落户农民拥有"三权"有一定的意见。主要原因是进城落户农民生活在城市，无法履行农村居民相应的义务，但享受村民身份的待遇，权利与义务不对等。一部分农民认为，集体经济组织成员与户籍相联系，如果外出人员户口已不在本村，且在外面有了稳定的工作，则不应该再保留土地承包权和集体收益分配权。

三 深化农村产权制度改革，维护进城落户农民"三权"权益

（一）城镇化进程中的人口流动与财富流动

城镇化进程中与人口流动相对应的财富流动应给予高度重视。要让进城落户农民放心进城，就要允许其带着"三权"进城，就必须依法维护进城落户农民的"三权"，支持引导其依法有偿转让上述权益，这是农村深化改革的重要内容，是维护集体经济严肃性的需要，有利于发展壮大农村集体经济和提高城镇化的质量。

随着城镇化进程的快速推进，进城落户农民的数量将不断增加。2015 年年底，我国城镇化率为 56.1%，按照户籍人口计算的城镇化率为 39.9%。"十三五"规划纲要提出到 2020 年中国常住人口城镇化率目标达到 60%，户籍人口城镇化率达到 45%，也就是在未来几年还要提高 5 个百分点。

目前，户籍人口城镇化率与城镇化率相差 16.2 个百分点，意味着城镇常住人口中约 2.1 亿人仍是农村户籍人口。到"十三五"末，这一差距缩小为 15 个百分点，但是，相对应的农村户籍人口的总量并不少。他们既是城镇居民，在城镇居住和工作，同时，也是集体经济组织成员，

在农村拥有承包地、宅基地和集体经济股权。

为此，应从以下几个方面进行改革。第一，在坚持农村土地集体所有的前提下，充分发挥其灵活性和包容性优势，通过土地制度改革，赋予集体经济组织成员更多的土地财产权利，依法保障农民土地承包经营权的用益物权属性。第二，正确处理宅基地使用权和房屋财产权的关系，改革宅基地分配制度，在严格村庄规划的前提下，赋予农民更为灵活地转让宅基地使用权的权利。第三，开展集体资产股权量化工作，探索集体经济的实现途径和发展壮大的体制机制。第四，改革农村社区的治理方式，借鉴城市街道治理模式，让农村成为农业经营者、农村非农就业者和农村居民的居住地。

（二）厘清进城落户农民与集体经济组织的关系

集体资产产权改革的出发点是厘清集体经济组织成员与集体资产的量化关系，明晰成员个人与集体经济组织的责任与义务。量化和固化成员与集体之间的关系，不仅有利于发挥二者的积极性，有利于资源的流动与最佳配置，还可以确保集体经济组织成员在退出时其财产权益不受侵害。

（三）以土地制度改革创新土地集体所有制的实现形式

土地制度改革的方向应该是保障农民的土地权益，充分发挥市场在资源配置中的作用，提高土地资源的利用效率。要有利于土地资源的流动和配置，有利于现代农业的发展，有利于农民土地财产的价值。

土地确权固化了拥有土地承包权的集体成员与土地之间的关系，土地集体所有制才找了一个实现的途径。所谓的土地集体所有制应该理解为拥有土地承包权的农民共同拥有土地的所有权。只要每一寸土地都落实了承包经营权的拥有者，集体才能得以实现。承包经营权转让的同时也意味着集体成员权的转让。没有土地承包经营权的农民，便不再是土地集体所有制下的集体成员。

土地承包经营权与集体成员的统一，可以解决承包经营权流转中存在的成员权模糊的问题。拥有土地承包经营权的人,无论是否居住在本村,这一权益都不应该被剥夺。只有在依法自愿有偿出让土地承包经营权并同时丧失集体成员权之后,土地承包经营权受让人才能自然取得成员权资格。这种处理方式确保了土地集体所有制下成员权与承包经营权的统一,也维护了土地集体所有制的永续存在。

(四) 农村集体经济组织成员权的再认识

我国的土地制度脱胎于"政社合一"体制,农民一出生成为该村的村民,就自然取得该集体经济组织的成员资格,就可以无偿取得土地经营承包权,拥有宅基地使用权并取得集体资产权益分配权。同时,离开集体经济组织的成员也自然被剥夺上述权益。这种"户籍"决定资源权益的做法实际上是给予了农民"超公民待遇",是计划经济时代的产物,已与市场经济体制不相容。与农村经济多样化、经济成分多元化和居民来源多样化不相适宜,也与户籍制度改革的目标不符。

重新界定农民资格及其权益,改变传统的"村民即成员、社员即成员"的做法。应将村民的经济权益、社会权益和政治权益分置,改变一个人拥有一个权益,就必然拥有另外两种权益的习惯做法。

经济权益。按照集体产权制度改革的要求,按照设定的基准时间,符合条件的集体经济组织成员,便拥有农村集体经济组织的经济权益,包括土地承包权、宅基地使用权和集体经济收益分配权。按照承包地确权、宅基地确权和集体资产股权量化的要求,将上述所有权益量化确权到有资格的集体经济组织成员个人。实行"生不增、死不减、可转让、可继承"。将"三权"的权益区分清楚、分开对待,划断三者的联动关系。一个人可以同时拥有"三权",也可以只拥有"三权"中的一种或两种。拥有哪一种权益,就是哪种集体经济组织的成员。

社会权益。居住在农村社区的居民,享有该社区的社会权益。他们既可以是本村居民,也可以是外来居民。只要每年在该村居住半年以上,均为本社区居民,享有社区的公共服务并承担相应义务。社区居民参与社区治理和其他社区公共事务。

政治权益。本村居民有参与村民自治的权利，享有该村的选举权和被选举权。根据《村民委员会组织法》享有规定的政治权利。

（五）给进城落户农民赋权并依法保护其"三权"

进城落户农民是农民群体的组成部分，他们曾经参与了农村集体经济建设，集体经济的发展壮大有他们的贡献，理应享有集体经济发展的成果。"三权"不应因他们现在居住地的变化而被无偿收回。

要赋予进城落户农民拥有已经取得的"三权"。在进城落户之前，如果该户成员已拥有土地承包经营权，进城落户后应允许其继续保留土地承包权，该户成员仍是土地集体所有制的成员。不能以退出宅基地作为进城落户的条件，要维护进城落户农民所拥有的宅基地使用权。进城落户农民在进城落户前已经取得的集体资产产权也应该予以保留。应当明确，农民已拥有的农村"三权"不能因其居住地的改变而被收回。

四　支持引导进城落户农民依法自愿有偿转让"三权"

（一）赋予进城落户农民在农村的合法身份

农民进城落户后，由于他们拥有本村的"三权"权益，仍应是该集体经济组织的成员。如果拥有土地承包权权益，则是以土地集体所有为基础的集体经济组织成员；如果拥有宅基地和房屋，仍是社区成员，拥有社区成员权的权益。如果没有宅基地和房屋，且大部分时间不在本村居住，则不再拥有社区成员权，不再享有社区成员的权利和义务。如果他们持有集体资产的股权，仍是集体经济组织的成员；其政治权益依照《选举法》和《村民委员会组织法》规定予以确认，同时，他们应承担相应的义务。

（二）进城落户农民"三权"有偿转让有法可依

《农村土地承包法》第十条指出，"国家保护承包方依法、自愿、有偿地进行土地承包经营权流转"。而流转的方式在第三十二条规定,"通过家庭承包取得的土地承包经营权可以依法采取转包、出租、互换、转让或者其他方式流转"。土地承包经营权的转让是法律允许的。《土地管理法》第二条规定,"土地使用权可以依法转让"。十八届三中全会《决定》也指出,赋予农民对集体资产股份占有、收益、有偿退出及抵押、担保、继承权,保障宅基地用益物权,让集体土地真正成为集体成员可以拥有的财产。因此,法律和政策都允许进城落户农民可以依法自愿有偿转让其农村"三权"。

(三) 有偿转让"三权"要依法打破村组的界限

农民自愿转让"三权"的一个重要前提是转让价格符合他们的预期,而价格是由供求关系决定的,供求关系与市场边界密切相关。市场由封闭到开放,供求关系就会发生相应的变化。

把农村"三权"转让的范围限定在集体经济组织内部,既不符合法律规定,也不利于"三权"转让。《农村土地承包法》第三十三条规定的土地承包经营权流转应当遵循的原则中,其中的一个原则是"在同等条件下,本集体经济组织成员享有优先权"。这也就意味着,非本集体经济组织成员也可以流转承包地。而同等条件应该是本集体经济组织成员与集体经济组织之外的人之间的比较,这实际上已经打破了集体经济组织的界限。但在实际工作中,多数地方都限制了向集体经济组织之外的人流转土地承包经营。

(四) 宅基地使用权退出需要规划先行

在各地进行的宅基地使用权退出试点中,始终坚守的一个原则是维持宅基地总量的零增长或负增长,这与我国目前宅基地面积过大,超额划拨宅基地有关。宅基地退出要以村庄规划、村镇规划为基础,在规划的基础上制定农户宅基地有偿退出机制。

（五）进城落户农民的集体收益分配权转让

进城落户农民的集体收益分配权与其拥有的集体资产股权相对应。集体资产股权量化到个人后，该量化的股权是取得集体收益分配权的唯一凭据。集体经济组织要制定灵活的股权转让规则，以提高集体资产股权持有者转让股权的收益。进城落户农民持有的股权允许全部有偿转让。放松对股权转让受让方的限制，允许非集体经济组织成员受让集体资产股权，受让股权成功后，受让人便成为集体经济组织成员。

五 结论及相关政策与法律修改建议

（一）各地实践积累了宝贵经验

各地在维护进城落户农民"三权"权益方面，积极探索并取得了较好效果。在维护进城落户农民"三权"方面，各地均以不损害其权益为出发点，以增加其财产价值为目的，以提高集体经济效率和集体经济组织收入为最终目标。在一定程度上都扩展了转让的市场边界，打破了集体经济组织内部的约束，过程是稳妥的，效果也是显著的。

（二）以系统化思维推进相关改革

维护进城落户农民的"三权"权益是一项涉及农村集体产权改革的重大系统工程，需要重新审视和探索集体所有制的实现形式。在城乡一体化快速发展的大背景下探索土地家庭承包经营制的内涵与实现方式。农村土地是农民的最大资产，土地制度改革要以完善家庭联产承包制，加速推进农业现代化为出发点，重视土地之于农民的财产属性，通过创新体制机制，让农民获得更大的土地财产收益。

（三）以依法自愿为原则，支持、引导进城落户农民有偿转让"三权"

第一，要为转让"三权"提供法律和政策保障。第二，打破转让边界能够提高"三权"拥有者的财产收益，同时也提高了集体经济组织的价值和社会认可度，有利于发展壮大集体经济。第三，为进城落户农民在城市生活提供生活保障和公共服务，降低其进城落户的成本，有助于他们转让"三权"。第四，加快农村产权交易的基础设施建设。

（四）创新推进集体成员资格认定工作

按照经济权益、社会权益和政治权益分置的原则，不同的人拥有的权益不一样。实行"政经分离"不但不会把土地集体所有制改垮，反而更加坚持了土地集体所有制，这是新阶段农村土地集体所有制实现形式的创新。只要土地在，就有土地承包经营权的拥有者，农村集体就在，农村集体所有制就垮不了。

（五）积极稳妥扩大"三权"转让市场范围

随着我国市场经济体制的不断完善和发展，农村集体经济组织只有面向市场，参与市场竞争，才有可能发展壮大。只有拆掉农村的"围墙"，才能提高农村经济组织的效率，农民的收益才会改善。土地承包经营权的转让、宅基地使用权的转让和农村集体资产股权的转让，都要突破本村或本集体经济组织内部的限制，要向市场要价格，让市场给集体经济组织估值。

（六）以二轮承包到期为节点完成相关改革

2027 年或 2028 年，全国大部分地区二轮承包期将结束，面临签署下一轮承包合同。特别是以后将实行家庭承包经营制长久不变，下一轮承包所面临的难度更大，交易成本更高。为了避免这种情况发生，应该加快农村产权制度改革的进程，二轮承包期到期之前，完成农村土地确权、登记、颁证，农村集体经济组织产权股份量化到人。按照集体经济组织成员资格认定办法和集体经济有效实现形式，完成集体经济组织成员权、农村社区成员权认定。以确权时点固化成员权资格，保护成员的集体财产权和收益分配权。通过建立农村产权流转交易市场，推动农村产权流转交易。下一轮承包以当时所拥有的权益大小为基准，签署长期承包合同。

（七）相关法律、法规、政策修改建议

（1）通过立法确定集体经济组织的成员资格。

（2）废止和修订已经出台的相关法律、法规和政策条文。例如，1981年国务院发布的《关于制止农村建房侵占耕地的紧急通知》规定，分配给社员的宅基地，社员只有使用权，不准出租、买卖和擅自转让；2008年住房和城乡建设部发布的《房屋登记办法》规定，"申请农村村民住房所有权转移登记，受让人不属于房屋所在地农村集体经济组织成员的，除法律、法规另有规定外，房屋登记机构应当不予办理"。

（3）鉴于正在进行户籍制度改革，建议将《村民委员会组织法》第三章中，按户籍对参加选举的村民进行分类，改为按社区成员资格确认其是否有选举权和被选举权。

（4）《农村土地承包法》第十五条"家庭承包的承包方是本集体经济组织的农户"与《土地管理法》第三章第十五条"农民集体所有的土地，可以由本集体经济组织以外的单位或者个人承包经营，从事种植业、林业、畜牧业、渔业生产"不一致。建议将前者改为"家庭承包的承包方可以是本集体经济组织的成员，也可以是本集体经济组织以外的居民，但是，土地承包合同生效后，自动取得集体经济组织成员权"。

（5）修订《农村土地承包法》第二十六条中，对迁入小城镇落户和迁入设区的市的不同对待，一律改为"承包期内，承包方全家迁入城市落户的，应当按照承包方的意愿，保留其土地承包经营权或者允许其依法进行土地承包经营权流转"。

城镇化进程中的农户土地退出：
必要性、参与意愿与实现机制

刘同山　孔祥智

城镇化的核心是农村转移人口的市民化。由于土地的不可移动性，城镇化进程必然伴随着部分农民与农村土地的"人地分离"。实施土地退出，为部分农户"离农、进城、退地"提供通道，不仅可以规避"土地流转困局"、遏制农村"空心化"，而且还可以通过土地资源的再配置，促进农业规模化和农民市民化。

所谓土地退出，是指城镇化进程中部分农户彻底放弃农村土地承包经营权、宅基地使用权等土地权利的一种自主选择行为。基于河北、山东、河南三省779户农户的问卷调查发现，如果条件合适，愿意直接出售承包地和宅基地的农户比例分别为21.69%和45.92%；愿意以政府征地、换工资收入、换城镇住房、整村搬迁等方式退出农村土地的农户比例超过59%。对重庆市梁平县、福建省晋江市和宁夏回族自治区平罗县等土地退出试点分析发现，无论是承包地、宅基地、其他集体土地还是集体成员身份，实施有偿退出都具有现实可行性。

一　实施土地退出的必要性

工业化、城镇化和以适度规模经营为特征的农业现代化要求部分农民离开农业和农村。在此过程中，如果不能顺利实现进城落户农民与农村土地的"人地分离"，农村土地和农业劳动力的配置将被扭曲，不仅会造成农业萎缩、农村凋敝，还会阻滞新型城镇化建设和城乡一体化发展。具体而言，实施土地退出的必要性主要表现在以下五个方面。

一是可以规避"土地流转困局"，减少农地非粮化、非农化的压力。所谓"土地流转困局"是指以下情形：①非农收入增加会使农民要求更高的地租，否则他们宁愿"占而不用、荒而不租"。在农产品尤其是粮食市场价格"天花板"和生产成本"地板"的双重挤压下，只有非粮化甚至非农化才能支付让农民心动的租金，即高地租将会成为农地非粮化、非农化的推手。②即便非粮化、非农化使用农地，也会因土地流转合约实施问题（流出土地的农户担心承租方中途放弃经营，给土地复垦、重新出租造成困难；承租方则担心农户中途涨租金甚至中断合同而不愿向土地投资），导致土地流转短期化和耕地质量下降。这种土地流转困局，显然是承包权和经营权分离造成的一种效率损失。因此，让不从事农业经营、不重视农产品生产而单纯看重租金收益的农户有偿放弃土地这种最基本的农业生产要素，让经营者获得承包权，不仅可以激发农业经营主体向土地投资，还能有效提升农地利用效率，减少农地的非粮化、非农化。

二是可以遏制农村"空心化"，提高农村建设用地利用效率。一般来讲，随着农村人口向城镇迁移，城市建设用地会增加而农村建设用地会减少。但是，由于国家法律法规对宅基地使用权交易的限制，导致其资源资产价值无法体现，农户闲置的宅基地难以有偿退出。在城镇化率持续提高、城镇建设用地快速增加的同时，农村宅基地面积却不合理地急剧增长，从2008年的1.36亿亩，增加至2013年年底的1.7亿亩，五年时间增长了25%。与宅基地面积增加相对应的，是农村"空心化"问题日益严重。国土资源部的数据表明，当前农村居民点空闲和闲置用地面积达0.3亿亩左右，相当于现有城镇用地规模的1/4。为农户有偿退出土地提供制度安排，可以化解农村人口减少和建设用地增加的矛盾，遏制农村"空心化"。

三是可以避免新时期产生过度"人地分离"，缩小城乡发展差距。费孝通曾在《江村经济》一书中指出，拥有"田底权"（相当于承包权）

却在城镇居住的"不在地主"收取的租金，实质上是城镇对农村财富的掠夺。能够进城落户的，一般是农民中的佼佼者，留守农村的农户则是较为贫困的弱势群体。从贫困地区、弱势群体汲取财富补贴发达地区、富裕农民，显然不符合社会公平正义的需要。给予"离农、进城"农户合理补偿、促使其退出土地，可以避免农业剩余和农村财富以地租、征地补偿款等形式从农村流向城镇，有助于缩小城乡差距。

四是有利于促进农业规模经营，提升农业经营稳定性和效益。目前，由于土地转让受到限制，家庭农场、农民合作社等新型农业经营主体主要通过租地提高经营规模。2014 年全国流转的 4.03 亿亩土地，有41.69% 流入新型经营主体，比 2010 年提高 11.04 个百分点。但在粮食价格稳中走低的趋势下，不断攀升的土地成本，压缩了新型经营主体的盈利空间。据测算，2008—2013 年，三大主粮生产的亩均土地成本从99.62 元增加至 181.36 元，土地成本占产值的比重从 13.3% 增加至16.5%，利润占产值的比重从24.89% 下降为 6.64%，"地租侵蚀利润"的现象明显。在黑龙江调查发现，很多租地经营的农机合作社面临亏损，其流转土地的面积急剧减少。让部分农户退出土地，不仅直接提升农地经营规模，还可以减少地租对利润的侵蚀，有利于农业经营的稳定性和可持续发展。

五是有利于盘活农村资源资产、激发农村经济活力并促进农民市民化。据国务院发展研究中心估算，全国农村耕地、宅基地和房屋估值分为约为35 万亿元、37 万亿元和 24 万亿元，三者累计达 96 万亿元。由于土地交易市场缺失，数额如此庞大的资源资产的市场价值无法体现而长期沉睡，不仅限制了农民的财产性收入，还加剧了农民贷款难、农业企业融资难，束缚了农村经济活力。另外，只有允许农民退出土地，银行才可以在农户无法偿还贷款时有效地处置抵押物，也才会真正接受以土地权利作为抵押获得贷款。由此可见，为农户有偿退出土地提供通道，相当于向农业、农村注入了大量资金，既有助于释放农村经济社会活力，又可以让农民获得一笔城市发展启动资金，从而助其"离农、进城"。

总之，实施土地退出不仅有助于转变农业经营模式，提升农业的可持续发展能力，还可消解城镇化进程中已经出现与可能出现的一些问题。

二 农户的土地退出意愿分析

农民的意愿是判断土地退出政策可行与否的根本依据。习近平总书记强调，改革要"尊重农民意愿和维护农民权益，把选择权交给农民"。为了考察农民的承包地、宅基地以及其他集体土地（股份收益权）的退出意愿，笔者于 2014 年 7—8 月在中原小麦主产区——河北南部、河南北部和山东西南部开展了城镇化进程中农户土地退出意愿问卷调查。本次调查共得到 779 份有效问卷，其中 217 份来自冀南、309 份来自豫北、253 份来自鲁西南。整体来看，受访农户 2013 年家庭总收入的均值为 7.75 万元，中位数为 6.40 万元，非农收入超过农业收入的农户家庭比例高达 83.66%。其中，家庭收入八成以上来自非农收入的多达 56.5%，这表明这些农村兼业经营相当普遍。

（一）承包地退出意愿

为了在土地市场缺失的情况下全面了解农民的承包地退出意愿，考虑现实性和可能性，笔者借鉴一些地方的试点做法，把退出方式具体分为"政府征地""换工资性收入"和"（如果法律政策允许）直接卖掉"三种，分别考察受访者的承包经营权退出意愿。

（1）政府征地。64.35% 的受访者愿意自家的土地被政府有偿征用。虽然政府征地行为一直遭受学界的诟病，中央政府也不断改革征地制度、缩小征地范围，但调查结果表明，只要补偿价格合理，多数农民愿意接受政府征地。值得注意的是，当农户被征用土地面积太大威胁其基本生计，或征地补偿标准太低或者征地款被基层政府、村干部贪污、克扣、挪用，导致他们没有得到合理的征地补偿时，容易引发一些农民因征地而抗争或上访。考虑到调查区域绝大部分是传统农区，可以推断，农民反对的不是政府征地行为，而是不公正和贪污腐败。

（2）换工资性收入。68.08% 的受访者愿意用承包地换取养老保险、退休金等工资性收入的方式永久退出承包地。这表明，虽然农民仍然有恋地情结，但他们实际上愿意把土地承包经营权有偿交给国家，如果推行日本和法国曾经实行的"农民退休制度"，或者借鉴荷兰的模式进行土地收储，并且补偿价格合适，会受到大部分农民的欢迎。因此，一些地方试行的土地承包经营权换养老保险，虽然在法律和学理上存在一些问题，但确实顺应了农民的土地退出意愿。

（3）直接卖掉。即使法律政策允许，也只有21.69%的受访者愿意把自家承包土地的一部分或者全部卖掉。78.31%的农民不愿意卖地，主要有三个方面的考虑：一是土地是"吃饭"保障，换成钱之后不稳妥，"钱早晚会花光的"；二是要把土地留给子孙后代，"不能把子孙的饭都吃了"；三是卖了再也没有了，不想永远失去土地。在指出可以卖掉一部分承包地时，仍然只有约1/5的农民愿意出售承包地。这意味着即使采取更激进的土地制度改革，绝大部分农民也不会把土地卖掉。

（二）宅基地退出意愿

农民向城镇迁移会造成农村宅基地和房屋闲置，农民宅基地退出意愿对于当前的宅基地制度改革有重要意义。笔者将宅基地退出方式分为"整村搬迁""换城镇住房""直接卖掉"三种，分别调查受访农民的宅基地退出意愿。

（1）整村搬迁。79.77%的受访者愿意整村搬迁至中心镇或者城里的同一个小区，高出单个农民以宅基地"换城镇住房"参与意愿20.64个百分点。这表明，一方面，农村熟人社区对于农民仍然有较强的黏性，是农民向城镇迁移的拉力；另一方面，农民有较强的从众心理，用他们的话说，"既然整村搬迁，别人都走了，我们也走"。在推进农民市民化时，能否利用以及如何利用这种熟人社会的黏性，提高迁移农户的福利，值得思考。

（2）换城镇住房。59.13%的受访者愿意用自己家的宅基地换城镇住房。可见，大部分农民都愿意向城镇迁移，或者想在城镇拥有一套住房。近年来，天津、山东、浙江嘉兴等地，都在"占补平衡"的思路下开展了农村宅基地换城镇住房尝试。从调查结果看，尽管农村宅基地换城镇住房受到一些非议，但这项制度创新实际上迎合了大部分农户的意愿，有其进步性和实践价值。

（3）直接卖掉。45.92％的受访者愿意把自己家闲置的宅基地（连同住房）卖掉，其他的受访者则给出了否定答案。不愿卖掉的原因有三点：一是宅基地是祖辈流传下来的，"不想在自己手里弄没了"；二是把宅基地换成钱不保险，"钱花光了，就什么都没了"，这也解释了为何有更高比例的农民愿意选择宅基地"换城镇住房"；三是现在没人买，市场价格也不合适，因此"还不如闲置呢"。

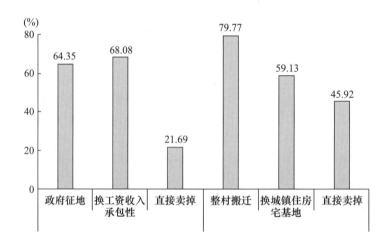

图1 样本农户的承包地、宅基地退出意愿

比较来看，对于同一种类型的土地，退出方式不同，农户参与偏好也不同；对于相似或相同的土地退出方式，承包地和宅基地退出意愿也有明显差别。具体而言，对于承包地，农民最乐于接受的退出方式是用承包地换养老保险等工资性收入，其次是接受政府征地一次性获得合理的征地补偿款，最后才是将自己家的承包地一部分或者全部卖掉；对于宅基地，农民最易于接受的退出方式是整村搬迁至中心镇或者城里的同一个小区，其次是用宅基地换城镇住房，最后才是以市场化的方式将自己家闲置的宅基地和住房卖掉。宅基地出售意愿远远高于承包地，反映出当前承包地赋权改革的成效和宅基地制度改革的滞后。

（三）其他土地退出意愿

除承包地、宅基地外，农村还有少量尚未分配的耕地、荒地、坑塘等其他集体土地。从法理上讲，农民作为集体的一员，有权请求这些土地的收益分配。在迁入城市、离开集体时，农户既可以获得一份集体资产收益分配权，也可以在获得一定补偿后自愿放弃上述权益。调查发现，34.02%的受访者指出，其所在的村、组仍有一些耕地、荒地、坑塘等尚未发包或量化到户，而57.95%的受访者愿意有偿放弃自家应得的那一份。因此，为进城落户农民提供集体土地（以及其他资产）股份收益权退出通道，很有必要。目前，国家正在加快农村集体资产清产核资和股份量化工作。关于集体资产股份有偿退出方面的研究，也日益丰富。

总之，冀、鲁、豫三省农户调查表明，对部分农民而言，承包地、宅基地已经不再是"安身立命之所在"；如果补偿合理或价格合适，他们愿意以各种方式退出农村土地。

三 土地退出的改革实践

本文选择重庆市梁平县、福建省晋江市和宁夏回族自治区平罗县三个国家农村改革试点，考察其土地退出的具体做法以及制度创新性。

（一）承包地退出的梁平尝试：以退促进

梁平县地处重庆市东北部，户籍人口约为93万，常年外出人口32.4万，其中举家外出者约占10%。随着农民向城镇迁移和传统农业转型发展，该县农地流转比例不断攀升。截至2015年3月，全县流转农地面积达48.8万亩，占承包地面积的50.3%，远高于全国平均水平。2014年11月，梁平县被确定为全国第二批农村改革试验区，主要承担农村土地承包经营权退出等方面的试点任务。

梁平县土地退出的缘起是 2014 年该县金带镇仁和村农民首小江计划投资近千万元，在蟠龙镇义和村一块撂荒多年的河滩地上建设冷水鱼养殖基地，其中 15 亩项目基础设施建设用地的承包经营权属于当地 20 户农户。由于项目投资大、回报周期长，传统的经营权流转模式无法打消用地方和土地承包户双方的顾忌。一方面，用地方的首小江担心拥有承包权的农民中途毁约或坐地起价，导致农业设施投资"打水漂"；另一方面，土地承包户也担心流入土地的经营主体因经营不善而拖欠租金甚至"跑路"，农业设施建设造成的土地损害难以修复。为了发展设施农业，必须寻求制度创新，以重新配置农村土地资源。

为了解决上述难题，梁平县在"多方联动、供需平衡"的思路下尝试了承包地有偿退出。首先，投资人首小江向土地所在的村集体经济组织表明投资意向，商议给予相关农户一定补偿并让其退出该片土地承包经营权的可行性，然后请村集体经济组织代其与所涉及的 20 户农户进行前期沟通。其次，20 户农户同意将 15 亩土地的承包经营权永久交还给集体经济组织，并和投资人谈判确定退出补偿标准为每亩 3 万元。再次，村集体经济组织同意吸收首小江为本集体成员。首小江缴纳 3000 元户籍迁入手续费后，村集体经济组织协助其将户口从金带镇仁和村迁至蟠龙镇义和村，成为义和村一组的成员，拥有了义和村上述 15 亩土地的承包经营权。又次，义和村将农户退出的 15 亩土地以《农村土地承包法》规定的"其他方式"发包给本集体成员首小江，承包期为 50 年。集体经济组织作为承包地的发包方和管理者，每亩农地收取 0.45 万元的费用。最后，县镇政府有关部门受理义和村农户的"农村土地承包经营权变更登记申请书"，并向首小江发放以上 15 亩土地的"农村土地承包经营权证"。至此，梁平县义和村"进退联动"的土地承包权转让顺利完成。

为了加快推进土地承包经营权退出试点工作，2015 年年初，梁平县在总结义和村土地退出做法的基础上，制定了《梁平县农村土地承包经营权退出试点实施办法（试行）》，确定屏锦镇万年村和礼让镇西川村为退出试点区域，并安排了 80 万元用作土地退出补偿试点的周转资金。至

2016 年 5 月，屏锦镇万年村已有 30 户农户自愿有偿退出承包地 19.7 亩，每亩平均获得 1.4 万元的退出补偿。承接方将在这 19.7 亩土地上建设现代农业大棚，从事蔬菜和水果种植，发展特色效益农业。

（二）宅基地退出的晋江做法：村内腾挪

砌坑村位于福建晋江市内坑镇西北部，属于典型的传统农区。至 2015 年年底，全村共有 951 户、3896 人，其中户籍人口约 3400 人。自 2006 年起，砌坑村开始实施村庄统一规划、建设和宅基地退出及村民安置工作。2015 年，晋江市成为全国农村土地制度改革 33 个试点之一。

在晋江市政府的支持下，村民理事会表决通过了《砌坑村宅基地退出、流转办法》。该办法规定，宅基地使用权人可以根据自身情况，自愿决定是否有偿、无偿将所占用的农村建设用地退还给村集体经济组织。有偿退出的主要是尚未废弃的农村房屋以及宅基地，退出的方式是集体经济组织成员内部转让或者退还给村集体，由村集体按照规定给予退出补偿；无偿退出的主要是闲置或废弃的厕所、畜禽舍和倒塌的房屋等占用的集体建设用地或宅基地。凡是申请有偿退出房屋和宅基地的农户，必须同时无偿退出闲置或废弃的厕所、畜禽舍和倒塌的房屋等占用的集体建设用地或宅基地。

有偿退出房屋和宅基地的补偿标准如下：依据房屋新旧状况和建筑结构，每平方米分别补贴 80—110 元（土木结构）、200—400 元（石结构）和 250—500 元（钢混结构）。根据宅基地位置优劣，每平方米补贴 100—300 元。村民一次性退出全部宅基地的，提供另有住房证明，补偿标准上浮 20%。退出宅基地面积在 50 平方米以上的，可以以套房 500 元/平方米、别墅 600 元/平方米的优惠价格购买村集体建设的安置房。对退出宅基地的集体经济组织成员，其家庭申请宅基地时，可以优先安排并给予有偿使用费适当优惠（砌坑村宅基地实行有偿使用）。

砌坑村还规定，经村集体经济组织同意，农户可以将宅基地使用权（连同其上房屋）以转让、出租、置换等方式进行流转。受让人、承租人原则上应为符合宅基地申请条件的集体经济组织成员或者原籍在村集体经济组织的港澳台同胞或华侨。宅基地使用权流转收益的 60% 归村集体经济组织，流转价格参照宅基地退出补偿标准，房屋的流转收益全部归产权人所有。流转合同达成后，由镇政府变更宅基地使用权。至 2015 年年底，砌坑村已回购宅基地 218 处，涉及拆迁房屋面积超过 7 万平方米，统一建设安置楼 75 套、别墅 56 套。

（三）各种土地"一揽子"退出的平罗经验：政府收储

宁夏平罗县既是 2012 年确定的全国第一批农村改革试验区，也是 2015 年经全国人大法律授权开展农村土地制度改革的全国 33 个试点之一。为了落实自治区"插花安置"西海固生态移民的工作部署，2013 年年初，平罗县结合自治区为每户移民提供的 12 万元安置资金和本县所承担的农村改革试验任务，在完成农村土地和房屋确权颁证的基础上，先后制定了《农民宅基地、房屋、承包地收储参考价格暂行办法》《农民集体土地和房屋产权自愿永久退出收储暂行办法》《农村土地承包经营权自愿退出补偿和重新承包保障（暂行）办法》等文件，并由县政府出资 500 万元设立农村承包地、宅基地和房屋退出收储基金，启动了政府主导下的集体经济组织"收储式"农村土地、房屋和集体经济组织成员身份的"一揽子"退出试点工作。

平罗县农户土地退出的补偿办法为：（1）承包地退出补偿。根据地理区位和土地肥力情况，将全县 13 个乡镇划分为三类区域，并依据自治区最新的征地补偿标准和本县近三年承包地流转价格，将同一区域的承包地收储价格划分为三个等级。根据等级不同，一类区域每亩地每年的收储价格分别为 600 元、500 元和 400 元；二类区域分别为 550 元、450 元和 400 元；三类区域分别为 450 元、350 元和 300 元。每亩承包地退出的总补贴为每年上浮后的补贴价格乘以第二轮承包期剩余年限。对于农户二轮承包的土地，收储价格每年上浮 5%；农户垦荒得到的集体土地不享受收储价格上浮。

（2）宅基地和房屋退出补偿。按照地理区位不同，将全县的宅基地分为三类区域（与承包地的三类区域有所不同）。确定三个不同区域标准面积（270 平方米，约 0.4 亩）的宅基地收储价格分别为 10000 元、9000 元和 8000 元。对宅基地用地超出标准面积的部分，以庭院经济用地标准收储，价格为 10000 元/亩，且最高不超过宅基地收储价格的 40%。对未取得使用权证的宅基地及其超标部分，折价收储。同时，按照建造年限和建筑结构，确定农村房屋的收储价格：2010 年以后建造的砖木结构，外墙贴瓷砖的，收储价格上限为每平方米 700 元；2010 年之前建造的、没有所有权证的房屋，折价收储。宅基地和房屋补偿的具体折价比例，由相关农户、村集体经济组织和政府有关部门协商确定。

（3）其他集体土地和集体经济组织成员身份退出补偿。申请退出农村承包地、宅基地和房屋的农户，需同时自愿放弃集体经济组织成员身份，以及作为集体成员应得的其他各种集体资源资产份额和相应的收益分配权。村集体经济组织给予一次性退出补偿，补偿金额为当年集体经济组织人均分配额乘以第二轮承包期剩余年限。

为了满足生态移民安置后生产、生活和融入集体的需要，离农退地者必须以户为单位，同时退出承包地、宅基地和房屋，并放弃相应比例的集体经济组织成员身份。尽管平罗县设置了严格的申请条件，且提供的退出补偿价格并不高——以典型农户退出 270 平方米宅基地、100 平方米（2010 年建造的砖木结构）房屋、8 亩承包地和 4 口人的集体成员身份为例，退出补偿合计约为 15 万元，但是政策出台不到一年时间，就有 3000 多户农户提交了退出申请。最终受移民数量的限制，只有 1718 户成功退出。至 2015 年 9 月，平罗县已将收储的 8650 亩承包地发包给 1174 户生态移民户。平罗的经验进一步表明，相当一部分农户有强烈的农村土地和房屋退出需求，而且"一揽子"的"人地分离"方式具有较强的可操作性。

（四）对土地退出试点的比较分析

对比三个土地退出试点后发现，除涉及的土地类型和实施动机不同外，在土地退出的主导方、退出补偿资金的来源、可推广性等方面也存在明显差异。具体而言，梁平县义和村农户承包地退出，是市场需求推动下村集体主导的农村土地资源的重新配置，其特点是"进退联动、供需平衡"。退地农户得到补偿资金，受让方获得了发展现代农业所需要的土地。由于该模式由受让人提供退出补偿资金，只需集体同意、政府备案即可实现，因而具有很强的可推广性。晋江市的宅基地退出，主要是村集体经济组织为了统一规划建设村庄而进行的土地整理，土地退出的本质是村内拆迁、置换。显然，这种土地退出方式要消耗大量财富，只有经济实力强、组织领导能力好的村庄才能实施。而且，在农村人口持续减少且城乡建设用地分割的情况下，整理节约出来的农村建设用地，也会因市场缺失和需求缺乏而难以增值利用。平罗县为了安置生态移民而实施的"离农、进城"农户"一揽子"退出农村土地、房屋及集体成员身份的成功经验表明，由政府主导的农户土地退出是可行的。

表1 　　　　　　　　　　**各试点的土地退出模式比较**

试点地区	退出土地类型	实施动机	补偿资金来源	主导方	特点	可推广性
重庆梁平	承包地	发展现代农业	市场主体	村集体	进退联动、供需平衡	很强
福建晋江	宅基地	村庄建设	本村村民	村集体	村内腾挪	弱
宁夏平罗	承包地、宅基地、其他集体土地等	安置生态移民	国家财政	地方政府	政府收储、跨区配置	较强

四 进一步思考与讨论

自农村改革以来，中国农村土地制度改革一直呈现出单向度、渐进性赋权的特点。至2014年，中央一号文件提出"在落实农村土地集体所有权的基础上，稳定农户承包权、放活土地经营权"之后，农村土地改革"三权分置"的政策目标日益清晰。但是，随着城镇化造成的"人地分离"趋势加快，如果仅强调"三权分置"，可能会带来一些负面影响。

对于人均耕地面积相对不足的人口大国而言，农村土地制度改革的根本目标，应提高人地资源要素的配置效率。唯有如此，才能为工业化、城镇化提供基础支撑，也才能更好地提升农业竞争力、实现农业现代化。所以必须考虑的是，如何通过其他的制度设计，为单向度、赋权式的土地改革提供一种补充方案。由于当前农户分层分化十分明显，利益诉求日益多样化，想找到一个所有农民一致同意的农地改革方案不切实际。因此，农村土地制度创新要充分考虑到不同类型、不同层次农户的差别化制度需求。

当前的土地退出试点工作仍然存在一些问题，其突出表现是，土地退出一般仅涉及承包地或宅基地中的一种，较少整体考虑其他类型的土地，而且基本不触及集体成员身份这一重要问题。这导致即使是试验区的农户，也只能退出某一种类型的土地，而不能退出其他类型的农村土地和集体成员身份。这与各试点所承担的改革试验任务有紧密关系。有试点地区反映，他们只能按照"封闭运行""不得抢跑"的总体要求，在承包地、宅基地或者集体资产等单个方面进行改革尝试，不能突破中央设定的试点工作范围。本文认为，尽管承包地、宅基地及其他农村土地确实存在很大差异，但从农村人口向城镇迁移引发的"人地分离"和资源要素再配置的角度看，它们都不过是农民的土地财产权，过度强调承包地、宅基地及其他土地的区别，在实施土地退出时将其人为割裂，不符合"系统性、整体性、协同性"的改革要求，也不利于地方加快土地制度创新。必须统筹考虑承包地、宅基地、其他农村土地以及集体组织成员的退出问题，为有能力、有意愿的农户彻底离开农村、融入城市提供制度安排。

五 研究结论与政策建议

实施土地退出，至少在规避"土地流转困局"、培育新型经营主体、缩小城乡鸿沟、提高农村建设用地利用效率、激发农村经济活力并促进农民市民化、避免产生新时期的"不在地主"等方面具有重要作用。基于冀、鲁、豫三省779户农户的问卷调查发现，如果补偿合理或价格合适，愿意接受政府征地、以承包地换工资性收入和把承包地卖掉的比例分别为64.35%、68.08%和21.69%；愿意整村搬迁、换城镇住房和把闲置宅基地卖掉的比例分别为79.77%、59.13%和45.92%。这表明，部分农户确实愿意有偿放弃农村土地的承包经营权，而且退出闲置宅基地的需求比较强烈。

对重庆梁平县、福建晋江市和宁夏平罗县等试验案例分析发现，一部分农户正在寻找有偿退出农村土地的通道，无论是承包地、宅基地还是集体组织成员身份，实施有偿退出都具有现实可行性。比较而言，重庆梁平承包地退出有助于实现"进退"供需平衡和新型农业经营主体培育，宁夏平罗的承包地、宅基地以及集体成员身份"一揽子"退出能够加快部分有能力、有意愿农民的市民化，以上模式都具有较强的推广价值。

基于上述结论，本文提出如下政策建议。首先，充分认识为部分农户提供土地退出通道的重要性。要解决农村人口向城镇迁移引发的一系列问题，必须为部分离农、进城农户彻底退出农村土地提供制度安排。其次，深入总结土地试点的经验做法。近年来，随着农村土地制度改革的持续深化，一些地方开始在法律政策框架内尝试农户土地退出，需要深入总结和对比分析不同地区实施农户土地退出的政策动机、制度设计、改革绩效及存在问题。最后，统筹推进承包地、宅基地和集体成员身份退出。为了给农民彻底退出土地、离开农村提供通道，要按照"系统性、整体性、协同性"的要求，统筹考虑承包地、宅基地等农村土地以及集体成员身份的"一揽子"退出问题。

总之，考虑到城镇化进程中农民和农村土地"人地分离"的大趋势，为了增强土地制度的包容性，可以将土地退出作为农村土地"三权分置"的有益补充或一种替代选择。

二　粮食安全与农业发展

中国粮食市场挤压效应的成因分析

翁 鸣

中国作为世界上人口最多的国家，始终把粮食安全放在一个极其重要的战略地位。2004—2015 年，中国粮食产量实现了连续 12 年增长，保证了 13.7 亿中国人的吃饭问题；但与此同时，出现了"两增一涨"新情况，即粮食进口量和库存量增加，国内粮食价格刚性上涨。从 2013 年 6 月开始，国内外粮食价格出现倒挂现象，即国内粮食批发价格高于进口粮食到岸完税价格，国内粮食市场"挤压效应"逐渐显现。在这样的背景下，需要科学分析国内外粮价倒挂的主要原因，解决显现的或潜在的隐患，以确保中国始终掌握粮食安全的主动权。

一 国内外粮价变化与市场"挤压效应"

中国粮食产量"十二连增"的同时，粮食净进口总体上也在增长。以谷物为例，2005—2015 年，中国谷物净进口量从 389.9 万吨增加至 3271.5 万吨，11 年间增长了 739.1%。值得关注的是，现阶段中国玉米库存也达到了较高水平。粮食进口量与粮食库存量双增长，其中一个重要原因是国际粮食价格低于国内粮食价格，甚至进口玉米等的到岸完税价格低于国内玉米等的批发价格，进口粮食的价格优势成为加工和流通企业选用进口粮食的主要依据。

（一）国内外粮价差距呈现扩大趋势

2004—2014 年，国际小麦、大米和玉米价格走势呈现明显的波动。

2008年，全球粮食危机导致国际粮食价格上涨，粮食危机后国际粮食价格总体下跌；同期，国内粮食价格基本上呈现刚性上涨，其中略有波动，但可忽略不计。国内外粮食价差反映了国内外粮食价格的相对关系，粮食价差值越大，表示国内粮食价格超过国际粮食价格越多。例如，2012—2014年，玉米和大米的国内外价差呈现明显扩大的趋势（见图1）。当国内外粮食价差达到一定程度，即国内粮食价格高于进口粮食到岸完税价格时，就出现国内外粮价倒挂现象。

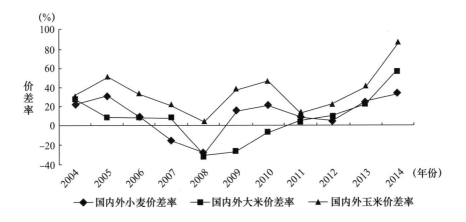

图1　中国与国际市场主要粮食价格差距

注：①价差率 =［（国内粮食价格 – 国际粮食价格）/国际粮食价格］×100%；②小麦、玉米国际价格为美国海湾离岸价格，大米国际价格为曼谷离岸价格；小麦、大米、玉米国内价格为全国平均批发价格。

（二）国内外粮食价格倒挂现象显现

国内外粮食价格倒挂是指国内粮食价格高于进口粮食价格的现象。为了保证粮食安全，粮食进口国均设立较高的粮食进口关税，以冲抵出口国的粮食价格优势，使得国内粮食价格低于进口粮食价格。但是，如果国际粮食价格持续下降、国内粮食价格持续上升，国内粮食价格就可能高于进口粮食价格，即发生国内外粮食价格倒挂现象。

中国主要粮食品种（小麦、玉米、大米）进口关税主要有两种：一种是配额外关税，税率65%；另一种是配额内关税，税率1%。关税配额内的粮食进口是有数量限制的。当中国主要粮食品种的国内价格高于关税配额内粮食进口价格（1%关税），但低于关税配额外粮食进口价格（65%关税）时，主要粮食品种进口按照配额内关税税率征收，且其最大进口量不超过上述配额量，这时的国内外粮食价格关系可称为国内外粮食价格"相对倒挂"现象。当中国主要粮食品种的国内价格高于关税配额外粮食进口价格时，就意味着关税保护的作用已经发挥到极致，可能发生国外粮食大量涌入国内市场的情况，这时的国内外粮食价格关系可称为国内外粮食价格"绝对倒挂"现象。

从中国实际情况来看，2015年，中国不仅继续呈现国内外粮食价格"相对倒挂"现象，而且该年有的月份还出现了国内外粮食价格"绝对倒挂"现象。以广州黄埔港到港的小麦为例，2015年1—12月关税配额内美国小麦到岸完税价格、国内小麦到港价格和关税配额外美国小麦到岸完税价格三者的关系如图2所示。国内小麦平均到港价格低于关税配额外美国小麦平均到岸完税价格0.12元/公斤，高于关税配额内美国小麦平均到岸完税价格0.98元/公斤。值得注意的是，2015年5月，国内小麦到港价格高于关税配额外美国小麦到岸完税价格0.12元/公斤。上述情况表明，关税配额外美国小麦到岸完税价格已经非常接近国内小麦到港价格，甚至有的月份还低于国内小麦到港价格。

再以广州黄埔港到港的玉米为例，2015年1—12月关税配额内美国玉米到岸完税价格、国内玉米到港价格和关税配额外美国玉米到岸完税价格三者的关系如图3所示。国内玉米平均到港价格低于关税配额外美国玉米平均到岸完税价格0.11元/公斤，高于关税配额内美国玉米平均到岸完税价格0.78元/公斤。值得注意的是，2015年5月，国内玉米到港价格高于关税配额外美国玉米到岸完税价格0.19元/公斤。上述情况表明，关税配额外美国玉米到岸完税价格已经非常接近国内玉米到港价格，甚至有的月份还低于国内玉米到港价格。

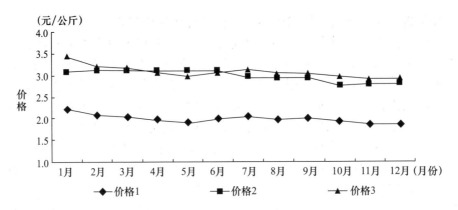

图 2　2015 年广州黄埔港国内外小麦价格比较

注：价格 1 为关税配额内美国小麦到岸完税价格；价格 2 为国内小麦到港价格；价格 3 为关税配额外美国小麦到岸完税价格。

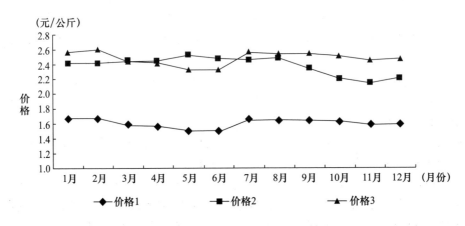

图 3　2015 年广州黄埔港国内外玉米价格比较

注：价格 1 为关税配额内美国玉米到岸完税价格；价格 2 为国内玉米到港价格；价格 3 为关税配额外美国玉米到岸完税价格。

（三）国内外粮价倒挂形成"挤压效应"

从价格因素看，国内粮食价格与进口粮食到岸完税价格相比，如果前者高于后者，就形成国内外粮食价格倒挂，这种粮食价格关系变化引发了中国粮食市场"挤压效应"。所谓粮食市场"挤压效应"，是由粮食价格上限（也称粮食价格"天花板"）下降与粮食价格下限（也称粮食价格"地板"）上升共同形成的。

这种粮食价格"天花板"是指由粮食进口到岸完税价格形成的国内粮食价格上升限制，主要由国外粮食离岸价（FOB）、进口国关税和国际运输成本等构成。在不考虑非关税壁垒的情况下，如果国内粮食价格超过"天花板"，将发生国外粮食大量进口的情况。粮食价格"地板"是指由粮食生产成本等形成的国内粮食价格下降限制，在一般情况下，国产粮食价格不应低于"地板"，否则粮食生产者的种粮积极性就会受到严重损害，中国粮食平均批发价格可视为重要的国内粮食价格"地板"。

国际粮食价格持续走低，必然导致进口国粮食价格"天花板"不断降低，即在国际粮价下降的压力下，国内粮食价格上涨的上限随之下降，这种情况称为粮食市场"下压效应"。国内粮食生产成本和收购价格不断上涨，引发国内粮食批发价格连续上升，这种情况称为粮食市场"上挤效应"。如果在一个时期内，粮食进口国同时发生上述"下压效应"和"上挤效应"，则可将它们合并称为粮食市场"挤压效应"，其后果是，国内粮食价格的调整空间和粮食政策的调整空间均被压缩。"挤压效应"的基本机理及主要影响因素如图4所示。

粮食市场"挤压效应"的强弱程度，主要来自关税配额外进口粮食到岸完税价格与国内粮食批发价格之间的差值，该差值与"挤压效应"成反比，即差值越小，"挤压效应"越大。差值减小为零，说明"挤压效应"已使关税保护作用发挥到极致。为了使"挤压效应"的方向与其数值的方向一致，本文用上述差值的倒数来表示"挤压效应"。① 2012年以来，中国主要粮食品种市场"挤压效应"趋于增强（见图5）。2013—2015年期间，这种"挤压效应"增强尤为显著，小麦市场"挤压效应"

① 挤压效应值＝1／（关税配额外进口粮食到岸完税价格－国内粮食批发价格）。挤压效应值越大，表示挤压强度越大；挤压效应值越小，表示挤压强度越小。

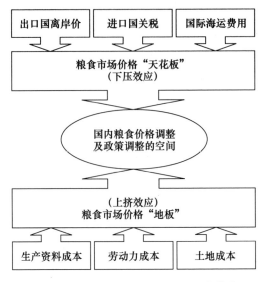

图4 粮食进口国市场"挤压效应"的基本机理

值从 0. 745 上升至 3. 333，玉米市场"挤压效应"值从 0. 775 上升至 3. 125，大米市场"挤压效应"值从 0. 532 上升至 3. 703。当中国粮食市场"挤压效应"达到一定程度时，就需要对国内粮食政策和粮食价格做出相应调整，以保证国内粮食市场免受国外粮食冲击。

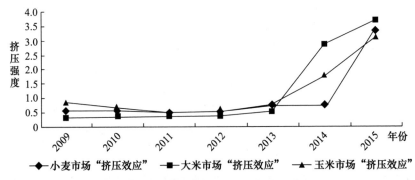

图5 中国主要粮食品种市场"挤压效应"状况

二 粮食市场"挤压效应"形成的主要原因

本文分别从中国主要粮食品种（小麦、玉米、大米）生产成本、中美主要粮食品种生产成本比较和国际海运费用三个方面，剖析国内粮食市场"挤压效应"形成的主要原因。

（一）中国粮食生产成本上升，收益下降

2003—2014 年，中国主要粮食品种的亩产值都呈现增长的态势（除 2005 年、2013 年外）。与 2004 年相比，2014 年粮食亩产值实际增长了 33.15%。[①] 同期，每亩生产成本均比上一年增长。与 2004 年相比，2014 年粮食每亩生产成本实际增长了 104.95%。[②] 这表明，粮食每亩生产成本增长比亩产值增长更快，粮食生产成本增长较快是粮食价格上升的直接和主要原因。值得注意的是，在生产成本增长快于产值增长的情况下，自 2004 年开始，三种粮食的亩收益率呈现徘徊和下降的态势，尤其是在 2012—2014 年，三种粮食的亩收益率明显下滑（见表 1）。

表 1　　　　三种粮食每亩成本效益的变化情况　　　　单位：元

项目	2003 年	2004 年	2005 年	2006 年	2007 年	2008 年
产值	411.2	592.0	547.6	599.9	666.2	748.8
成本	377.0	395.5	425.0	444.9	481.1	562.4
收益	34.2	196.5	122.6	155.0	185.2	186.4
收益率（%）	8.3	33.2	22.4	25.8	27.8	24.9

---

① 以 2003 年为基期，按照谷物生产可比价格计算。农产品生产价格指数来自国家统计局网站（http://data.stats.gov.cn/easyquery）。

② 以 2003 年为基期，按照居民消费可比价格计算。居民消费价格指数来自国家统计局网站（http://data.stats.gov.cn/easyquery）。

续表

项目	2009 年	2010 年	2011 年	2012 年	2013 年	2014 年
产值	792.8	899.8	1041.9	1104.8	1099.1	1193.4
成本	600.4	672.7	791.2	936.4	1026.2	1068.6
收益	192.4	227.2	250.8	168.4	72.9	124.8
收益率（%）	24.3	25.3	24.1	15.2	6.6	10.5

注：成本包括物质费用、劳动用工和期间费用，期间费用包括土地承包费、管理费、销售费、财务费等；产值包括副产品产值；收益率＝收益/产值×100%。

（二）人工、土地成本是引起粮食生产总成本上升的主要因素

从成本结构来看，在中国三种主要粮食（小麦、玉米、大米）的总成本中，人工成本、土地成本、机械作业费和化肥费分别占有较大比重。2014 年，人工成本、土地成本、机械作业费和化肥费分别占粮食总成本的 41.81%、19.09%、12.55%、12.39%，这 4 项费用合计为 917.19 元，占总成本的 85.83%（见表 2、表 3）。从成本增加情况来看，2004—2014 年，上述 4 项费用分别实际增长了 137.51%、183.34%、218.93%、39.24%。[1] 从总成本构成来看，2004—2014 年，化肥费占比从 18.06% 降至 12.39%，表明中国粮食生产中科学施肥有所加强；机械作业费占比从 7.99% 增至 12.55%，加之粮食生产中用工天数有所减少，表明中国粮食生产机械化程度不断提高，这有助于未来中国农业生产成本降低；人工成本不仅占粮食总成本的比重最大，而且其占比从 35.73% 增至 41.81%，表明人工成本增加是导致中国粮食总成本上升的主要因素之一；2014 年中国粮食总成本中，土地成本占比仅次于人工成本，2004—2014 年，该占比从 13.67% 增至 19.09%，土地成本上涨是导致中国粮食总成本上升的另一个主要因素。由此可见，在中国粮食总成本不断上升的过程中，人工成本和土地成本是两个最主要的推动因素，进而推动粮食价格上涨。

---

① 以 2004 年为基期，按照居民消费可比价格计算。居民消费价格指数来自国家统计局网站。

表2　　　　　　　　　　　　三种粮食每亩成本及分项情况　　　　　　单位：元

项目	2004 年	2006 年	2008 年	2010 年	2011 年	2012 年	2013 年	2014 年
总成本	395.50	444.90	562.40	672.67	791.16	936.42	1026.19	1068.57
种子费	21.06	26.29	30.58	39.74	46.45	52.05	55.37	57.82
化肥费	71.44	86.81	118.50	110.94	128.27	143.40	143.31	132.42
农药农膜费	13.18	18.25	22.98	24.73	26.01	29.00	29.96	30.61
机械作业费	31.58	46.73	68.97	84.94	98.53	114.48	124.92	134.08
排灌费	15.01	16.79	16.28	19.08	23.97	21.99	23.44	25.62
人工成本	141.30	151.90	175.00	226.90	283.05	371.95	429.71	446.75
土地成本	54.07	68.25	99.62	133.28	149.73	166.19	181.36	203.94
7 项成本之和	347.64	415.02	531.93	639.61	756.01	899.06	988.07	1031.24

表3　　　　　　　　　　　　三种粮食每亩成本构成　　　　　　单位：%

项目	2004 年	2006 年	2008 年	2010 年	2011 年	2012 年	2013 年	2014 年
总成本	100.00	100.00	100.00	100.00	100.00	100.00	100.00	100.00
种子费	5.32	5.91	5.43	5.91	5.87	5.56	5.40	5.41
化肥费	18.06	19.51	21.07	16.49	16.21	15.31	13.97	12.39
农药农膜费	3.33	4.10	4.09	3.68	3.29	3.10	2.92	2.86
机械作业费	7.99	10.50	12.26	12.63	12.45	12.23	12.17	12.55
排灌费	3.80	3.78	2.90	2.84	3.03	2.35	2.28	2.40
人工成本	35.73	34.14	31.12	33.73	35.78	39.72	41.87	41.81
土地成本	13.67	15.34	17.71	19.81	18.92	17.74	17.67	19.09
7 项成本之和	87.90	93.28	94.58	95.09	95.55	96.01	96.29	96.51

（三）中美两国小麦、玉米生产成本变化对比明显

中国粮食市场"挤压效应"的产生，不仅源自国内粮食价格上涨，而且受到国际粮食价格下降的影响。对比分析中美两国小麦、玉米生产

成本，有助于深入认识中国粮食市场"挤压效应"。尽管中美两国粮食生产成本分类并非完全相同，但是，中国国家发展和改革委员会价格司和美国农业部经济研究局（ERS）分别公布的统计资料，为中美小麦和玉米生产成本对比分析提供了依据和条件。

首先，从2007—2014年中美小麦生产成本比较可知（见表4、表5）：第一，美国小麦总成本及生产价格有涨有跌，呈现波动状态；而中国小麦总成本及生产价格基本上呈现出单边上涨的趋势。2007—2014年，中国小麦总成本的上升幅度远大于美国小麦，按照可比价格计算，前者实际上升了52.93%，后者实际下降了3.84%。第二，中国小麦总成本中人工成本占比最大，2014年该项占比高达38.55%；而美国小麦总成本中家庭劳动机会成本仅占5.58%，这是两国小麦总成本差距拉大的主要原因之一。第三，中国小麦总成本中土地成本的增长幅度远高于美国小麦总成本中土地机会成本的增长幅度，按照可比价格计算，2007—2014年，前者为80.02%，后者仅为7.02%。这是两国小麦总成本差距变大的另一个主要原因。

表4　　　　　　　中国小麦成本变化情况（每50公斤）　　　　　　单位：元

项目	2007年	2008年	2009年	2010年	2011年	2012年	2013年	2014年	2014年/2007年实际增减（%）
平均售价	75.58	82.76	92.41	99.01	103.95	108.31	117.81	120.59	29.78
总成本	58.79	62.23	73.03	81.58	89.19	105.60	119.48	110.53	52.93
种子费	4.53	4.76	5.20	6.04	6.59	7.29	7.95	7.47	34.13
化肥费	13.13	14.28	17.90	16.01	16.85	20.09	20.97	17.05	5.63
农药农膜费	1.28	1.27	1.51	1.77	1.73	2.07	2.29	2.04	29.63
机械作业费	9.32	10.56	10.95	12.41	12.90	14.64	15.98	14.79	29.08
排灌费	3.19	2.50	3.43	3.42	4.53	3.81	4.31	4.03	3.05
人工成本	17.33	17.15	19.26	24.16	29.00	38.07	45.92	42.61	100.00
土地成本	9.57	11.16	13.74	16.41	16.61	18.60	20.55	21.18	80.02
其余成本	0.44	0.55	1.04	1.36	0.98	1.03	1.51	1.36	151.42

表5				美国小麦成本变化情况（每50公斤）					单位：元
项目	2007年	2008年	2009年	2010年	2011年	2012年	2013年	2014年	2014年/2007年 实际增减（%）
平均售价	73.40	100.36	68.01	59.08	87.23	88.02	80.63	72.64	-13.31
总成本	87.75	89.04	89.93	71.03	89.25	78.52	91.22	96.32	-3.84
种子费	3.65	4.95	4.91	3.06	4.18	4.38	4.70	4.83	15.92
化肥费	13.21	16.23	18.99	9.00	13.85	12.19	13.49	13.36	-11.40
农药费	3.30	2.88	3.14	3.81	4.22	3.73	4.16	4.55	20.78
机械作业费	14.73	14.36	12.03	12.28	15.51	13.35	14.92	15.75	-6.34
家庭劳动机会成本	8.42	7.12	7.40	4.43	5.11	4.47	5.08	5.37	-44.13
固定资产折旧	20.08	18.23	19.54	20.26	23.87	21.30	24.25	26.20	14.29
土地机会成本	16.28	15.12	16.90	12.93	16.28	13.75	18.62	19.89	7.02
税金与保险	2.95	2.80	3.12	1.63	1.99	1.70	1.89	2.02	-31.53
管理费	3.27	2.82	2.86	2.85	3.38	2.92	3.27	3.46	-7.31
其余成本	1.86	4.52	1.04	0.78	0.86	0.73	0.84	0.89	-58.08

其次，从2007—2014年中美玉米生产成本比较可知（见表6、表7）：第一，美国玉米总成本和生产价格有涨有跌，呈现波动状态；而中国玉米总成本和生产价格基本上呈现单边上涨的趋势。2007—2014年，中国玉米总成本的上升幅度远大于美国玉米，按照可比价格计算，前者实际上升了63.47%，后者实际下降了7.75%。第二，中国玉米总成本中人工成本占比最大，2014年该项占比高达45.73%；而美国玉米总成本中家庭劳动机会成本仅占3.59%。这是两国玉米总成本差距拉大的主要原因之一。第三，中国玉米总成本中土地成本的增长幅度远高于美国玉米总成本中土地机会成本的增长幅度，按照可比价格计算，2007—2014年，前者为69.25%，后者仅为7.47%。这是两国玉米总成本差距变大的另一个主要原因。

表6　　　　　　　中国玉米成本变化情况（每50公斤）　　　单位：元

项目	2007 年	2008 年	2009 年	2010 年	2011 年	2012 年	2013 年	2014 年	2014 年/2007 年 实际增减（%）
平均售价	74.76	72.48	82.01	93.62	106.07	111.13	108.81	111.85	21.71
总成本	51.68	55.58	62.21	67.89	78.91	91.55	101.07	103.86	63.47
种子费	3.19	3.12	3.71	4.23	4.82	5.28	5.64	5.53	73.35
化肥费	10.48	13.19	12.69	11.97	13.71	14.50	14.56	13.05	1.30
农药农膜费	1.25	1.36	1.46	1.55	1.69	1.80	1.94	1.97	28.20
机械作业费	4.06	4.72	5.50	6.42	7.43	8.55	9.77	10.52	110.78
排灌费	1.48	1.06	1.41	1.34	1.51	1.47	1.45	2.17	19.27
人工成本	18.91	19.35	22.23	25.96	31.29	40.44	46.65	47.49	104.29
土地成本	10.79	11.28	13.66	15.12	16.97	18.40	20.18	22.45	69.25
其余成本	1.52	1.50	1.55	1.30	1.49	1.11	0.88	0.68	-63.61

表7　　　　　　　美国玉米成本变化情况（每50公斤）　　　单位：元

项目	2007 年	2008 年	2009 年	2010 年	2011 年	2012 年	2013 年	2014 年	2014 年/2007 年 实际增减（%）
平均售价	48.99	59.65	48.27	58.64	72.87	84.25	56.17	42.79	-23.48
总成本	46.51	50.30	47.11	49.90	55.08	67.28	52.84	48.98	-7.75
种子费	5.13	5.70	6.80	7.65	7.94	9.46	7.62	7.18	22.60
化肥费	9.75	13.22	11.42	9.29	12.24	16.64	11.98	10.61	-4.68
农药费	2.55	2.39	2.43	2.47	2.47	2.89	2.23	2.08	-28.55
机械作业费	6.01	6.55	4.89	6.07	6.77	7.71	5.92	5.49	-19.98
家庭劳动机会成本	2.55	2.39	2.21	2.42	2.41	2.51	1.91	1.76	-39.54
固定资产折旧	7.31	7.25	7.02	7.91	8.12	9.90	7.57	7.06	-15.40
土地机会成本	10.18	10.40	0.01	11.70	12.63	14.78	13.10	12.49	7.47
税金与保险	0.78	0.79	0.82	0.77	0.81	0.98	0.72	0.67	-0.15
管理费	1.45	1.35	1.25	1.36	1.41	2.03	1.53	1.41	-14.82
其余成本	0.80	0.16	0.26	0.26	0.28	0.38	0.26	0.23	-74.82

（四）海运费用下降扩大了中外粮食价差

2015 年，国际石油价格大跌，导致国际粮食海运费用明显降低，进而使进口粮食到岸完税价格进一步下降。以美国墨西哥湾运至中国广州黄埔港的玉米海运费用为例，2015 年，该航线的海运费用分别是 2014 年的 68.03%、2012 年和 2013 年的 69.44%、2008 年的 30.39%（见表 8），尤其是 2015 年，这条航线的海运费用仅为 2008 年的 1/3。这是因为国际海运费用不仅与石油产品价格的周期性波动有关，而且与当时全球粮食危机造成的国际粮食海运繁忙有关。由此可见，国际海运费用也是国内外粮食价格倒挂，进而导致中国粮食市场"挤压效应"产生的原因之一。

表 8　　　　国际粮食海运费用（美国墨西哥湾至中国广州黄埔港）

单位：元/公斤

项目	2008 年	2012 年	2013 年	2014 年	2015 年
国际海运费用	0.658	0.288	0.288	0.294	0.200

三　主要结论与政策启示

（一）主要结论

中国粮食市场"挤压效应"现象是由国内外因素共同造成的。从国际因素看，在全球经济不景气的背景下，国际市场上粮食、石油等大宗商品价格走低，国际海运费用明显降低，导致进口粮食运至中国的到岸完税价格处于周期性低位阶段。从国内因素看，中国粮食生产成本持续刚性上涨，尤其是粮食生产成本中的人工成本和土地成本不断上涨，拉大了国内外粮食价格差距并成为国内外粮食价格倒挂的重要原因，最终产生了粮食市场"挤压效应"现象。这种"挤压效应"的强弱程度，主要取决于关税配额外进口粮食到岸完税价格与国内粮食批发价格之间的差值，该差值与"挤压效应"成反比，即差值越小，"挤压效应"越大。

随着中国粮食市场"挤压效应"趋于增强，国内粮食市场面临国外粮食冲击的潜在危险也在增大。根据笔者对国内粮食贸易行业和粮食加工行业的调查分析，当关税配额外进口粮食到岸完税价格与国内粮食运至同一港口价格之间的差值达到一定程度时，即综合考虑海关通关、检验检疫等手续成本及相关风险后，企业就会选择以进口粮食替代国产粮食。假定上述中外粮食价差为 200 元/吨①，并以 2015 年小麦、玉米进口到岸价格和国内小麦、玉米到港价格（广州黄埔港）为依据，选择进口关税为唯一变量时，可求得小麦、玉米进口关税税率分别为 47%、43%，这是实际发挥保护作用的关税税率。计算结果表明：中国小麦、玉米配额外进口关税（税率为 65%）中，分别尚有 18 个、22 个百分点可供进一步发挥保护作用；这同时提示：中国小麦、玉米关税税率下调的空间非常有限，如果中国粮食市场"挤压效应"继续增强，进口粮食对国内市场冲击的潜在危险就会变为现实危险。

（二）政策启示

本文研究表明：中国粮食市场"挤压效应"产生的主要原因之一，在于国内粮食生产成本持续刚性上涨。虽然国内粮价上涨激发了中国农民种粮积极性，但在国际粮价下行的压力下，必须综合考虑国内外粮食价格，调整和降低国内粮食价格，这是未来中国农业政策的长期目标。解决上述"挤压效应"困境的关键，是将政策导向从注重粮食生产数量调整到粮食生产数量与粮食生产效益并重。

第一，探索不同经营主体在粮食规模化生产中降低粮食生产成本的路径。例如，一些农民专业合作社采取土地入股方式实现规模经营，而家庭农场、种植大户采取土地转租方式，前者的土地成本远低于后者。

---

① 计算公式：国内粮食到港价格 − ［进口粮食到岸价格（1 + x%）+ 增值税 + 损耗 + 装卸费］= 200（元/吨）。其中，x% 为实际发挥作用的关税税率。

第二，借鉴国外有益经验，调整现有的粮食政策。从改革的方向看，坚持粮食价格由市场决定，实行价格与补贴分离、福利性补贴与生产性补贴分离，生产性补贴应向粮食规模化生产倾斜，既有利于保护农民的正当利益，又有利于降低粮食生产成本。

第三，加强粮食价格信息发布，通过价格引导农民种粮。各地农业部门应帮助农民了解和掌握粮价信息，并根据粮食价格信号调整农业生产结构。通过粮食收购政策调整，进一步优化粮食品种结构，推广专用型饲料粮品种，使粮食政策调整更具可操作性。

第四，从提高粮食效益的角度，探索生产投入与产出的经济关系。在一定的技术条件下，选择满足粮食产量相对较高和生产成本相对较低的生产方式。加强农业技术推广体系建设，切实帮助农民解决粮食生产中的技术问题，降低粮食生产成本，提高粮食国际竞争力。

中国食物自给状况与变化趋势分析

张元红

自给率是衡量一个国家和地区粮食安全状况的一项核心指标。2008年，《国家粮食安全中长期规划纲要（2008—2020年）》明确提出，中国粮食自给率要基本保持在95%以上。2013年，中央又确立了"以我为主、立足国内、确保产能、适度进口、科技支撑"的粮食安全新战略，其中，自给率仍然是优先考虑的目标，即要确保"谷物基本自给、口粮绝对安全"。

2004年以来，中国粮食生产已经实现了"十二连增"，为国家粮食安全提供了有力的保障。但是，与此同时，中国粮食进口数量也在逐年增加。不仅是粮食，其他食品例如猪肉、牛羊肉、牛奶和食糖等产品的进口也越来越多。这种现象引发了大家对国家粮食安全状况的持续关注与担忧。

改革开放以来，随着人民收入和生活水平的不断提高，口粮在中国居民食物消费中的重要性不断下降，人们日常消费的食物品种越来越丰富，营养来源越来越多样化。因此，根据社会形势变化和经济发展需要，在考虑粮食安全问题时有必要将研究视野扩展到整个食物领域。另外，近年来，中国粮食和其他农产品产量持续增长，相关产品的进口也急剧增加，其背后还有库存的大幅变动，如果不进行综合考察，很可能会错估中国食物的自给程度，进而错判中国的粮食安全状况。

一　方法与数据

一般认为，自给率指的是一国或地域内消费的产品中由本国或地区所生产的比例，与其相对应的概念则是贸易依存度，即一年内一个国家或地区消费缺口需要依靠进口贸易来满足的比例。

从理论上说，生产量加净进口量只能核算出当年新增供应量，只有在国内库存保持稳定的情况下，当年新增供应量才基本等同于当年可供消费的国内供给总量。但实际情况是，库存往往变动较大，当年生产和进口的食物，不一定在年度内消费，可以进入仓库，留在未来年份中消费。近几年中国粮食市场情况正是如此。由于政府采取支持政策不断提高收购价格，国内粮食价格大幅高于国际价格，刺激了不断增加的粮食进口。而与此同时，中国粮食产量多年来也在持续增长，国内市场供给充足，大量新增产量不断涌入粮库。在这种情况下，国内粮食消费总量实际上并没有大幅增加，进口增加并不是由国内需求大于供给导致的粮食短缺所引起的。简单地说，在库存增加时，只考虑生产量与进出口量的计算方法会低估自给率；反之，在库存减少时，只考虑生产量与进出口量的计算方法则会高估自给率。因此，如果认可自给率反映国内生产量占国内消费量比例这一基本概念，准确的计算方法就应该将库存变动考虑在内，这样才能从供给侧估算出真正的国内消费情况。

由于国内统计资料不能提供系统、完整的食物供求平衡表数据，本文采用了联合国粮农组织（FAO）发布的有关数据，特别是食物平衡表数据（Food Balance Sheets）。它们涵盖了世界各国每一种食物、每一年度的供需数据，供给方面有国内生产量、进口量、出口量、库存增减数量等，需求或者消费方面有种子、饲料、加工、食用、损耗和其他消费的数量等。同时，食物平衡表也提供了各项食物的人均供给实物量和营养数值，根据这些数据可以计算出各项食物供给量和消费量的热量值。

二　中国食物自给率现状

（一）基本情况

采用上述方法，考虑库存变动对国内供给与消费的影响，以热量值折算后汇总计算综合食物自给率，以实物量值计算各类产品自给率。计算结果表明，目前，中国综合食物自给率处于比较高的水平，2013 年为 86.43%。见表 1。

表 1 　　　　　　　中国食物自给率（2013 年）　　　　单位：万吨、%

	国内生产	进口	出口	库存增加	国内消费	自给率
食物总计	—	—	—	—	—	86.43
1. 谷物类	48628.0	2167.1	228.4	1434.9	49131.8	98.97
小麦及产品	12193.1	757.2	71.3	183.4	12695.6	96.04
稻米及产品	13687.3	271.4	56.5	399.8	13502.4	101.37
大麦及产品	169.9	252.8	61.5	0.1	361.1	47.05
玉米及产品	21862.4	740.7	25.2	851.6	21726.2	100.63
高粱及产品	289.5	119.8	1.7	0.1	407.5	71.04
2. 淀粉根类	17322.3	3167.1	88.3	-6.3	20407.4	84.88
木薯及产品	460.0	3046.6	20.3	-6.3	3492.5	13.17
3. 糖料作物	13811.1	92.9	0.5	0.0	13903.4	99.34
4. 糖及甜味剂	1685.4	569.4	178.8	-4.8	2080.7	81.00
5. 豆类（不含大豆）	448.6	118.1	84.5	0.0	482.1	93.05
6. 木本坚果	374.3	58.1	49.5	0.0	382.9	97.75
7. 油料作物	5811.3	7037.1	101.4	-26.0	12773.0	45.50
大豆	1195.1	6556.4	27.7	-32.6	7756.4	15.41
8. 植物油	2209.2	1167.3	33.5	-2.2	3345.3	66.04
棕榈油	23.0	709.8	7.2	0.0	725.6	3.17
9. 蔬菜	58332.8	167.4	1291.9	0.0	57208.3	101.97
10. 水果	15436.4	570.0	798.0	0.0	15208.3	101.50
11. 兴奋剂类食品	205.6	43.8	58.7	-1.7	192.3	106.92
12. 香料	97.3	2.8	53.5	0.0	46.7	208.35
13. 酒精饮料	6555.1	115.4	42.8	3.0	6624.7	98.95

续表

	国内生产	进口	出口	库存增加	国内消费	自给率
14. 肉类	8518.0	442.2	195.9	-4.0	8768.2	97.15
15. 下水	408.0	154.0	44.0	0.0	518.0	78.76
16. 动物脂肪	407.4	66.3	5.9	0.0	467.8	87.09
17. 蛋类	2912.9	12.6	10.2	0.0	2915.2	99.92
18. 奶类（不含黄油）	4057.0	978.0	23.3	0.0	5011.7	80.95
19. 鱼及海水食品	5764.0	1123.3	808.2	0.0	6079.1	94.82
远洋鱼	395.4	755.7	135.0	0.0	1016.1	38.91
20. 其他水产品	1414.2	3.4	11.8	0.0	1405.8	100.60

注：根据 FAO 食物平衡表等数据计算。综合食物自给率以热量值折算后汇总计算得出，各项产品自给率以实物量计算。

资料来源：FAO 网站，http：//faostat3. fao. org/faostat － － bulkdownloads/FoodBalanceSheets_ E_ All_ Data. zip。

从分类来看，自给率较高的分别是香料、茶类、蔬菜、水果和其他水产品几类食物，这些产品的国内生产量都高于国内消费量，一部分产量被用于出口，自给率都大于100%。自给率最低的是油料作物产品，自给率只有45.50%。植物油、糖及甜味剂的自给率也比较低，分别只有66.04%和81.00%。谷物类、肉类、蛋类、奶类、鱼及海水食品等大宗食物产品的自给率水平都很高，其中，谷物自给率为98.97%、肉类自给率为97.15%、蛋类自给率为99.92%、奶类自给率为80.95%、鱼及海水产品自给率为94.82%。其他食物例如酒精饮料、动物脂肪、木本坚果以及不含大豆在内的其他豆类的自给率也都在85%以上。

具体到一些重要的食物，稻米及产品自给率为101.37%，小麦及产品自给率为96.04%；玉米及产品自给率为100.63%。但是，也有一些食物的自给程度较低，比如，棕榈油自给率只有3.17%，木薯及产品自给率只有13.17%，大豆自给率只有15.41%，远洋鱼自给率不到40%，大麦及产品自给率也不到50%。

总的来说，中国食物自给程度较高，口粮和其他主要大宗食物都能保证基本自给。中国食物自给的短板主要在植物油和油料作物方面，部分产品严重依赖进口。

与其他国家相比，中国主要食物的自给率处于较高水平。2010 年，中国谷物自给率达 100.88%，远高于同处东亚、生活习俗相近、农业资源条件相似的日本（19.97%）和韩国（23.99%），也高于亚洲（93.19%）和世界平均水平（99.92%）。当然，中国谷物自给率低于美国、法国、德国和俄罗斯等国，更低于一些有资源优势的农业大国，例如澳大利亚、加拿大和阿根廷等。中国肉类食品自给率（98.22%）稍低于世界平均水平（101.09%），但也高于日本（52.34%）、韩国（70.40%）和亚洲平均水平（93.83%）。

（二）传统简化方法的偏差

需要指出的是，多数研究采用简化方法计算中国粮食自给率，用国内生产量加净进口量代替国内消费总量，而没有考虑库存变动因素，估算结果存在较大偏差。比如，2000—2003 年期间，中国谷物连续减产，谷物市场一度出现供不应求现象，需要动员以往库存来满足当年国内消费，但用传统简化方法计算得出的自给率仍然很高，没有反映这种入不敷出的情况；相反，2006 年以来，由于谷物连续增产，加上进口增加，中国谷物库存大增，相当一部分产量并未形成有效消费，而用传统简化方法计算则又高估了国内消费数量，低估了中国谷物自给率。表 2 反映了使用两种方法计算的中国谷物自给率的差别情况。可以看到，使用简化方法将 2003 年中国谷物自给率高估了 18.58 个百分点，2013 年则低估了 2.81 个百分点。

表 2　　　　　　　　两种方法计算的中国谷物自给率　　　　单位:%、百分点

	2001 年	2003 年	2005 年	2007 年	2009 年	2011 年	2013 年
自给率 1	99.54	104.17	99.19	100.69	98.22	97.86	96.17

	2001 年	2003 年	2005 年	2007 年	2009 年	2011 年	2013 年
自给率 2	89.16	85.59	97.73	102.15	102.04	98.43	98.97
差额	10.38	18.58	1.46	-1.45	-3.82	-0.57	-2.81

注：自给率 1 = 产量/（产量 + 进口量 - 出口量）×100%，自给率 2 = 产量/（产量 + 进口量 - 出口量 - 库存增量）×100%。根据 FAO 数据计算。

三　食物自给率变化趋势

（一）总体趋势

中国综合食物自给率的变化趋势，大体上可以划分为两大阶段：2000 年（不包括）之前，食物自给率虽有波动，但基本上都维持在 95% 以上，低于 95% 的只有 3 年，且也都保持在 93% 以上。食物自给率峰值出现在 1990 年，达到 101.01%。2000 年之后，食物自给率总体趋于下降，2004—2008 年期间虽有回弹，但再也没能回到 93% 的水平，最低值已经接近 85%。

过去，中国综合食物自给率与谷物自给率的变化趋势几乎一致，1961—2003 年期间两者之间相关系数达到 0.91；但 2004 年以来，两者之间的差异越来越大，2004—2013 年期间两者之间相关系数只有 0.38。如果说进入 21 世纪以来中国综合食物自给率明显趋于下降，那么，中国谷物自给率则没有进入下降通道，尽管波动幅度加大，但多数年份仍能维持 95% 甚至 98% 以上的极高水平。

（二）产品间差异

从分类来看，1990 年（中国综合食物自给率峰值年份）以来，自给率下降最多的是油料作物产品，1990—2013 年期间自给率下降了 52.92 个百分点；其次是不包括大豆在内的其他豆类产品，1990—2013 年期间

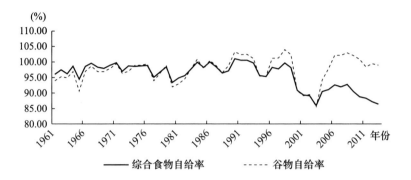

图1 中国食物自给率变化（1961—2013 年）

注：根据 FAO 数据计算。

资料来源：http://faostat3.fao.org/faostat - bulkdownloads/FoodBalanceSheets_ E_ All_ Da-ta.zip。

自给率下降了49.92个百分点；同一时期，自给率下降幅度在10—30个百分点的有兴奋剂类食品、下水、淀粉根类、植物油、糖及甜味剂以及木本坚果产品；自给率基本保持稳定、上升或下降幅度在5个百分点以内的有谷物类、肉类、糖料作物、动物脂肪、酒精饮料、蛋类、蔬菜、其他水产品以及水果产品；而同一时期鱼及海水食品自给率还提高了9.36个百分点。需要特别指出的是，2008—2013年，豆类和油料作物自给率继续快速下降，分别下降了24个和17个百分点；而奶类（不包括黄油）、糖及甜味剂自给率也开始大幅下降，分别下降了15个和14个百分点。

在各种主要产品中，1990年以来，自给率下降最多的是大豆，下降了78.82个百分点；其次是芝麻籽、豌豆、葵花籽油、棕榈仁油等产品，自给率下降了50—60个百分点；同一时期，自给率下降幅度在30—50个百分点的有高粱、木薯、蜂蜜、鱼油、大麦、茶等；自给率下降幅度在10—30个百分点的有黄油酥油、棕榈油、油菜和芥末籽、牛肉、食用下水、其他肉类、燕麦、葡萄酒、原糖、坚果等；自给率下降幅度在5—10个百分点的有玉米、稻米、花生、菜籽和芥末油、羊肉、奶类、菠萝、橄榄等；自给率基本保持稳定、上升或下降幅度在 5 个百分点以内的有小麦、小米、红薯、马铃薯、甜菜、洋葱、甘椒、柑橘、香蕉、甘蔗、花生油、发酵饮料、啤酒、奶酪、酒精饮料、猪肉、禽肉、淡水鱼、远洋鱼、蛋、动物脂肪等；而同一时期也有一些食物自给率提高了 5 个百分点以上，比如番茄、葡萄、苹果、柚子、葵花籽、大豆油、芝麻油、玉米油、咖啡、杂豆等。

总之，在各种食品中，以大豆、芝麻、油菜籽等为主的部分油料作物（榨油后的饼粕等也是饲料原料），以棕榈油、葵花籽油为主的部分植物油，以高粱和木薯等为主的饲料原料，以大麦为主的部分加工食品原料，以及茶叶、黄油等辅助食品的自给率下降较快。近年来，牛奶和牛肉等产品的自给率也开始快速下降。这些食品自给率的下降带动了中国整体食物自给率的下降。1990—2013 年，中国综合食物自给率平均每年下降 0.63 个百分点。近年来，下降速度进一步加快，近 5 年平均每年下降 1.27 个百分点。

四 食物自给率变化原因分析

（一）经济增长和城市化、收入提高和消费升级导致食物生产供不应求

自 20 世纪 60 年代以来，日韩两国都经历了一个食物自给率迅速下降的过程。日本按热量计算的综合食物自给率从 1960 年的 79%，降至 1970 年的 60%，1980 年的 53%，1990 年的 48%，2000 年的 40%，2006 年的 39%。韩国粮食自给率从 1965 年的 89.7% 持续下降到 1995 年的 60.9%，2010 年的 54.0%。2011 年，韩国基于热量计算的粮食自给率只有 44.5%。

日本和韩国的经验表明，在人多地少、缺乏农业资源优势的国家，经济发展到一定阶段以后，食物自给率下降是不可避免的。食物自给率下降背后的原因在于经济的高速增长和工业化、城市化的迅速推进，争夺了农业发展资源（土地、水、劳动力、资金等），压缩了农业生产和食

物供给的增长空间；而另一方面，随着居民饮食结构和消费习惯变化、收入水平提高和消费结构升级，食物需求不断扩张。这种供求之间的矛盾使得食品需求不断超越国内生产供应能力，推动了谷物自给率持续下降。

中国目前所处的发展阶段与日本、韩国当时经历的那段时期非常相似，同样是经济高速增长、工业化和城市化快速推进、居民收入和生活水平大幅提高、国内农业生产面临资源和环境的巨大压力。1978年，中国农村居民人均消费肉类5.8公斤、植物油1.3公斤；2014年，人均肉类、植物油消费量分别增加到22.5公斤、12.7公斤，分别增长了287.9%、876.9%。人口城镇化也带来了消费升级。比如，2014年，中国城镇居民人均消费肉类28.4公斤、奶类18.1公斤，比同期农村居民人均消费量高26.2%和182.8%。虽然中国大宗农产品产量多年来一直保持持续增长，但在消费总量不断增加、消费结构逐步升级的情况下，国内农业生产仍然不能完全满足不断增长的消费需求。

（二）小规模、兼业化模式导致农业缺乏国际竞争力

中日韩农业都属于小规模农户和兼业化经营模式。按户均经营耕地面积计算，日本农业的平均规模大约只有欧盟的十分之一、美国的百分之一。中国农户经营规模更小，不到日本的三分之一。这样的生产模式导致了低下的农业生产效率和高昂的农业生产成本，使得国内农业产业严重缺乏国际竞争力。在贸易自由化成为必然趋势的时代，国内农业市场不得不逐步开放，进口食品必然会不断挤占国内市场。在这一过程中，本币汇率升值，国内土地、水资源和劳动力成本上升，以及环境保护要求提高等，将进一步提升国内农业生产成本，降低本国农产品的竞争力，加速本国食物自给率下降。

2004年，中国农产品贸易首次出现逆差，之后贸易赤字逐步扩大。目前，基于热量计算的中国综合食物自给率已经下降到86%。也正是在这种背景下，2013年年底，中国政府重新界定了国家粮食安全的内涵与边界，从"保全部"转向"保重点"，并第一次把"适度进口"作为粮

食安全战略的内涵之一，要求更加积极地利用国际农产品市场和农业资源，有效调剂和补充国内粮食供给。可以预见，未来一段时期内，随着中国经济社会进一步发展，工业化、城镇化进一步推进，城乡居民生活进一步改善，农产品市场进一步开放，中国食品生产和供需情况将进一步发生变化，食品自给率将会进一步下降。

（三）粮食安全战略影响食物自给的结构性变化

农业不同于其他普通产业，除了保障就业和保护农民收入以外，农业的特殊性还在于它提供的产品主要是食品。"民以食为天"，任何一个国家都不能低估农业生产和食品供应的重要性。即使是农业自然资源相对贫乏的国家，也不会完全遵从比较优势原则，将本国的农业生产和食品供应完全交出国际市场来决定。这也是很多国家制定粮食安全战略、采取农业保护政策的根源所在。

粮食安全和农业保护政策并不能包罗万象，在贸易自由化的大趋势下，出于经济利益的考虑，通常只能保护那些绝对影响国计民生、影响国家政治经济独立的产业和产品。在许多国家和地区，作为基本口粮的食物往往成为被优先考虑的对象。日本和韩国长期以来就一直对居民的基本口粮——大米进行高度保护，维持大米的高自给率。1960—2006 年，日本按热量计算的食物自给率从 79% 降至 39%，按重量计算的谷物自给率更是从 82% 降至 27%，但是，作为主要口粮的大米的自给率直到 2005 年一直保持在 95% 以上。韩国的谷物自给率从 1966 年的 102.5% 降到 2010 年的 27.6%，但在此期间，除个别年份外，各年的大米自给率均保持在 90% 以上。

1990 年以来，中国综合食物自给率已经由 101.01% 下降到 86.43%（2013 年），下降了 14.58 个百分点，但谷物自给率只下降了 4.29 个百分点，目前仍维持在 98% 以上。同一时期，大豆自给率下降了 78.82 个百分点，目前自给率只有 15% 左右；但稻米自给率只下降了 5.33 个百分点，目前自给率仍在 100% 以上；小麦自给率不仅没有下降，还提高了 2.08 个百分点，目前自给率也在 96% 以上。在这种结构性分化的背后，是中国政府有保有弃的区别化农业政策。中国人均耕地面积仅是世界平均水平的40%，人均水资源拥有量不到世界平均水平的1/4，因此不可能保障所有农产品都自给自足，利用国际农产品市场和国外农业资源是非常必要的。在具体产品选择上，作为居民主要口粮的稻米和小麦的生产得到了优先扶持，采用不断提高的最低收购价以及进口配额限制等政策予以充分保护；而大豆国内市场则最早向国际市场开放，只有3%的低关税，没有进口限制，结果进口大豆快速占据了国内市场。

（四）粮食生产滑坡将导致食物自给率快速下降

长期以来，中国能够维持较高的食物自给率，主要获益于粮食产量的持续增长。一旦粮食生产滑坡，出现持续减产的情况，食物自给率就会快速下降。这种情况曾经发生在1999—2003年期间。1998年，中国粮食产量达到5123亿公斤，但从1999年开始粮食产量不断下滑，一直降到2003年的4307亿公斤，减产幅度达到16%。与此同时，中国食物自给率5年内就大幅下降了14个百分点，谷物自给率下降了18个百分点。2003年年底，中央推出了一系列支持和保护粮食生产的政策，包括最低收购价、种粮农民直接补贴、减免农业税等，粮食产量才逐渐回升，直到2008年，粮食产量才重新超过1998年的水平，同期，中国综合食物自给率和谷物自给率也得到了恢复和提升。

（五）其他因素影响

2008年以来，中国粮食产量仍在持续增长，但谷物自给率却没有出现同步提升，综合食物自给率还出现了持续下降趋势。这种情况的出现，主要是因为近年来中国粮食价格持续高涨，而国际粮价大幅下落，越来越大的国内外价格倒挂（2015年年末，小麦、大米、玉米三大谷物的国内价格比国际价格分别高出每吨771元、745元、790元），导致了进口粮食大量增加，国内增产的粮食很大一部分直接进了仓库。当然，居民消费结构升级，对多样化、高品质食品的需求增加，也导致了粮食之外其他食物进口快速增加。这一时期的情况表明，除国内粮食产量增长之外，有更多的因素影响到食品进出口贸易和食物自给率的变化。有时候净进口增加并不完全是因为国内生产不足或国内供应短缺，对于那些没有进口配额限制以及进口关税较低的产品来说，国内外价差将直接决定其进出口贸易的方向和规模。影响国内外农产品价格的因素很多，除了国际农产品市场供求这一基本因素以外，还包括国内外各种农业扶持政策特别是价格支持政策、汇率制度与政策、能源价格与政策、国民经济甚至整个世界经济景气状况等。另外，食品安全和食品质量问题也会左右居民的消费偏好，进而影响到相关食物的进出口贸易。

五 结论与政策含义

（一）主要结论

本文分析表明，目前中国食物总体自给程度仍然处于比较高的水平，以热量计算的综合食物自给率 2013 年为 86.43%；口粮和其他主要大宗食物能够保证基本自给，口粮（稻米和小麦）自给率维持在 95% 以上，谷物自给率为 98.97%，肉类自给率为 97.15%，蛋类自给率为 99.92%，奶类自给率为 80.95%，鱼类自给率为 94.82%，蔬菜和水果自给率高于 100%；食物自给率较低的产品主要是植物油和油料作物产品等，油料作物产品自给率为 45.50%，植物油自给率为 66.04%；少数产品严重依赖进口，例如，棕榈油自给率只有 3.17%，大豆自给率只有 15.41%。与世界平均水平以及条件相似国家相比，中国主要食物自给程度相对较高。

研究发现，采用简化方法、用国内产量加净进口量代替国内消费总量所得出的中国粮食自给率存在较大误差。比如，这种算法将 2003 年的谷物自给率高估了 18.58 个百分点，2013 年则低估了 2.81 个百分点。

从趋势来看，中国综合食物自给率在 2000 年前基本稳定，但进入 21 世纪以来，已经明显步入下降通道。不过，导致食物自给率下降的产品并非谷物等大宗食品，而是植物油及油料作物产品、部分饲料和加工食品原料，以及部分草食性畜产品等。

导致中国食物自给率变化的原因有多个方面。其中，经济增长和城市化、居民收入提高和消费升级、本国农业低效率高成本以及国际竞争力不足，是导致食物自给率下降的基本因素；而优先保障口粮供应的粮食安全战略则影响着食物自给的结构性变化。需要注意的是，中国能否维持较高水平食物自给率的关键在于粮食产量能否持续增长，一旦粮食生产滑坡和持续减产，食物自给率将会快速下降。近年来的实践还表明，即使保持了粮食增产，也不一定能阻止食物自给率下滑，国内外市场变化、农业支持政策和食品安全状况、汇率、能源价格乃至世界经济景气程度等，都会通过不同方式直接或间接地影响到中国食物自给状况和粮食安全形势。

（二）政策含义

第一，要清醒认识中国食物自给率状况及变化趋势。目前中国食物自给程度相对较高，即使综合食物自给率在一定时期和一定范围内趋于下降，也是符合中国基本国情、符合经济社会发展规律的，对此不必过分担忧。中国农业资源有限，仅靠国内资源难以满足城乡居民所有食品需求，目前农业生产水平已经引起严重的水资源缺乏、地下水过采、耕地质量下降和环境污染等问题。随着工业化和城镇化推进，经济增长以及收入和消费水平提高，未来中国居民各种食品需求仍会继续增长，对国内农业生产和资源环境的压力会越来越大。因此，利用国际市场和国外资源十分必要。当然，也需要根据国内外供求形势对食物自给率设定合理的限度，一些重要的、无可替代的产品要保持必要的自给率。

第二，要树立大食物观。面对日益多元化的食物消费需求，要立足整个国土资源，通过多种途径、开发多样化的食物资源。对食物自给的分类分析表明，中国不同食物的自给程度差异很大，结构不平衡问题非常突出。需要加快农业结构调整，利用政策工具和措施，引导农民生产行为，减少相对过剩产品的生产，增加短缺产品的供给。另外，中国现有统计体系中缺乏综合食物平衡表信息，有关部门应适时编制和发布有关资料，包括各种食品供需和库存变动情况等，以便公众更好地了解国情，及时把握整体食品供求形势。

第三，不能放松粮食生产。本文分析表明，粮食生产滑坡和持续减产将会导致中国食物自给率快速下降。因此，必须十分重视粮食生产。近两年中国粮食库存很高，需要适当消化，短期内不需要持续增产，但要避免出现连续多年大幅减产的情况。具体政策上要把重点放在粮食主产区，继续推进高标准农田建设，加大永久性基本农田保护力度，加强水利工程建设，强化农业科技创新，健全农技推广体系，保持粮食生产能力，稳定粮食产量。

第四，注重提高农业竞争力。减少一些国内产能能够满足需求的不必要进口。在当前形势下，要利用财税、信贷、保险和其他支持政策，加快培育新型农业经营主体，支持农业社会化服务，推进规模化经营。同时，要改革完善粮食等重要农产品价格形成机制和收储制度，充分发挥市场的资源配置作用。

第五，要强化食品安全意识。一些食品进口的增加，并不是因为国内供给不足，而是因为消费者对国内食品质量不放心。因此，需要加快完善食品安全国家标准，并与国际食品安全标准接轨，要建立食品可追溯制度，加强源头治理和各环节监管，严格落实生产经营主体责任，切实保障食品安全。

农业绿色转型发展面临的主要问题与政策建议

于法稳

《中共中央关于制定国民经济和社会发展第十三个五年规划的建议》明确强调，发展是我们党执政兴国的第一要务，并提出了创新、协调、绿色、开放、共享的发展理念。如何在五大发展理念指导下，实现农业的绿色转型发展，确保农产品质量安全，是新常态下必须解决的现实问题。

农村改革开放以来，我国农业生产取得了举世瞩目的成效，但大量使用化学品的农业生产方式对水土资源造成了极大的压力，使其长期处于被"剥夺"的状态。同时，造成了越来越严重的污染，进而对农产品的质量安全、消费者的健康构成威胁。因此，必须实现农业的绿色转型发展。

一 农业绿色转型发展面临的资源环境形势

1. 农业生产中水资源利用及水质变化情况

水资源是保障农业可持续发展的基础性资源，在农业生产中具有重要的战略性地位。随着工业化、城镇化的快速推进，越来越多的水资源被配置到工业、城镇居民生活等领域，农业生产用水的保障程度受到了一定的影响；同时，工、农业生产对水资源造成的污染也趋于加重，这成为实现农业绿色转型发展必须解决的问题。

（1）农业用水及其变化情况。近10年农业用水量呈现出明显的增长态势，从2005年的3580亿立方米，增加到2014年的3868.98亿立方米，增加了 288.98 亿立方米，增长 8.07%。

在 31 个省（市、区）中，有 15 个省（市、区）农业用水量超过 100 亿立方米，农业用水量合计为 3056.7 亿立方米，占全国农业用水总量的 79.01%。其中，10 个省（区）是国家粮食主产省，分别是黑龙江、江苏、湖南、湖北、山东、四川、安徽、河北、内蒙古、河南。农业用水量最多的 3 个省（区）分别为新疆（551.0 亿立方米）、黑龙江（316.1 亿立方米）、江苏（297.8 亿立方米）。其余 16 个省（市、区）农业用水量低于 100 亿立方米，农业用水量合计为 812.3 亿立方米，占全国农业用水总量的 20.99%。从农业用水比例来看，2014 年全国农业用水比例为 63.48%，在 7 个农产品主产区中，高于这一比例的省（市、区）有 13 个，低于这一比例的省（市、区）有 12 个。

（2）农业生产面临的水污染状况。从地表水的水质来看，无论是河流、湖泊，还是水库，都受到一定程度的污染。2014 年全国 423 条主要河流、62 座重点湖泊（水库）的 968 个国控地表水监测断面（点位）的水质监测结果表明：Ⅰ类、Ⅱ类、Ⅲ类、Ⅳ类、Ⅴ类、劣Ⅴ类水质断面分别占 3.4%、30.4%、29.3%、20.9%、6.8%、9.2%。

从地下水的水质来看，情况也不容乐观。2014 年全国地下水的水质监测结果表明：在 4896 个监测点中，极差级、较差级水质分别占 16.1%、45.4%，而优良级水质仅占 10.8%，前两者占据了 61.5%。这个结果表明，地下水的水质状况令人担忧，特别是在地表水资源短缺的区域，农业生产、居民生活都要依靠地下水资源，因此农产品质量、居民健康都会受到一定影响。

2. 农业生产中耕地资源及土壤污染

进入快速工业化、城镇化阶段之后，各地对耕地的占用呈现出强劲态势，特别是对土地生产率较高的优质耕地占用将会有增无减。在中国耕地资源构成中，优质耕地面积所占比例仅为 2.9%。在工业化、城镇化背景下，优质耕地所占比例呈现下降趋势。从长期来看，中国农产品数量安全将会受到严重威胁。

在优质耕地严重不足的同时，中国耕地资源污染日益严重，特别是耕地土壤的重金属污染进入"集中多发期"，呈现出工业向农业、城区向农村、地表向地下、上游向下游转移的特点，继而积累到农产品之中，导致突发性、连锁性、区域性的集中爆发。

《全国土壤污染状况调查公报》（2014）的结果表明，中国土壤环境状况总体不容乐观，部分地区土壤污染较重，耕地土壤环境质量堪忧。此外，就中国耕地土壤质量而言，有机质含量低，仅为2.08%，极大地影响了农产品产量及质量。

3. 农业生产投入品的使用情况

（1）化肥投入及其区域分布。农业生产过程中，化肥对农作物产量提高确实做出了重要贡献，但同时也带来了耕地土壤、地下水污染，农产品质量安全性下降，进而对人类健康造成负面影响等一系列问题。尽管中国耕地面积不到世界耕地总面积的10%，但化肥施用量接近世界总量的1/3，已成为农业面源污染的主要原因。

中国化肥施用量呈现出明显的增加态势，从2005年的4766.22万吨增加到2014年的5995.94万吨，增加了1229.72万吨，增长了25.80%。同期，中国农作物播种总面积仅增长了6.40%，粮食作物播种面积仅增长了8.10%，而粮食产量增加了25.41%。由此可见，中国化肥施用与播种面积、粮食产量等之间依然没有实现脱钩。

从化肥施用结构变化来看，通过国家推广的测土配方施肥等一系列措施，施肥结构趋于优化。农用氮肥所占比例从2005年的46.77%下降到2014年的39.91%，下降了6.86个百分点；同期，农用磷肥所占比例也有一定的下降，从15.61%下降到14.10%，下降了1.51个百分点；而农业钾肥、农用复合肥所占比例则在提高，分别提高了0.44个、7.95个百分点。

2014年，河南省、山东省、湖北省的化肥施用量最大，分别为705.8万吨、468.1万吨、348.3万吨，占全国化肥施用量的比例分别为11.77%、7.81%、5.81%。将各个省（市、区）化肥施用量占全国化肥施用量的比例自高到低进行排序，并将其进行累计，累计比例超过80%时，就涵盖了16个省（区），其中，有11个省（区）是国家粮食主产省，分别为：河南、山东、湖北、安徽、河北、江苏、黑龙江、四川、湖南、吉林、内蒙古；其余的 5 个省（区）则是广西、广东、新疆、陕西、云南。

化肥施用强度（采用化肥施用量与播种面积之比）是衡量一个区域化肥消费有效性的一个重要指标。在农业生产过程中，中国化肥施用强度呈现出明显的增加态势。全国化肥施用强度从 2005 年的 305.53 公斤/公顷，增加到 2014 年的 362.42 公斤/公顷，增加了 56.89 公斤/公顷，增长 18.62%。国际公认的化肥施用安全上限是 225 公斤/公顷，与此相比，中国平均化肥施用强度是此标准的 1.61 倍。只有黑龙江省的化肥施用强度（206.1 公斤/公顷）低于此标准，其余省（区）的化肥施用强度都远远高于国际公认的安全标准。

由于中国化肥综合利用效率平均为 30%，很大部分都流失进入土壤及水体之中。根据《第一次全国污染源普查公报》，农业生产中主要污染物流失（排放）情况如下：种植业总氮流失量 159.78 万吨（其中，地表径流流失量 32.01 万吨，地下淋溶流失量 20.74 万吨，基础流失量 107.03 万吨），总磷流失量 10.87 万吨。重点流域种植业主要水污染物流失量：总氮 71.04 万吨，总磷 3.69 万吨。

（2）农药投入情况。众所周知，农药在农业生产中发挥着巨大的作用，在未来较长时间内，农药可能仍然是防治农作物病虫害的重要手段。同时，必须清楚地认识到农药的负面影响，也就是说，农药如同人类科技进步的任何创造发明一样，是一把"双刃剑"。在促使农业生产的同时，也对农产品质量、耕地土壤、地下水造成负面影响。

最近 9 年，中国农药使用量也表现出明显的增加态势，从 2005 年的 145.99 万吨增加到 2013 年的 180.19 万吨，增加了 34.20 万吨，增长 23.43%。农药包装物（特别是农药瓶）等污染日益成为农村生态环境污染的重要部分。2013 年，全国农药使用量为 180.19 万吨，按照 0.5 公斤/瓶的标准，全国将会产生 36.0 亿个农药瓶，而目前农药市场上，采取 0.5 公斤/瓶的标准包装的农药所占比例并不高，更多的是采取 0.25 公斤/瓶、0.125 公斤/瓶的标准，这样农药使用之后的农药瓶数量，将会翻倍甚至四倍增长。同时，农民的传统习惯是将使用之后的农药瓶随手丢弃在田间地头，或者周边的水体之中，对水体造成二次污染。

（3）农用薄膜投入情况。农用塑料薄膜在农业生产中发挥了巨大的作用，特别是在干旱半干旱地区，农用塑料薄膜的作用更为显著。但是，由于塑料薄膜自身存在的问题，以及回收机制的缺失，全国范围内白色污染呈现出日益严重的态势。统计数据表明，中国农用塑料薄膜使用量呈现出明显的增加态势，从 2005 年的 176.23 万吨增加到 2013 年的 249.32 万吨，增加了 73.09 万吨，增长 41.47%。种植业地膜残留量 12.10 万吨。

4. 养殖业受到污染情况

（1）畜禽养殖业主要污染物排放。畜禽养殖业污染物排放量占农业生产污染物排放量的比例较大。有关数据表明：在畜禽养殖业主要水污染物排放量中，化学需氧量 1268.26 万吨，总氮 102.48 万吨，总磷 16.04 万吨，铜 2397.23 吨，锌 4756.94 吨。同时，畜禽养殖业粪便产生量 2.43 亿吨，尿液产生量 1.63 亿吨。对重点流域畜禽养殖业而言，其主要水污染物排放量中，化学需氧量 705.98 万吨，总氮 45.75 万吨，总磷 9.16 万吨，铜 980.03 吨，锌 2323.95 吨，分别占畜禽养殖业主 要 水 污 染 物 排 放 量 的 55.57%、44.64%、57.11%、40.88%、48.85%。

（2）水产养殖业主要污染物排放。水产养殖业也会排放一定的污染物。有关资料表明，水产养殖业主要水污染物排放量中，化学需氧量 55.83 万吨，总氮 8.21 万吨，总磷 1.56 万吨，铜 54.85 吨，锌 105.63 吨。对重点流域水产养殖业而言，在其主要水污染物排放量中，化学需氧量 12.67 万吨，总氮 2.15 万吨，总磷 0.41 万吨，铜 24.62 吨，锌 50.15 吨，分别占水产养殖业主要水污染物排放量的 22.69%、26.19%、26.28%、44.89%、47.48%。

二　农业绿色转型发展现状及面临的主要矛盾

1. 农业生产中存在的问题

（1）农业生产的环境受到严重污染。农业生产环境的污染，主要表现在水土资源的污染。从污染来源来看，既有农业生产本身，也有工业企业。农业造成的面源污染在前面已经进行了详细论述，这里不再重述。

从工业企业生产来看，近些年来，由于工业化、城镇化进程的加快，工业"三废"、城市废弃物的大量排放，污染逐渐从城镇蔓延到广大的乡村，特别是在一些山区，"污染进山"现象特别严重，从而造成了许多有毒、有害物质流入水体中，致使灌溉用水及土壤中的含菌量及重金属含量严重超标，农作物吸收之后，通过食物链传递逐级污染到农产品，影响到消费者健康。

（2）农业生产资料生产及销售市场混乱。农业生产资料作为农产品（农作物）生产顺利进行的重要支撑条件，既是农业生产的重要投入品，也是连接工业与农业生产的桥梁，更是发展现代农业的重要物资保障和基础。从这个意义上来讲，农业生产资料应满足如下要求：一是无污染的、清洁的、环境友好型产品；二是高效、低耗的材料与物品，如一些高效、高抗、优质的农作物品种、高效清洁能源、高效低耗农机具等；三是大多能重复利用或容易回收利用，以实现农业循环经济的减量化排放目标。然而，由于利益驱动等造成监管不到位，农业生产资料生产及销售市场较为混乱。一些剧毒农药还没有从生产源头上杜绝。在化肥、农药、种子等推广应用方面，一些零售企业主或者个人成为推广主体，在销售方面存在不少问题。

（3）农业生产中"任性"现象异常严重。作为农业生产主体，无论是企业还是农民，他们将提高土地生产力，增加土地收益作为主要目标。为了实现高产的目标，一些农业生产者在农作物种植过程中，滥用农药、化肥、激素、抗生素等药物，一些农民甚至还在用国家明令禁止的剧毒农药，导致农产品中的有害药物的残留超过安全限度。同时，为了追求农产品的外观，采取在水果上喷施催熟剂、膨大剂，在蔬菜上喷施剧毒农药等。因此，农产品的质量安全性受到影响，只能在国内市场销售，对国人的健康造成严重的危害。

在基层调研中发现，一些畜禽养殖企业（特别是养殖鸭子），为了追求利润，采取极端的手段进行养殖，大量使用抗生素、激素等药品，极大地缩短了饲养周期。由于过量用药，鸭肉和鸭蛋药物残留，严重威胁食品安全。众所周知，滥用抗生素不仅会提升病毒的耐药性，而且还会催生出一些无法治疗的超级病毒，导致治疗疾病的难度和成本大大增加。2014年，世界卫生组织发布的一份报告明确指出：抗生素耐药性已经成为全球危机，而且比20世纪80年代的艾滋病疫情还要严重。从另一个方面来讲，农民对自己行为"任性"的严重后果非常清楚，他们不食用施用了大量剧毒农药及激素、抗生素的农产品，而是供应市场销售。因此，对农民生产行为的规范具有一定的可能性。

（4）农业生产技术缺失生态风险评估机制。进入新常态，中国正处于加快推进农业现代化的关键时期，稳粮增收调结构、提质增效转方式，对农业科技创新提出了更新、更高、更迫切的要求。有关数据表明，2008—2013年，农业科技进步贡献率从50%提升到55.2%，平均每年提升0.87个百分点，到2014年预计达到55.6%。

2014年中央一号文件《关于全面深化农村改革加快推进农业现代化的若干意见》提出，推进农业科技创新，加大农业科技创新平台基地建设和技术集成推广力度。随着农业科技投入的日益增加，科研人员推出的农业新技术也越来越多。但是，这些农业新技术在推广时，只关注其对农产品生产的正面效应，而对技术可能存在的潜在负面影响均缺乏生态风险评估，从而导致农业新技术推广应用后带来一系列农产品质量安全问题。农业技术研发人员应对研发的技术负责，对技术潜在的负面影响有一个科学的生态风险评估。

（5）农产品生产、市场监管机制及诚信机制缺失。在主要农产品生产区调研时发现，农产品生产、市场监管机制及诚信机制缺失，具体表现在以下几个方面：一是认证的农产品难以实现"优质优价"，生产者在一定程度上会改变其生产行为，降低生产标准；二是由于诚信机制缺失，生产者可能在认证的农产品中掺杂一些非认证农产品，获得不当利益；三是对一些认证机构缺乏有效的监管，这些认证机构为了自身的利益，在认证过程中降低标准；四是市场监管体系不力，难以对冒充认证农产品的行为进行处罚。

2. 农业绿色转型发展的现状

（1）农业绿色转型发展的紧迫性得到普遍认同。农产品主产区乃至全国范围内，工业企业乃至农业生产对水土资源的污染日益严重，进而严重影响了农产品质量安全。所有的利益相关者都是消费者，并且认识到农产品质量安全的重要性，以及对国民体质的危害性。因此，无论是政府、农业企业和农民，还是农业科技人员都认识到实施农业绿色转型发展的紧迫性。

（2）农业绿色转型发展的理念得到认可。2014 年中央经济工作会议明确提出："要坚定不移加快转变农业发展方式，尽快转到数量质量效益并重、注重提高竞争力、注重农业技术创新、注重可持续的集约发展上来，走产出高效、产品安全、资源节约、环境友好的现代农业发展道路。"党的十八届五中全会提出了发展的"五大理念"，其中绿色发展理念与实施农业绿色转型发展紧密相关。只有实施农业的绿色转型发展，才能解决当前农业生产中的水土资源污染、农产品质量等一系列问题。

（3）探索了农业绿色转型发展的一些模式。针对农业发展中出现的一些问题，7 个农产品主产区都根据区域资源条件、农业产品的特性，积极探索农业绿色转型发展的模式。在黄淮海农产品主产区，探索建立的种植业与养殖业紧密联系的循环型生态农业模式，不仅解决了养殖业造成的污染，还减少了种植业对化学投入品的依赖，并提高了农产品质量安全性；在长江流域农产品主产区，探索建立了观光旅游农业模式，在发挥农业生产功能的同时，还体现了农业的生态功能、文化功能，逐渐走上了第一、第二、第三产业的融合之路。

（4）从数量和质量方面注重农产品的安全性。以往关注的是粮食或者农产品的数量安全，把农业发展定位为增加农产品的产量，而对其质量没有足够的关注，从而引发了农业生产过程的污染问题。但随着对农业生产中资源环境、农产品质量问题认识的逐步深入，农业生产开始走向数量和质量、效益并重，以及技术创新和可持续集约化发展之路。

（5）国家政策更加注重农业的绿色转型发展。近几年，中央一再强调农业发展方式转变，对耕地资源的保护也从数量与质量两个方面开始注重。在注重农业生产效益的同时，也关注了水资源、耕地资源的利用效率。特别是出台了一些有关生态农业等农业绿色转型发展模式的政策，有力推动了农业的绿色转型发展。

3. 农业绿色转型发展需要破解的主要矛盾

（1）农产品质量安全的优质水土资源保障与其严重短缺之间的矛盾。前面已有论述，要实现农产品的质量安全，须以优质的水土资源为保障基础。但是，随着工业化、城镇化进程加快，一方面是优质的水土资源越来越多地配置到非农产业、城镇区域；另一方面是来自工业、农业生产自身的污染风险越来越大，从而导致水资源、耕地土壤污染日益严重。因此，形成了农产品质量安全与优质水土资源基础日益丧失之间的矛盾。

（2）农产品质量安全需要新技术支撑，同时稳妥地处理新技术可能带来的负面影响。在现有的优质水土资源基础上，要增加优质安全农产品的生产能力，必须依靠农业新技术作支撑。但一些新技术在农业生产能力增加的同时，可能具有一定的潜在的负面影响。一些农业技术缺乏科学的生态安全性、潜在风险等方面的评估。如转基因技术在农业生产中的应用，可能具有一些生态负面影响，因此在国际社会产生了巨大的争论。笔者认为，转基因技术是否具有负面影响，是否会影响到人类自身的发展，需要科学的评估，而这个评估过程可能需要较长的时间，现在对转基因技术做任何结论都为时尚早。

（3）农产品生产主体的趋利性与国家农产品质量安全性之间的矛盾。作为生产主体，农民、农场主或者是农业企业主的目标是其经济效益。他们在生产中所关注的是产量的高低，所追求的是农业生产效益。而国家所关注的是农产品安全性，既关注农产品数量的安全，更关注农产品质量安全，以确保国民的身体健康。因此，两个不同主体的目标之间就形成了一对矛盾。

（4）农产品质量安全需要标准化体系规范与其严重缺失之间的矛盾。消费者对农产品需求的变化，也促使生产者转变其生产行为。如何才能确保农产品的质量安全，需要完善的标准化体系作保障，以此来规范农业生产行为。但无论是农业生产的标准化体系，还是农业生产管理的标准化体系，都存在着缺失和不完善问题，难以有效地规范农业生产行为，从而严重影响了农产品的质量安全。

（5）农业生产的技术服务需求与农技服务体系能力不足之间的矛盾。随着农业现代化进程的加快，一方面需要提高生产者的素质，另一方面需要更有效的技术服务。目前，由于基层农技推广体系几乎处于瘫痪状态，无法提供有效的技术服务，农业生产资料销售企业主或者个人成为新技术、新品种等的推广主体，从而影响到农业生产的安全性。

在长江流域、东北、黄淮海主产区调研时发现，根据上级政府或者部门的要求，很多乡镇都统一建立了农业综合服务中心，并且统一安排了工作人员。但从功能上来讲，并没有达到预期的目标。有两个方面原因：一是这些工作人员不具有专业技术能力，难以提供有效的技术服务；二是这些工作人员以乡镇政府安排的工作为主，在没有重要工作之时，可以在中心上班，一旦遇有维稳等重要工作，他们都会被派往第一线。

（6）农产品质量认证与消费者难以辨识之间的矛盾。在农产品生产层面，为了确保农产品进入高端市场，无论主产区政府还是农产品生产加工企业都积极申报"三品一标"产品（无公害、绿色、有机、地理标志产品）的认证，这对促进农业绿色转型发展，提高农产品质量发挥了一定的作用。在农产品销售市场，尽管很多超市都在销售绿色食品、有机食品以及地理标志产品，但其销售情况并不好。一是由于这类产品的价格高于同类消费品；二是消费者无法辨识标有绿色、有机及地理标志的农产品，并对其真实性产生怀疑，由此构成了农产品质量认证与消费者难以辨识之间的矛盾。

三　对农业绿色转型发展的展望与政策建议

1. 农业绿色转型发展的政策回顾

针对中国农业生产中存在的现实问题，党中央、国务院高度重视农业的绿色转型发展问题，并为此出台了一系列的重要指示和纲领性文件。20世纪80年代中期之后，生态农业作为农业绿色转型发展的有效模式，在全国范围内受到广泛的关注，国家有关部门也出台了相应的政策措施，但是未给予足够的关注。90年代以后，生态农业上升到国家层面，在有关政策中明确提出了相应措施，并强调"要把生态农业建设与农业结构调整结合起来，与改善生产条件和生态环境结合起来，与发展无公害农业结合起来，把中国生态农业建设提高到一个新水平"。

《中共中央关于推进农村改革发展若干重大问题的决定》指出：通过发展节约型农业、循环农业、生态农业，到2020年基本形成资源节约型、环境友好型农业生产体系；2010年《关于加大统筹城乡发展力度进一步夯实农业农村发展基础的若干意见》提出"加强农业面源污染治理，发展循环农业和生态农业"；2014年《关于全面深化农村改革加快推进农业现代化的若干意见》提出，建立农业可持续发展长效机制，促进生态友好型农业发展。

2015年《关于加大改革创新力度加快农业现代化建设的若干意见》对加强农业生态治理提出了具体的措施。2015年中央经济工作会议提出，"加快转变农业发展方式，走产出高效、产品安全、资源节约、环境友好的现代农业发展道路"。2015年中央农村工作会议提出：建设资源节约、环境友好型农业。2016年，中共中央、国务院《关于落实发展新理念加快农业现代化实现全面小康目标的若干意见》明确指出："加强资源保护和生态修复，推动农业绿色发展。推动农业可持续发展，必须确立发展绿色农业就是保护生态的观念，加快形成资源利用高效、生态系统稳定、产地环境良好、产品质量安全的农业发展新格局。"

通过对上述农业绿色转型发展的政策梳理分析，可以发现，国家推动农业绿色转型发展政策不断完善，发展目标、发展方向、发展重点更加明确，实现目标的措施更加具体。

2. 农业绿色转型发展的展望

2016 年中央一号文件《关于落实发展新理念加快农业现代化实现全面小康目标的若干意见》明确指出："在资源环境约束趋紧背景下，如何加快转变农业发展方式，确保粮食等重要农产品有效供给，实现绿色发展和资源永续利用，是必须破解的现实难题。"农业绿色转型发展预计出现如下趋势：

（1）农产品质量安全将成为农业绿色转型发展的基本目标。食品安全，特别是农产品质量安全，以及生态环境是关系到国人身体健康、农业可持续发展的两大关键问题。2015 年中央一号文件明确指出，"推进农业供给侧结构性改革，加快转变农业发展方式，保持农业稳定发展和农民持续增收，走产出高效、产品安全、资源节约、环境友好的农业现代化道路"。可以预见，农产品质量安全将成为"十三五"甚至更长时期农业绿色转型发展的基本目标。

（2）水土资源保护将是农业绿色转型发展的重要内容。水土资源是农业生产的基础，除了对水土资源数量保护之外，其质量的保护与提高将成为未来的重点，特别是水资源的保护、耕地土壤污染的恢复治理的力度也将会加大。农业面源污染的治理将成为农业绿色转型发展的主战场，化肥、杀虫剂、除草剂等化学投入品的施用强度将会大幅度降低，循环型生态农业发展的产业体系将更加完善，同时，农药包装物、塑料薄膜等回收机制将会得到完善与提升。

（3）多样化的模式将成为农业绿色转型发展的有效途径。不同区域生态资源特点不同，社会经济发展水平不同，农业生产方式不同，特别是农产品主产区，其关注的主要农产品种类不同，有的地方是种植业、有的地方是养殖业、有的地方是渔业。在推动农业绿色转型发展中，这些主产区将会根据区域的实际情况，以及主要农产品的特性，建立适应区域特点的农业发展模式，多样化特征将会更加明显。一些农业发展模式将会在绿色发展理念的指导下，得到进一步的完善与提升，有的可能会被新的发展模式所取代。

（4）第一、第二、第三产业融合将成为农业绿色转型发展的重要方向。《中共中央关于制定国民经济和社会发展第十三个五年规划的建议》提出："大力推进农业现代化，着力构建现代农业产业体系、生产体系、经营体系，提高农业质量效益和竞争力，推动粮经饲统筹、农林牧渔结合、种养加一体、第一、第二、第三产业融合发展，走产出高效、产品安全、资源节约、环境友好的农业现代化道路。"由此，第一、第二、第三产业融合发展，将会成为农业绿色转型发展的一个重要方向。

（5）生态补偿将成为推动农业绿色转型政策体系的重要部分。在经济发展新常态下，农业发展面临资源环境的约束，农业绿色转型发展需要更加精准的政策支撑，特别是生态补偿政策将成为推动农业绿色转型发展政策体系的重要组成部分，而且这些政策将会更加完善、更加有效、更加精准。

3. 农业绿色转型发展的政策性建议

（1）农业绿色转型发展提升为国家战略。食品安全是国人都十分关注的重大问题，需要加强科学的顶层设计，将食品安全战略上升为国家战略，将实现农业绿色转型发展，确保农产品质量安全上升到关系中华民族自身能否延续下去的战略高度，只有这样，才能切实推动农业的绿色转型发展，才能确保水土资源质量的提升，才能确保农产品质量安全。

（2）严格规范农业生产资料企业的行为。根据农业部推行的测土配方施肥工程中提供的土壤肥力信息，严格要求化肥企业生产满足区域需要的肥料；加大生物农药的技术推广，从源头上杜绝剧毒农药的生产，减少对农产品及其生产环境的污染；大力推广可降解薄膜的生产技术，以减少白色污染的发生；在饲料生产方面，杜绝铜、锌、砷等重金属元素的添加，减少随养殖废弃物进入土壤或水体对其造成重金属污染。

（3）规范农业生产主体的生产行为。在实现农业绿色转型发展中，政府需要发挥好引导、服务功能。首先，加快制定严格的农产品质量标准体系，使产前、产中、产后的质量监督、管理都能与国际市场接轨。其次，建立与完善农产品生产的服务体系，提高农产品生产化解自然和市场风险的能力。最后，强化农产品质量的安全检测监督。建立一支专业技术人才服务队伍，发挥其在农产品质量检测中的作用，强化检测监督力度。企业、农民作为农业生产主体，应按照技术规范进行生产，以确保农产品的安全。

（4）建立并强化农业生态风险评估机制。随着农业科技投入的日益增加，科研人员研发的农业新技术也越来越多；同时，国家高度关注农业科技的推广工作，以更好地提高科技对农业的贡献率。为此，应建立并强化农业生产技术的生态风险评估机制，降低农业技术造成重大的负面影响的风险。

（5）健全农产品生产链监管的长效机制。一是在农产品生产资料的生产环节，注重对其监管，严禁生产国家明令禁止的生产资料。二是在农产品生产环节，加强引导和教育，从而使其生产行为逐渐走向标准化的轨道；同时，提供有效的社会化服务。三是在农产品认证环节，严格认证行为，一旦发现某些认证机构违规操作，应及时注销其认证资质。四是在农产品的销售环节，加强质量安全性监管，发现冒充认证产品的行为，加大处罚力度，通过媒体及时曝光，以促使诚信机制的建立。

关于建立若尔盖地区国家级
生态特区的若干建议[*]

四川省社会科学院课题组

若尔盖湿地位于四川省北部，地处青藏高原东北边缘，它作为世界上最大的高原泥炭沼泽湿地，是长江、黄河两大河流的重要水源涵养地，在调节气候、改善生态环境和保护生物多样性方面都发挥重要作用，拥有"地球之肾"之称。但是，它又是集自然环境恶劣、生态系统脆弱、经济发展缓慢、民族和宗教问题复杂为一体的省际交界区。

为确保该地区科学、稳定和持续发展，探索高原少数民族区域绿色发展之路，本课题组认为应借鉴三江源生态保护综合试验区经验，设立若尔盖国家级生态特区，通过体制机制创新，统筹各种政策措施，形成强劲综合力量，这对破解该地区经济发展与生态保护冲突的难题，消除社会发展中不稳定因素，巩固国家生态屏障具有重大意义。

一 建立若尔盖国家级生态特区的重要战略意义

课题组认为，若尔盖国家生态特区的空间划定，应从生态安全、社会稳定和全面建成小康社会目标出发，以生态为主，兼顾经济与社会两大功能。基于对生态、经济和社会特征的考量，以若尔盖湿地区域为核

---

* 本文为2014年度四川省重大招标课题"建设若尔盖国家级生态特区战略研究"的研究成果，课题组成员为：杜受祜、戴旭宏、柴剑锋、高杰、虞洪、桑晚晴、杜婵。

心区，建立涵盖川甘青三省区的国家生态特区，包括四川省若尔盖县、红原县、阿坝县、壤塘县、松潘县和甘肃省玛曲县、碌曲县，青海省久治县共8县，总面积约6.88万平方公里，人口44.33万。

1. 基于生态特征的考量

从水源分布来看，若尔盖地区位于黄河与长江水系的分水地带，是黄河、长江两大河流的重要水源涵养地，以黄河水系为主体，但不应排除长江水系干支流。从植被条件来看，该区域为沼泽、湿地草原、草甸为主，但不排除具有生态价值较高的林地。作为世界上最大的高原泥炭沼泽湿地，对调节气候、改善生态环境和保护生物多样性具有相当重要的作用。从地形地貌来看，平均海拔3500米，属于高寒气候，并且地质条件复杂，覆盖了断裂带、地震带。同时，周边地震活跃，如汶川、芦山和玉树等大地震，不适宜人类生存。

2. 基于经济特征的考虑

首先，若尔盖地区经济发展滞后，其经济指标明显落后于全国平均水平。2015年，若尔盖地区8县人均GDP仅为同年全国平均水平的40%，农牧民人均可支配收入为全国平均水平的72%。其次，产业结构相似，基本是以畜牧业为主，缺乏工业化、城镇化基础。若尔盖地区是全国14个集中连片特困区之一，也是"四省藏区"的重要组成部分，贫困人数比重大、贫困程度较严重，脱贫攻坚任务艰巨。

3. 基于社会特征的考量

该区域属于典型藏区，风俗习惯相似，宗教信仰一致。现代文明发展滞后，农牧民教育程度偏低，大部分县未设高级中学。例如，若尔盖县人均受教育年限不到6年，全县没有一所高级中学和职业学校，上述情况造成外出就业能力低，社会组织发育程度弱。

4. 基于空间特征的考量

若尔盖草原依托河流、湖泊、沼泽、滩涂等湿地资源，是国家的一道重要生态屏障，但目前受到全球气候变暖、草原鼠害加重、自然灾害频发、地下水位下降等自然因素，以及追求短期经济发展模式所伴生的数量型、粗放化畜牧业、旅游业开发等人为因素的影响，使该地区湿地退化日益严重，生态环境恶化，明显影响了其经济与社会发展、生态环境的协调关系。

5. 基于生态保护的考量

若尔盖地区已经建立了 3 个国家级、7 个省级自然保护区。其中，四川省若尔盖湿地自然保护区、甘肃省尕海—则岔自然保护区和黄河首曲湿地候鸟自然保护区均属国家级保护区。在国家的重视下，各省都加大了对该区域的保护力度，但从保护力度来看，仅举三省之力远远不够。该区域的特殊情况决定了只有实施国家战略才能保障其生态和社会的可持续发展，其重要意义如下：

（1）若尔盖地区是国家生态安全的重要保障。随着该地区草原湿地生态系统的萎缩，其水源涵养能力明显下降。2000 年，除了花湖、尕海等面积大的湖泊和黑河上中游的沼泽化河漫滩外，地区沼泽面积减少超过了 52%，沿黄河干流、黑河和白河两岸的局部地区出现沙漠化。此外，2/3 湿地由渗透型泥炭地退化成表流型泥炭地，已经直接影响国家及长江、黄河流域水源供给。

建立若尔盖国家级生态特区，不仅有助于草原生态系统的恢复，促进地区生态系统的良性循环，提高其水源涵养能力和调蓄能力，而且该区域是国际关注的生态区域，被列为全球生态变化的 20 个主要观察点，建立国家级生态特区可展示我国保护生态的国际形象。

（2）若尔盖生态特区是南水北调西线项目的替代方案。若尔盖湿地是黄河、长江水系的重要水源涵养源，根据国家有关部门测算，每当枯水季节，若尔盖湿地给黄河提供了 40% 的供水量。研究资料表明，若尔盖地区内的流域年均径流量占长江流域径流量的 11%，占整个黄河径流量的 8.21%，它是维系长江中下游乃至整个国家生态安全的关键区域。建立若尔盖国家级生态特区，可以有效地增强整个地区水源涵养能力，并在相当程度上，缓解了黄河水源短缺的问题，部分地达到南水北调西线调水和引水的目的，并且避免对当地生态的破坏。

（3）若尔盖生态特区建设有助于该地区社会稳定。若尔盖地区属于次边疆地带，是达赖集团与海外反华势力渗透的重要地区，也是边疆安全链条建设中的薄弱环节。目前，该地区信教群众对达赖具有相当高的宗教感情和认可度。"3·16"事件仍然存在阴影，达赖宣扬的非暴力不合作仍有一定的影响，特别是群众和僧人自焚时有发生。同时，少数不法分子扰乱市场秩序，这不仅加大了社会维稳压力，而且严重影响了经济发展。设立国家生态特区，以生态特区建设为抓手，加强基层组织建设，有助于实现藏区的持续、稳定发展。

（4）促进3省的生态保护和经济增长协调发展。若尔盖湿地主体部分在四川，其余分布在甘肃和青海。虽然保护区边界不存在跨省级行政区界限，但是各自然保护区之间缺乏有效的协调，不利于实施统一协调的生态保护政策。在单一目标的保护政策体制下，经济发展和生态保护之间矛盾不断，尤其是行政区域边界管理矛盾。建立生态特区有利于化解经济发展与生态保护的矛盾，解决行政区域边界管理薄弱的难题。

（5）建立若尔盖生态特区有助于落实精准脱贫。若尔盖生态核心区是典型的"老、少、边、穷、高、病"集中连片的特殊贫困区域，不仅贫困人群分布广而且贫困程度较深（见表1）。该地区地处高海拔寒冷地区，区域环境恶劣、生态脆弱、灾害频繁、高原病频发，作为全国大骨节病的高发区，因病、因灾致贫情况多样，脱贫难度大、返贫率高，这是全面建成小康社会最难攻克的关键环节。建立生态特区有利于形成扶贫合力，实现资源优化配置，实施精准扶贫战略。

表1　　　　　　　　若尔盖生态特区7县贫困状况　　　　　　单位：人

	有关县域	阿坝	若尔盖	红原	壤塘	玛曲	碌曲	久治
贫困状况	全县总人口	77400	77893	45866	42704	56400	35500	27200
	贫困人口	18197	16900	4212	7340	5300	7760	13700
	贫困发生率（%）	23.5	21.7	9.2	17.2	9.4	21.9	50.4
	农村低保人口	30794	11962	12426	5449	—	—	—
	大骨节病患者	9758	4258	4662	10681	—	—	—

资料来源：2013—2014年统计年鉴及各县扶贫相关文件。

二 建立若尔盖国家级生态特区的主要制约因素

若尔盖地区大部分是国家划定的重点生态功能区，以强调生态保护、提供环境安全为主要职能。在建设小康社会的大背景下，经济发展与生态保护的矛盾突出，区域内管理和协调十分困难。该区域内各县的生态保护政策差异较大，尤其是顶层设计先天不足，单一性目标保护政策已经不能适应现在需求，这已成为制约发展的重要因素，突出表现在以下几个方面：

（一）缺乏有效的管护协调体制

（1）不同行政区域之间协调存在问题。从自然地理角度看，若尔盖湿地各个子区域共同构成了一个完整的高寒湿地生态系统，但须各子区域协同建设。从行政区域角度看，若尔盖地区隶属不同行政区，其中大部分被划归为多个相对独立的保护区。除国家设立的三个自然保护区外，各省也分别设立了不同的保护区和不同层级的管理机构，因行政关系隶属不同，各机构之间的沟通合作缺乏，特别是跨省之间的交流和合作很难开展。省际交界处的管理"真空"问题一直无法有效解决；如在川甘交界处，一些采石场仍在经营，草场破坏程度也明显高于其他地区。

（2）保护机构与地方政府协调不顺。保护区机构的目标是保护生态环境，限制或不允许资源开发；政府的任务是发展，利用当地资源开发，促使当地经济社会发展，提高当地居民的生活水平，但二者如何协调是目前突出的问题。同时，保护区管理机构的归属也是一个主要矛盾。由所在地政府管理，保护目标经常让位于发展目标，在产业发展、基础设施建设方面必须与当地政府决策一致；由上级部门主管，当县政府决策与保护目标冲突时，能够坚持保护目标，但是管理局工作难以得到当地政府积极支持，甚至管理局项目建设、职工子女就学等有困难。

（3）部门项目规划缺少协调。目前多个部门涉及生态保护和建设任务，如环保、发改委、林业、水利、农牧、国土资源、扶贫移民、科技等部门。他们在其政策制定过程中，各自为政、从部门偏好出发，与关联部门沟通与协调有限。在项目实施过程中，由于缺少整体统筹，资金分散、重复投入、无后续项目跟进等问题普遍存在。

（二）区域生态保护与牧区产业发展矛盾尖锐

根据国家和省级主体功能区划的界定，若尔盖湿地保护区内应该属于禁止开发区，在禁止开发区内牧民的生存、发展与主体功能区划的限定存在矛盾和冲突。主体功能区的设立，限制了保护区内及其周边经济的发展，传统的发展路径依赖将面临生态环境保护的持续压力。

（1）从若尔盖地区的现状来看，经济发展模式比较单一，农牧业仍是当地农牧民维持生计的主要方式，草畜过载对地区生态环境造成相当大的破坏。据课题组调查，已有近80%的沼泽干涸，多处湖泊消失，沟河断流。一些退化严重的地区甚至出现了荒漠化现象，并呈现面积大、速度快的趋势。目前，区内沙化面积约467万公顷，尚有潜在沙化草地610万公顷，分别占全区草地面积的5.77%和7.55%。相关资料表明，该地区生态退化最严重的地方，其沙化面积以每年200%的速度递增。

（2）从生态保护与经济发展的关系看，对于保护区内的牧民，生存权无疑是压倒一切的。虽然政府加大了基础设施投入，通过牧民安居工程、草畜平衡、防风治沙项目等政策，改善了当地居民的生产和生活条件。但是若尔盖生态要求限制了保护区及其周边地区的经济发展，当地牧民还没有获得与其丧失发展权相对应的中央财政转移支付和生态补偿，传统的游牧和对畜牧数量的追求依然是最显著的经济文化特征。畜牧过载问题相当突出，草畜平衡政策对当地牧民的激励机制效应没有得到实现，发展和生态保护的矛盾十分尖锐。

（3）从保护区全力打造的旅游业看，存在着相当大程度的同质性。在开发模式、景观打造、土特产品、服务管理方面都是惊人的相似；藏族游牧风俗、藏传佛教寺庙、宗教文化展示基本雷同，没有挖掘出自己的特色，以宾馆、藏餐、牧家乐、草原游为主的第三产业处于无序发展阶段。目前部分地区出现了破坏性、掠夺性开发的现象，许多牧民在草场大规模设置帐篷、简易卫生设施等，开设山地越野冲坡等项目，对环境造成极大的破坏和污染，环境保护部门管理难度加大，尤其是在藏区。

（三）区域生态建设的资金利用效率较低

生态建设是一项以国家财政资金投入为主的系统工程，"十二五"期间，仅在四川境内五县（本课题所指的五个县），国家投入超过27亿元生态建设资金，但是投资效益并不理想。虽然生态环境呈现逐年改善趋势，经济和社会发展领域发展却较为缓慢，增速有减缓趋势，其主要原因如下：

（1）从现行的管理制度看，导致地方政府重申请轻实施。为争取项目资金，地方政府需要根据不同部门、不同项目要求编制多个生态建设规划，这就造成了地方政府部门大部分精力用于编制规划、争取项目和应对检查，而对项目实施的重视程度则相对较低。

（2）从资金投入来看，资金分散投入的局面未能有效控制。资金拨付后，在无明确规定的条件下，不同项目建设资金不能合并使用，"撒胡椒面"式的资金投入方式仍未从根本上改变。如在若尔盖湿地，林业、农业、水务、发改委等部门同时实施退牧还湿的补偿项目，单个项目补偿的资金较低，资金投入效果不明显。

（四）专业技术和管理人才不足问题突出

若尔盖地区人才断层趋势加剧，已成为制约其经济社会发展的重要障碍。

（1）专业技术和管理人才老龄化趋势尚未改善。目前区域内主要的管理和技术人才，都是20世纪90年代以前，计划体制下分配进来的大中专学生，这部人员大部分已退休或即将退休；医疗卫生和畜牧科技等技术人才断层也面临类似问题。

（2）人才引进工作效果不明显，主要是留不住专业人员。省级统一招考的公务员和专业技术人员，由于工作环境艰苦、语言障碍等客观因素，以外调等多种形式等流失。调查显示，若尔盖地区卫生、教育、医疗等领域事业单位缺编缺人十分普遍，仅若尔盖县农牧局专业技术岗位缺编 10 多名，这已成为藏区产业改造升级的主要"瓶颈"。

三 对若尔盖地区发展的若干建议

课题组认为，只有从国家层面建立若尔盖生态特区，才能有效破解该地区发展问题，实现生态保护、经济发展和社会和谐统一的目标。为此，课题组提出"一核三区五路径"的发展战略："一核"，即以若尔盖特有的湿地生态系统为核心，打响若尔盖湿地品牌，发挥湿地在生态保护、生态功能等方面的品牌影响力。"三区"，即构建合理的功能分区，以重点生态保护区、科研创新试验区和综合协同开发区为中心，形成重点突出、互相联系、功能互补的空间布局。"五路径"，即以绿色发展为核心提升生态产业，以生态建设强化国家政策支持，以管理创新构建区域合作机制，以互利共享引进社会资本参与，以社区参与创新社会管理模式，从而形成生态特区建设支撑体系。

（一）赋予探索先试权

（1）保护干部群众建设生态特区的积极性。对改革创新中的失误要有一定的容忍度，消除干群在工作创新中的顾虑，增强创新的积极性和主动性。改革现有实施的干部离任"生态审计"制度，重点考核"绿色GDP"，取消内地通行的 GDP 考核办法。

（2）探索生态保护与经济发展的共赢模式，允许良性"违法"，在实践中完善和修改相关法律法规。鼓励干群开展经济发展与生态保护有效结合的发展模式探索，如若尔盖县建立花湖景区探索保护与发展相结合的做法，应予以一定的观察和评估时间。

（3）创新开展跨区域生态保护补偿试点。由国家相关部门组织科学地界定保护者与受益者的权利与义务，建立保护者与受益者良性互动机制，鼓励引导受益地区与保护生态地区就资金补偿、人才培训、对口协作等方式建立横向补偿关系。

（4）允许建立生态期权试点，充分利用地区生态资源优势，引入市场机制和社会资本，支持生态特区发展。

（二）建立统一的生态保护管理机制

（1）成立若尔盖国家级生态特区领导小组。建议由国务院牵头，相关部委和四川、甘肃、青海三省参与，统一组织协调该区域生态特区试验示范相关工作。通过建立联席工作制度，针对若尔盖地区与生态环境的协同发展矛盾较大的问题，如牲畜超载、药材和矿产盗采等活动，制订统一的解决方案，探索该区域的生态保护与经济发展的良性互动支持政策体系。

（2）建立生态激励诱导机制，激发保护区建设积极性。生态特区实施特区政策，提高干部和专业技术人员的待遇，以吸引专业技术和管理人才，缩小与三江源国家生态保护综合试验区、甘南水源补给生态功能区的政策差距。通过约束机制和生态价值补偿机制的探索和实践，增强当地牧民对生态保护的意识和行为。

（三）创新资金投入使用方式

（1）加大对若尔盖地区的财政支持。针对若尔盖地区生态功能因素和支出成本差异，通过提高均衡性转移支付系数等方式，增加对重点生态功能区的转移支付，增强地方对财力配置的统筹性和灵活性，强化统筹推进区域五位一体协调发展的能力。

（2）优化国家财政资金的供给机制。对于若尔盖地区生态建设资金采取"渠道不变，充分授权"的原则，赋予其统筹整合使用财政涉农资金的自主权，进一步提高资金使用效益。建议设立国家生态补偿专项资金，加强对资源有偿使用和生态补偿的引导和调控力度，允许生态特区建立区域性生态发展基金。

（3）创新项目资金使用管理机制，对于资金的统筹使用应该公开、透明，以地方群众参与和社会监督的方式创新项目资金管理。允许探索有可操作性的保护与开发地区之间、上下游地区之间、生态保护与受益地区之间的生态补偿政策。

（4）培育第三方评估体系，加大政府购买公共服务力度，建立绩效评估结果与后续资金投入挂钩机制，确保财政资金投入科学配置、高效使用。

（5）允许探索"资金平台"生态建设模式试点。以开放、合作的理念，允许该区域组建生态建设投融资平台，有效解决国外资金、社会资金有序进入问题，形成长期可持续的运行机制。

（四）以绿色产业为核心引导产业转型升级

（1）针对藏区传统的畜牧业，围绕畜牧良种工程建设，加强冻精站、牧草种场科技含量研究，推广优良畜禽品种选育、杂交改良、优质牧草种植等先进技术，提升牛羊等存活率和畜草产量，推动农牧业由数量增长向质量和效益提升转变。

（2）提升藏区畜产品加工和流通的能力建设。围绕藏乡猪、藏羊、藏鸡、奶制品、牦牛肉、藏药材等当地特色，实施差异化发展战略，开发和生产具有特色、安全的藏区农牧产品。

（3）合理利用生态资源，有序发展高原旅游产业。把藏区独特的民族文化和美丽的高原风光结合起来，发展第二、第三产业。根据国家有关政策和规划，逐步对国外游客开放，把旅游产业做成世界了解湿地、了解藏区的窗口。

（五）探索多元化社会生态建设管护参与机制

（1）培育社会参与管理合作机制。组建公开、透明的生态建设信息服务平台，鼓励和引导社会资本（包括经审核批准的外资）参与若尔盖特区生态建设项目，探索运营主体企业化、运营管理市场化、生态建设产业化的生态环境保护和建设投资机制，减少政府对保护和建设资源的直接配置，实现生态项目建设的效益最大化和效率最优化。

（2）创新公众参与生态建设机制。结合牧民安居工程和藏族传统文化，探索建立具有本地本民族特色的社区组织。通过社区，给农牧民提

供公益岗位，引导农牧民从事生态保护劳务和生态监测工作，允许有关社会组织参与当地社区生态文明教育活动。

（3）构建社会监督机制。通过生态建设信息服务平台，将若尔盖生态特区建设信息向公众开放，接受社会公众对该区域项目的全方位监督，保障社会公众的知情权和监督权，扩大生态环境建设的影响力和参与度。

（六）建立人才本土化培养和使用机制

（1）建立区域人才的招聘、考试自主录用制度。对该区域的公务员、专业技术人员考试录用以及公益岗位招聘等人才要素的配给权力下放到当地政府，省级政府只负责指标控制和招聘纪律的检查监督。

（2）改革目前藏区教育的帮扶体制。把人才本土化培养作为工作的重点，扩大对定向人才的培养，对该区域的职业教育，实行简政放权；对交流到内地就读的学生，鼓励返乡创业，并建立后期培训制度；对现有的专业技术人员，有计划地开展业务素质提升工程。

（3）加强和优化现行的援藏政策。在保持原有的项目和资金的支持下，工作重心也要转移到帮助培养本土人才上来，增加技术型和管理型干部到藏区工作的人数。

三　农村发展与小康社会建设

2016 年农业农村经济形势预测与对策

李国祥

党的十八大以来，在我国经济发展着力缩小城乡差距、注重构建城乡一体化体制机制的推动下，国内农业稳定发展，农业综合生产能力显著提高，粮食生产能力明显地突破 6 亿吨水平，多数农产品供给和保障功能不断强化。农村经济社会转型加快，农民收入持续较快增长，城乡居民收入差距实现了由扩大到缩小的转折。2016 年，我国农业农村经济发展内生动力仍然强劲，总体上具有很多有利的外部环境和条件。但是，农业农村经济运行与发展的矛盾也很多，面临着更加复杂的国内农产品市场稳定与国际市场冲击的矛盾、农业生产能力保护与农业结构调整的矛盾、农业竞争力提高与农民增收的矛盾、农村发展与农村资源要素外流的矛盾，使"三农"政策目标选择的困境进一步显现，这些都需要积极应对。

一 新型工农关系和城乡关系取得积极进展

我国农业发展及其在国民经济中的比重变化态势，与世界经济发展的基本规律相一致。一般来说，第一产业增加值在国民经济中比重的下降速度与国内生产总值增长速度以及农产品价格波动密切相关。由于农林牧渔业提供的产品主要满足居民吃饭、穿衣等基本需求，增长相对缓慢而稳定。如果国内生产总值增长速度加快，第一产业增加值在国民经济中比重下降速度就相对较快；如果上述产品价格上涨快，第一产业在国民经济中比重下降就相对较慢。

2016 年，我国经济增长应保持在中高速区间，农产品价格总水平大幅度上涨的可能性比较小，二者结合起来考虑，第一产业增加值在国民经济中比重可能继续保持下降态势，虽然下降情况与上年相似，但影响因素有所区别。根据影响第一产业增加值的主要因素，借助于模型分析，预测 2016 年我国第一产业增加值将稳定地超过 6 万亿元，达到 6.3 万亿元，实际增长 3.5%，在国民经济中比重下降到 8.8%，比上年下降 0.2 个百分点。

受农村消费环境和条件明显改善，以及农民收入保持多年快速增长和农民消费结构升级加快等因素影响，农民扩大消费意愿和能力明显增强，农村消费仍然保持较高速度增长态势，估计 2016 年乡村消费品零售额超过 4.5 万亿元，比上年实际增长速度近 11%，在全社会消费品零售总额中比重达到 14.3%。农村居民消费水平相对较快提高，城乡居民消费水平差距进一步缩小。

受我国城镇化进程的影响，特别是农民工市民化的影响，农户对农业固定资产投资可能仍呈现萎缩态势。估计 2016 年农户固定资产投资将下降到 1 万亿元以下，在全社会固定资产投资中比重将下降到 1.8% 以下，农户固定资产投资对经济增长影响微乎其微。

虽然农户固定资产投资增长乏力，但受国家预算内投资仍然确保"三农"为重点方向，特别是国家加大扶贫攻坚力度，国家财政对精准扶贫的投入显著增长等因素影响，估计 2016 年第一产业固定资产投资（不含农户）总额将达到 1.6 万亿元，预计比上年增长超过 20%，在全社会固定资产投资中所占比重将上升到 2.9%。

应该注意到，第一产业增加值在国民经济中比重不断下降和乡村人口在社会总人口中比重不断下降、村庄"空心化"现象不断出现，以及主要由农村留守老人和留守妇女从事农牧业生产经营的态势。总体上看，这些趋势性变化都应该是经济发展一般规律发挥作用的结果。

观察农业农村经济在国民经济中的一些主要指标下降时，能否据此判断农业萎缩和农村凋敝？这还要看农业现代化进展和农民生产生活状况改变情况。

当前，我国农业正处于深刻转型的过程。2015 年，我国农业农村基础设施建设继续强化，农业科技进步贡献率达到 56%，农作物耕种收综合机械化水平达到 63%，畜禽养殖规模化率提高至 54%，家庭农场、农民合作社、产业化龙头企业等新型农业经营主体近 250 万家，这些表明我国农业农村发展水平不断提升。

值得关注的是，在农村基本结束了乡镇企业突飞猛进时代后，受农产品加工业发展和农产品电商发展影响，以及乡村旅游业发展带动，农村三个产业融合发展已经成为新型工农关系的重要特征。至 2015 年，我国农民合作社中超过 70 万家从事农产品生产加工销售一体化或者专门从事农产品加工流通经营，初具产业融合雏形的农民合作社所占比重超过一半。

二 主要农产品生产结构进一步调整

（一）粮食总产量将继续增产至 6.3 亿吨

考虑到粮食种植结构受农民生产习惯的影响、小麦和稻谷最低收购价基本稳定、农业生产资料供应充足及其价格预期下跌等因素，虽然 2015 年粮食价格已经下跌可能会使一部分农民减少粮食种植，但是粮食预期收益整体上仍然相对合理，也考虑到 2016 年气象灾害及其对农业造成的损失可能会有所加重，假定农作物受灾率 20%，估计 2016 年粮食总产量会达到 6.3 亿吨，比上年增产 1.5%。

2016 年国家将通过退耕还林、还草、还湿政策措施，鼓励农民粮改饲和粮改草，调减玉米种植面积 1000 万亩以上，但是我国粮食种植面积已经达到 17 亿亩，即使调减玉米种植面积政策完全有效，玉米种植面积减少也是有限的。

国家调减玉米种植的政策应主要在"镰刀湾"地区实施，黄河领域和长江流域等地的农民扩大粮食种植面积的倾向可能不会短期内改变。2016 年，国家继续实行小麦和稻谷最低收购价政策，也会在东北地区放弃玉米临时收储政策，以及油菜籽收储政策和棉花收储政策的改变，都可能使农民在粮食种植结构上重新布局，用减少的油菜籽和棉花种植面积以及玉米种植面积来扩大小麦和稻谷的生产。

2016 年，我国粮食生产可能继续增产，主要是由于农民在安排农业生产时可供选择空间有限，以及面对当前市场条件等因素而作出的理性选择，这给我国农业结构调整和农业发展方式转变带来了难度。

（二）棉花可能会恢复增产约 1.5%

受棉花主产区的玉米和油料等可替代作物销售困难及其价格明显波动影响，以及新疆棉花目标价格政策实施对棉农的市场损失补偿不断完善等因素影响，2016 年，棉花生产可能有所恢复。比较而言，我国棉花市场与国际棉花市场基本接轨，国内棉花价格已经调整到与国际市场棉花价格接近的水平，进一步下跌空间非常有限。2015 年第四季度棉花生产者价格同比跌幅只有 7.3%，比第一季度跌幅收缩了约 15 个百分点，农民对棉花市场价格及其棉花种植收益预期趋于稳定。2016 年，棉花生产可能会扭转 2013 年以来连续减产的态势，借助于模型分析，估计全年略有增产，预期总产量 570 万吨，比上年增产约 1.5%。

（三）油料生产增长约 1%

尽管 2015 年国家取消了油菜籽临时收储价格，估计 2016 年油菜籽生产可能下降，但是花生等其他油料作物生产可能继续保持稳定并有所扩大，综合考虑到近年来油料价格总体基本稳定和农业生产资料价格相对较低等因素，借助于模型分析，预期 2016 年油料产量将达到 3590 万吨，比上年增产约 1%。

（四）糖料生产进一步减产约 2%

糖料生产者价格已经连续 3 年下跌，虽然 2015 年第四季度出现反弹上涨，但国内食用糖库存水平仍然相对较高，国内糖料加工企业收储糖料谨慎，农民缺乏扩大糖料生产的积极性，借助于模型分析，预期 2016

年糖料产量将进一步下降到 12250 万吨，比上年减产约 2%。

（五）肉类产量预期恢复增长 1%

在 2015 年猪肉价格较大幅度恢复性反弹后，生猪养殖调整将趋于结束，虽然 2016 年养殖规模比 2015 年可能继续缩小，但市场价格总体上处于较高水平并趋于稳定，生猪生产能力进一步明显调减的可能性比较小，由于受到牛羊肉和禽肉价格水平相对合理的影响，会促使牛羊和家禽养殖户继续稳定地扩大生产规模，综合来看，借助于模型分析，预期全年肉类总产量 8700 万吨，比上年增长 1%。

预期 2016 年猪肉产量 5450 万吨，比上年继续下降近 1%。虽然 2015 年生猪价格较大幅度反弹，但是 2012 年到 2014 年生猪价格持续明显下跌，养猪户补栏相当谨慎，2015 年年末生猪存栏量 45113 万头，比上年年末下降 3.2%，这直接影响 2016 年猪肉产量，至少上半年猪肉产量会持续下降。同时，2015 年年末能繁母猪存栏 4696 万头，比上年年末下降 5.4%，这对 2016 年全年生猪养殖规模和猪肉产量的影响更大。考虑到生猪价格不断恢复到合理水平，又考虑到受生猪年末存栏量和能繁母猪存栏量等因素，估计 2016 年上半年猪肉产量继续下降而下半年猪肉产量有望恢复增长。

2016 年，牛羊肉和禽肉总体上继续保持增长态势。虽然 2015 年活牛活羊生产者价格出现下跌，特别是活羊生产者价格下跌幅度较大，但是牛羊价格水平仍然相对较高，养殖效益明显。自 2003 年以来，牛羊肉需求强劲增长以及牛羊生产者价格持续多年上涨，带来了牛羊生产能力已经迈上新的台阶。借助于模型分析，2016 年，预测牛肉产量将达到 710 万吨，比上年增长 1.5%；预测羊肉产量将达到 460 万吨，比上年增长 4.3%。

2007 年以来，我国家禽生产者价格连续多年上涨，虽然前几年因禽流感影响导致禽肉消费增长乏力，但是家禽消费正在不断恢复性增长，从而将带动家禽生产的发展。借助于模型分析，预测 2016 年禽肉产量将达到 1900 万吨，比上年增长 4%。

预期 2016 年禽蛋产量略有减产。蛋禽养殖对市场供求关系及其价格高度敏感，2015 年蛋类生产者价格结束了自 2007 年以来持续上涨态势，出现了下跌，估计会影响 2016 年禽蛋产量。借助于模型分析，预测 2016 年禽蛋产量为 2980 万吨，比上年下降 0.6%。

（六） 水产品产量预期增长 3%

尽管水产品出口受到国际市场需求增长乏力的影响，但在国内城乡居民食物消费结构升级中水产品需求保持稳定增长态势，特别是水产品生产者价格不断上涨，水产品生产继续扩大，借助于模型分析，估计 2016 年水产品产量接近 7000 万吨，预期达到 6900 万吨，比上年增长 3%。

综合来看，我国粮食连续多年增产，为稳定消费价格水平以及改善民生提供了有力保障，但也带来了库存水平居高不下、部分粮食品种供给偏多以及国内粮食市场深受国际市场冲击等问题。如果粮食生产不能及时调整，国内粮食价格将会面临越来越大的下行压力。同时，油料和糖料生产已经连续几年减少，但是国内库存及其市场供求关系改变不是十分明显。生猪生产和猪肉产量明显波动，这表明，近年来生猪规模化养殖并没有必然带来生猪供应的稳定，生猪屠宰主体与养殖主体的关联仍然比较松散，二者尚未形成稳定的交易关系。另外，如何区分为了改善农产品供求关系和转变农业发展方式，必须推进部分农产品生产调减与农业生产受到国际市场冲击而萎缩的差别？这些农业生产、市场、价格所出现的新问题，值得进一步观察和深入研究。

三 农产品价格与食品价格总水平波动幅度相对较小

2016 年第一季度，因受蔬菜和生猪生产者价格大幅度上涨影响，农产品价格总水平出现明显上涨，但是全年农产品价格总水平下降的可能性并不能完全排除。借助于模型分析，预测全年农产品生产者价格总水平下跌 3%，其中，种植业产品生产者价格下跌 5%，林业产品生产者价格下跌 1%，饲养动物及其产品生产者价格下跌 3%，渔业产品生产者价格下跌 2%。

2015 年粮食价格已经下跌，特别是到第四季度出现相对较大幅度的下跌，考虑到国家粮食收储政策的调整，以及我国粮食连续多年增产和进口规模显著扩大后国内粮食供给极其充足，而粮食需求增长有限，在经济增长进入新常态后以及国际原油价格相对较低等因素都可能对粮食需求具有抑制作用，估计 2016 年粮食生产者价格可能进一步明显下跌。借助于模型分析，预测 2016 年粮食生产者价格比上年下跌 5%。

国内棉花价格运行深受国际市场影响，国内棉花价格存在着很大的不确定。虽然我国棉花已经连续 3 年减产，从 680 多万吨减少到 560 多万吨，但是考虑到我国棉花库存水平仍然很高，国际市场棉纺织品需求乏力，我国棉花需求增长不利因素仍然较多，估计国内棉花生产者价格大幅度反弹的可能性非常小，借助于模型分析，预测 2016 年国内棉花生产者价格基本维持在上年水平，并可能继续下跌 3%。

考虑到 2015 年年底生猪存栏量比上年有所下降，多年养猪户普遍亏损，虽然 2015 年生猪生产者价格明显反弹，但是养猪户补栏较为谨慎，生猪供求关系仍然维持偏紧态势，借助于模型分析，预测 2016 年生猪生产者价格进一步上涨 5%。

考虑农产品生产者价格以及货币供给等因素，借助于模型分析，预期 2016 年城乡居民食品消费价格上涨 1%。自 2011 年以来，虽然城乡居民食品消费价格保持上涨态势，但是涨幅不断缩小，这表明，食品消费价格运行总体上处于收缩阶段。一般来说，居民食品消费价格既受到自身周期性波动规律影响，又受到农产品总体供求形势影响，还受到货币供给影响。从食品消费价格循环波动的基本规律来看，2016 年食品消费价格运行的态势可能涨幅进一步缩小，或出现下跌。从宏观经济来看，2016 年我国经济实际增速预期在 6.5% 到 7.0% 区间，比 2015 年实际增速有所下降的可能性更大。从宏观调控选择的货币手段来看，2016 年我国将继续实行稳健的货币政策，货币供给量增速与 2015 年年末货币供应量增速相当，这有助于稳定食品消费价格的预期。

综合影响食品消费价格的多个因素，并考虑到 2016 年农产品生产者价格可能会下降，估计 2016 年食品消费价格涨幅可能进一步缩小，预测比上年上涨 1%。2016 年居民消费价格涨幅 3% 左右，估计食品消费价格运行将会继续成为居民消费价格预期目标实现的积极因素。

值得关注的是，我国粮食市场价格未来将会呈现怎样的走势？一般说来，在农村贫困人口和低收入群体中，从事粮食生产和其他农产品生产的经营净收入所占比重相对较大。如果粮食价格继续下跌，对于促进中国粮食供求平衡会有积极意义，但同时是否会对农民增收造成不利影响，这不仅关系到粮食生产稳定，还关系到农村贫困人口和低收入群体的收入能否持续较快增长。

四　农民收入继续保持相对较快增长

综合考虑影响农民增收的多种因素，借助于模型分析，预测 2016 年农民人均纯收入和人均可支配收入比上年实际增长 7.7%。按照 2015 年价格计算，2016 年农民人均纯收入水平估计达到 1.16 万元，农民人均可支配收入达到 1.23 万元。

值得说明的是，与 2015 年相比较，预期 2016 年农民人均纯收入和可支配收入实际增长速度不降反升，主要得益于农民收入分配状况的改变，而不是依靠过去农产品价格提高和农产品产量增加来增收。国家加大扶贫脱贫力度，特别是实施精准扶贫措施，全国贫困人口收入状况明显改善。新型城镇化和农业现代化协调推进、农村土地制度改革，让农业劳动力转移机会更多，农民工可以更加专心并且有更多时间务工经商，而将承包地的经营权流转出去，经营农业的农民可以从规模化生产中获得更多收益。国家经济发展转型及其政策调整带来农民增收格局的深刻变化。

2016 年，农民人均工资性收入预期比上年增长 10%。一般来说，经济增长及其城镇化推进都有利于农民工资性收入增长。2016 年，我国经济增长仍然保持中高速，这对于稳定农民工资收入增长是极其有利的。

我国正在快速推进城镇化，"十二五"期间，每年按常住人口计算的城镇化率增量都不低于 1 个百分点，2015 年我国按居住地人口统计计算的城镇化率达到 56.1%，比上年提高 1.3 个百分点。估计 2016 年我国城镇化快速推进的态势不会改变。我国不仅在推进常住人口城镇化，而且还越来越重视户籍人口城镇化。根据《关于 2015 年国民经济和社会发展计划执行情况与 2016 年国民经济和社会发展计划草案的报告》，2016 年要将我国户籍人口城镇化率提高 1.3 个百分点，这将对农民增收产生更加广泛和深远的影响。近年来，部分农产品市场波动明显，一部分农民会放弃农牧业小规模生产经营，转至非农产业就业，这是农民工数量增加的推动力量；农民工月工资水平总体上保持较快增长，也对农业劳动力转移产生拉动作用。预计 2016 年农民工数量仍将保持稳定增加。同时，农民工月工资水平提高，直接对农民工资性收入增加作出积极贡献。

综合考虑到农民工资性收入增长的积极因素，借助于模型分析，预测 2016 年农民人均工资性收入将超过 5000 元，比上年名义增长约 10%。

近年来，我国深化农村改革和加快推进新型城镇化，带来了农业转移人口增加和农民财产性收入增加。2016 年，影响农村土地制度改革的因素增多，由于农产品市场风险加大，可能对农户承包地流转租赁租金收入带来不利影响，但是农村土地入股和大田托管以及联合经营等新型农业适度规模经营的发展，可能会继续保持农民财产净收入和第一产业经营净收入的较快增长。

五　推进我国农业农村转型发展的主要对策

从总体来看，2016 年我国农业基础地位进一步加强，农业现代化继续取得积极进展，新型工农关系和城乡关系正在形成。但是，我国农业仍然是国家现代化的"短板"，农村落后仍然是经济社会建设的"短板"，这既需要进一步实施好行之有效的各项强农、惠农、富农政策措施，又要根据新情况、新问题，调整完善已有政策措施，并出台新的政策措施，推进农业供给侧结构性改革，加大农业农村基础设施投资力度，改善农村生产生活条件，确保农业稳定发展，进一步把农村消费的潜力挖掘出来，继续发挥好农业农村对国民经济的支撑和拉动作用，特别是按照党的十八届五中全会提出的五大理念，加快农业现代化和实现全面小康。

（一）现代农业发展必须依靠组织创新和科技创新

我国农业发展面临很多难题和约束。农业比较效益偏低，很多农业生产者无法靠农业经营增收致富；农业国际竞争力较弱，国内农产品连续多年丰收但同时进口规模不断扩大；农业资源消耗过度，土壤质量下降和淡水资源不足；农业生态系统遭到破坏，化肥、农药、兽药滥用，食品安全保障还不能让百姓放心。解决上述难题，必须以组织创新和科技创新为动力。

组织创新是解决我国农业未来谁来生产经营及怎样生产经营的最有效途径。要采取多种措施，特别是改革创新农业支持保护政策措施，积极培育农业新型经营主体，发展多种形式规模经营，发挥其在现代农业建设中的引领作用。农业生产经营规模偏小，制约着我国农业现代化水平的进一步提高，制约着职业农民增收和农业新型经营主体培育步伐。要面向市场培育种养大户、家庭农场、合作社和农业龙头企业等新型主体，发展多种形式的适度规模经营，将更多现代生产要素、经营模式、发展理念引入农业，推进农业科技创新，加快农业机械化和信息化，发展精准农业和农产品电子商务，提高农业集约化、专业化、社会化和组织化等水平。

针对在我国农村改革和农业发展实践中，农业效益下滑导致土地流转风险上升和纠纷增多以及农民权益受到损害的现实问题，如何集中分散在农户手中的承包地来推进多种形式的农业规模经营？除了土地租赁外，应更加注重通过土地入股发展股份合作，以及探索土地托管社会化服务等途径推进农业适度规模经营。

科技创新是现代农业发展的持久动力，需要深化农业科技体制改革，建立健全科研和基层农技推广人员激励机制及支持政策体系，将农业科技资源更加有效地配置到现代农业发展实践中，健全以农民科技需求为导向的创新体系，加快我国现代种业发展，解决我国主要农作物生产全程机械化和农业信息化等突出问题。

农村第一、第二、第三产业融合发展是创新发展的新理念，这是提高农业竞争力、农业综合效益、促进农民增收的关键。要注重引入新技术、新业态和新模式，加快发展订单直销、连锁配送、电子商务等现代流通方式，千方百计地提高农业附加值，挖掘农业及其关联产业的生态价值、休闲价值、文化价值，发展乡村旅游等现代特色产业，不断拓展农业农村经济发展新领域和新空间。

我国农业面临的国际竞争越来越激烈。在开放发展新理念下，结合新形势下国家粮食安全战略部署，未来我国除了主粮等供给在数量保障上要依靠国内生产外，对于其他多数农产品的数量供给保障，将通过统筹国际、国内两个市场，适度进口来寻求路径，而从国外进口的农产品无法替代的多种价值则要通过国内农业生产与第二、第三产业融合实现，借助订单农业和农产品电子商务等手段，通过新型农产品加工业和餐饮业发展、乡村旅游开发等，把农民增收、质量安全、生态环境和民族文化等价值凸显出来并形成品牌，让国人认同国内农业生产的多重价值，从而培育出新型的、成规模的、高成长的新型产业体系和业态，为我国农业发展探索新路。

（二）城乡协调发展需要加快建立健全城乡一体化体制机制

面对我国农业农村经济与国民经济和社会发展关系的新变化，农业农村发展和农民经济状况改善要顺应国家现代化，充分利用新型城镇化、工业化和信息化机遇。不能把农业在国民经济比重下降、大量农业劳动力转移、农业生产者老龄化、农业经营收入在农民收入中份额降低以及农村投资增长乏力，简单地等同于农业萎缩和农村凋敝，而要在经济发展新常态下切实巩固提高农业基础地位和建设好美丽乡村，并推动特色小城镇建设。

用协调发展新理念推动农业农村发展，必然要求健全城乡发展一体化体制机制，健全农村基础设施投入长效机制，推动城镇公共服务向农村延伸，推进以人为核心的新型城镇化。

近年来，一些地方出现了农民不愿意进城、不愿意将户口从农村迁入城镇的新情况。如何推进新型城镇化以提高户籍城镇化率？解决这一难题，仍然要依靠政策。协调城乡发展，一方面要深化户籍制度改革，促进有能力在城镇稳定就业和生活的农业转移人口举家进城落户，与城镇居民享有同等权益，以增强城镇对符合条件进城农民的吸引力；另一方面，解决农民进城后顾之忧，维护城镇落户农民土地承包权、宅基地使用权、集体收益分配权，并支持其依法自愿有偿转让上述权益。

在加快城镇发展并增强城镇对农村人口吸引力，实现提高户籍人口城镇化率的同时，进一步加强美丽乡村建设。2016 年要继续开展农村人居环境整治行动，加大传统村落民居和历史文化名村名镇保护力度，建设美丽宜居乡村。

毫无疑问，实现城乡协调发展，形成城乡一体化发展新格局，关键要在破解城乡二元结构、推进城乡要素平等交换和公共资源均衡配置上取得重大突破。要在规划布局、要素配置、产业发展、公共服务和生态保护等方面，将城乡作为一个整体统筹谋划并协调推进。

（三）农业农村绿色发展必须加大生态治理和修复

多年来，为了追求农产品产量增长，我国一些地方过度开发利用农业资源，大量林地、草地、湿地被开垦用来发展农业生产。一些地区靠农养林，一些生态脆弱地区盲目追求高效农业，一些地区草原畜牧承载量过高，结果造成农业资源的破坏。

随着我国农业结构不断调整，我国农产品生产呈现出高度的区域化和专业化，这虽然有助于农业效率的提高，但是也破坏了农业生物的多样性，制约着农业生态功能的发挥。一些地方在同一块耕地上，年复一年种植一种或者极少数品种的农作物，这容易造成农作物病虫害，又不得不加大农药施用量，在造成日益严重的食品安全隐患的同时，还带来了严重的生态后果。

传统意义上农业具有显著的生态功能，但是我国农业不仅生态恢复修复功能明显弱化，而且已经成为污染的重要来源。因此，用绿色发展新理念来推动农业可持续发展，必须加大农业面源污染防治力度，统筹农村饮水安全、改水改厕、垃圾处理，推进种养业废弃物资源化利用、无害化处置。

为了让透支的资源环境逐步休养生息，要继续扩大退耕还林、还草，加强草原保护，开展退耕还湿、退养还滩，加强土地、水、林木等资源的保护和合理利用。绿色发展，应保障百姓"舌尖上的安全"。要加强产地环境保护，实行严格的农业投入品使用监管制度，大力推进标准化、绿色化、品牌化生产。健全从农田和养殖场到餐桌的农牧产品质量安全的全过程监管体系，落实农牧业生产经营者主体责任，严惩各类食品安全违法犯罪行为。

（四）农业必须更好地统筹国内、国际市场和国内、国外资源

我国已经成为全球第一大农产品进口国和第二大农产品贸易国，农产品市场运行已经深度融入国际市场，农业国际化不可逆转。要在确保粮食等重要农产品供给安全的情况下，努力扩大特色农产品出口，适度进口国内紧缺农产品。

扩大农产品出口是发挥我国资源优势，提高农业效益、增加农民收入的重要手段，是我国农业供给侧结构性改革的重要举措之一。海水产品和园艺产品是我国出口的优势，要进一步开拓国际市场。

适度进口农产品，特别是进口我国耕地和淡水资源相对稀缺的农业资源密集型农产品，有助于保障和丰富国内农产品供给，更好地满足百姓多样化消费需求；有助于缓解资源环境压力，为我国农业休养生息创造条件。面对竞争激烈的国际农产品市场竞争，除了国内加快农业规模经营和农村第一、第二、第三产业融合发展，以及推动新一轮农业结构调整外，还应探索更加有效的农产品进口调控手段。我国棉花、糖料等经济作物种植面积和国内生产量已经连续几年不断调减，但是国内市场供求关系仍然没有明显改善，这表明，单纯地调减国内生产的作用有限，

需要在推进农业供给侧结构性改革中，更加重视农产品进口的有效调控。

加强农业交流与合作，积极引进、消化和吸收国外先进技术，注重引进国外的优良种质资源，积极开展国际农业投资合作，学习借鉴国际先进管理经验，有助于我国现代农业发展。要不断拓展农业国际合作领域、创新合作方式，充分利用我国农业技术、经验、设备和市场等优势，推进农业走出去，参与国际农业开发，加强与"一带一路"沿线国家的农业合作，实现合作共赢。

（五）加快形成农民增收新格局

目前，我国农民增收模式正在发生深刻变化，传统模式的增收潜力越来越小，特别是靠增产增收以及农村富余劳动力转移的传统途径很难继续走下去，迫切需要创新农民增收模式，开拓农民增收新空间和新途径。

过去，我国农产品供求关系总体上处于紧平衡之中，通过提高农产品产量和价格，就可以实现农民增收。经过多年的农业发展，在农产品数量上国内长期处于紧平衡的品种越来越少，即使出现一些农产品供求偏紧和价格上涨的情形，也是阶段性和暂时的。相应的，几乎所有农产品只要价格高，产量就会迅速增加，农产品价格随之就会下跌。未来我国农业增产带来的市场出清困难以及价格低迷将是常态。因此，持续保持农民收入较快增长，必须突破农民增产不增收的困境。

随着我国农业对外开放程度越来越高，国内农产品供给和价格除受国内生产影响外，还受到国际市场的影响。我国粮食国内产量高、库存水平高和进口数量多之间关系的新问题，以及国内粮食价格明显地高于国际市场的矛盾，就是农民增收模式转换阶段的典型表现。

在我国农民对农产品增产增收依赖性减少的转换过程中，我国工业化快速发展，吸纳了大量农民工，因就业机会增加而带来的农民工资性收入增长长期支撑我国农民收入较快增长，这种靠农民工数量增加而实现农民增收的模式正在发生变化。一方面，我国经济进入新常态，产业转移升级明显，对产业工人的专业技能要求越来越高，农民在农闲时进厂上班、农忙时回家种田的传统劳动力转移模式，越来越受到多种条件的限制；另一方面，绝大多数农村青壮劳动力已经转移，依靠农村劳动力转移数量来保持农民收入较快增收的效果将会下降。

多年前，我国已经意识到农民工数量增加而实现农民增收的空间扩张的潜力在变小，国家不断地提高最低工资标准，这种方式虽然对于遏制农民增收下滑具有积极效应，但也会削弱我国出口商品的国际竞争力，弊端十分明显，单纯地提高农民工资水平的不可持续性是不言自明的。

总而言之，我国传统的农民增收模式需要改变。农业增收方面，要以适度规模经营为引领和抓手，以培育新型职业农民和新型农业经营主体为核心，推进农业供给侧结构性改革，转变农业发展方式，促进农村第一、第二、第三产业融合，着力提高我国农业供给体系质量和效率。在推进农村第一、第二、第三产业融合发展中，注重完善农业产业链利益联结机制，让农民更多地分享农村产业融合发展所带来的增值收益。在农村劳动力转移方面，应将新型城镇化和农业现代化协调起来，让更多有条件的农民工能够成为市民，着力提高农民工素质和技能，将农民工资性收入增长建立在劳动生产率提高的基础上。同时，应加大精准扶贫和精准脱贫力度，探索精准农业支持政策措施，创新农村产权有效结构，发挥政策在农民增收分配方面的积极作用。

当前我国农村全面建成小康社会面临的挑战

魏后凯　卢宪英　张瑞娟

　　党的十八大首次提出到 2020 年要全面建成小康社会，十八届五中全会明确要求确保亿万农民与全国人民一道迈入全面小康社会。近年来，我国新农村建设取得了显著成效，但农村仍然是全面建成小康社会的短板。正如习近平同志所说："全面建成小康社会，最艰巨最繁重的任务在农村，没有农村的小康，就没有全面建成小康社会。"要尽快补齐农村这一短板，前提是找出全面建成小康社会的最薄弱环节。

一　当前我国农村全面建成小康社会面临的挑战

（一）农民持续增收压力大

　　我国农民人均收入增长速度已连续 6 年高于城镇居民人均收入增长速度，但绝对水平依然不高，城乡收入差距仍然很大。2015 年，我国城乡居民人均可支配收入比高达 2.73，城镇居民消费水平是农村居民的2.32 倍。农民增收压力也越来越大。2015 年，农民人均可支配收入比上年增长 7.5%，只有 2011 年农民人均纯收入增幅的 65.8%，实际增速回落了 3.9 个百分点。其中，工资性收入和家庭经营性收入增幅下降趋势都很明显。

　　第一，随着城镇化速度趋缓和市民化进程加快，工资性收入对农民增收的贡献趋于下降。2001—2005 年，中国城镇化率年均提高 1.35 个百分点，2006—2010 年均提高 1.39 个百分点，2011—2015 年下降到

1.23 个百分点。尤其是经济较发达的东部地区，2006—2010 年城镇化速度由 1.58 个百分点下降到 2011—2014 年的 0.98 个百分点。随着城镇化速度趋缓，城镇对农民工的需求增长放慢，农民工总量增长速度也逐年回落。2011—2015 年，中国农民工总量增速分别比上年回落 1.0 个、0.5 个、1.5 个、0.5 个和 0.6 个百分点，其中外出农民工增速分别回落 2.1 个、0.4 个、1.3 个、0.4 个和 0.9 个百分点。同时，农民工资性收入增长幅度下降也很明显。2011—2015 年，农民工资性收入名义增长率分别为 21.9%、16.3%、16.8%、13.7% 和 10.8%，总体呈下降趋势。

需要指出的是，近年来农民增收越来越依赖于外出打工的工资性收入，1991—1997 年工资性收入对农民人均纯收入增长的贡献为 26.8%，1998—2009 年提高到 50.5%，2010—2013 年又提高到 52.5%。如果按可支配收入计算，工资性收入对农民增收的贡献 2014 年为 47.2%，2015 年提高到 48.0%。但已在城镇有稳定职业和固定住所的农民工收入未来必将纳入城镇居民的统计范围，因此工资性收入对农民增收的贡献将会下降，农民增收需要更多地依靠经营性收入和财产性收入增长。

第二，受生产成本"地板"和农产品价格"天花板"的双重挤压，农民家庭经营性收入持续增长压力很大。农民家庭经营性收入在农民收入中的占比逐年下降，1990—2013 年，在我国农民人均纯收入中，家庭经营性收入的占比从 75.6% 下降到 42.6%（见图 1）。到 2015 年，农民人均可支配收入中经营净收入所占比重下降到 39.4%，已经低于工资性收入所占比重，位居第二。由于家庭经营性收入增长乏力，经营性收入对农民增收的贡献率也呈明显下降趋势，由 1991—1997 年的 67.9% 下降到 1998—2009 年的 34.4%，2010—2013 年又下降到 33.8%。若按可支配收入计算，2014—2015 年经营净收入对农民增收的贡献率只有 28.6%，远低于工资性收入 47.6% 的贡献率。

由于生产成本"地板"抬升和农产品价格"天花板"封顶的双重挤压，农产品盈利受限，这是近年来农民家庭经营性收入增长缓慢的主要原因。据《中国农村统计年鉴》（2015）数据，2004—2014 年中国粮食（稻谷、小麦、玉米）生产总成本从每亩 395.5 元增加到 1068.6 元，平

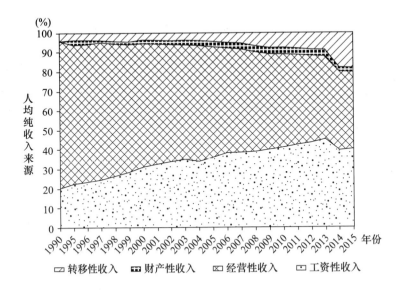

图1　1990—2015 年中国农民人均纯收入来源

注：因统计方法调整，图中 2014—2015 年数据为农民人均可支配收入，对应的部分分别为工资性收入、经营净收入、财产净收入、转移净收入。这两年数据与之前的数据不可比。

资料来源：根据国家统计局数据库和《2016 中国统计摘要》中有关数据计算整理。

均每年增长 10.5%，其中物质与服务费用年均增长 7.6%，人工成本年均增长 12.2%，土地成本年均增长 14.2%。而当前国内主要农产品价格已普遍高于国际市场，依靠农产品价格大幅度上涨来增加农民收入的空间日益受限。2015 年，农产品生产者价格仅上涨 1.7%，2014 年农产品生产者价格总水平甚至比 2013 年下降了 0.2%。面对这种双重挤压，未来促进农民家庭经营性收入持续快速增长的压力日益加大。

　　第三，受农村集体产权制度缺失因素制约，农民财产性收入所占比重仍然很低。2000—2013 年，农民人均纯收入中财产性收入所占比重一直保持在 2.0%—3.4%。近年来，农民财产净收入增长较快，2014—2015 年年均增速高达 13.7%，比农民人均可支配收入年均增速高 3.6 个百分点。由于起点低、规模小，目前财产净收入的占比及其对农民增收的贡献率均很低。2015 年，农民财产净收入占可支配收入的比重仅有 2.2%，对农民增收的贡献率只有 3.2%。很明显，增加财产性收入是未来农民增收的方向，因为当前农村集体产权制度改革严重滞后，短期内要大幅度提高农民财产性收入的占比还有一定难度。

第四，受经济增速趋缓因素影响以及 WTO 规定限制，农民转移性收入继续大幅度增加的空间有限。自 2000 年以来，农民转移性收入的占比不断提高。2015 年，农民可支配收入中转移净收入所占比重已达到 18.1%。农业补贴是农民转移性收入的主要来源。国家综合利用补贴和价格政策提高农产品价格，导致国内主要大宗产品价格高于国际市场。目前，中国小麦、玉米、大米、大豆、食糖、牛羊肉等产品进口到岸价格远远低于国内市场价格水平。在国内外价差驱动下，2011—2015 年，我国大米进口量由 56.9 万吨增加到 337.7 万吨，小麦由 125.8 万吨增至 300.7 万吨，玉米由 175.3 万吨增至 473 万吨，食糖由 291.9 万吨增至 484.6 万吨，大豆由 5263.4 万吨增至 8174.1 万吨。农业比较效益低，国内外价格倒挂现象，使中国农业补贴政策陷入两难境地，农民转移性收入增长空间受限。

（二）农村公共服务水平较低

近年来，农村公共服务水平不断提高，各方面都取得了较大进展，但与城市相比仍存在较大差距，远不能适应农村全面小康的需要。

一是农村公共服务资金投入不足，保障水平不高。从医疗卫生发展看，2013 年中国农村常住人口占 46.3%，但农村卫生总费用仅占全国的 25.3%，只有城市卫生总费用的 33.9%，农村人均卫生总费用只有城市的 39.4%（见表 1）。农村人均医疗保健支出也明显低于城市。2014 年，农村人均医疗保健支出仅有城市的 57.7%；农村居民医疗保健支出占消费性支出的 9%，比城镇居民高 2.5 个百分点。农村医疗卫生投入不足，妇幼保健条件和水平明显不如城市。2014 年农村新生儿死亡率是城市的 1.97 倍，农村婴儿死亡率是城市的 2.23 倍，农村 5 岁以下儿童死亡率是城市的 2.41 倍，农村孕产妇死亡率也比城市高 8.3%。

表1 中国城乡医疗卫生发展状况

	城市	农村	农村/城市（%）
2013 年卫生总费用（亿元）	23645.0	8024.0	33.9
2013 年人均卫生总费用（元）	3234.1	1274.4	39.4
2014 年人均医疗保健支出（元）	1305.6	753.9	57.7
2014 年新生儿死亡率（‰）	3.5	6.9	197.1
2014 年5 岁以下儿童死亡率（‰）	5.9	14.2	240.7
2014 年婴儿死亡率（‰）	4.8	10.7	222.9
2014 年孕产妇死亡率（人/10 万）	20.5	22.2	108.3

资料来源：根据《中国卫生和计划生育统计年鉴》（2015）计算整理。

从社会保障看，虽然农村老龄化现象严重，但其养老保险的保障水平较低。2014 年，全国乡村 60 岁以上老龄人口占 17.6%，比城市高 3.8 个百分点。由于收入水平有限，加上保险意识不强，大多数农民只愿意选择低档次养老保险，致使个人账户基金积累不足，给付额度有限。农村社会救济和最低生活保障水平也明显低于城市。2015 年全国农村居民最低生活保障平均标准仅相当于城镇居民最低生活保障平均标准的 58.9%；农村居民最低生活保障平均支出水平仅相当于城镇居民最低生活保障平均支出水平的 47.7%（见表 2）。

表2 2014—2015 年中国城乡最低生活保障情况

	2014 年			2015 年		
	城市	农村	农村/城市（%）	城市	农村	农村/城市（%）
最低生活保障费（亿元）	721.1	870.3	120.7	685.0	911.6	133.1
最低生活保障人数（万人）	1877.0	5207.2	277.4	1708.0	4903.2	287.1
最低生活保障平均标准（元/人·年）	4926.0	2776.6	56.4	5401.2	3182.3	58.9
最低生活保障平均支出水平（元/人·年）	3580.5	1571.3	43.9	3640.8	1735.2	47.7

资料来源：根据《中国民政统计年鉴》（2015）和民政部《社会服务统计季报》（2015 年第四季度）计算整理。

　　二是农村公共服务设施总量不足，结构失衡、质量不高。①农村办学条件明显不如城市。2013 年，全国农村中小学用房危房率分别为 4.0% 和 5.0%，均是城市中小学用房危房率的 5 倍（见表 3）。农村小学每千人拥有计算机 79 台，只有城市的 70.4%；农村小学每千人拥有多媒体教室 10.2 间，只有城市的 58.9%；农村小学每千人固定资产总值只有城市的 88.7%；农村小学每千人教学仪器设备资产值只有城市的 53.1%。②农村医疗卫生和文化设施远不及城市。2014 年，全国仍有 6.7% 的行政村没有卫生室；农村每千人口医疗卫生机构床位数不到城市的 45%。全国 553 个县级公共图书馆和 705 个县级文化馆建筑面积小于 800 平方米（最低标准），分别占 20.4% 和 24.1%。③农村养老机构规模小、条件差、任务重。2014 年，全国农村养老机构每个职工需照料 12 人，是城市的 2.6 倍。

表3　　　　　　　　　　　2013 年中国城乡中小学教育办学条件

	城市（城区）	农村	农村/城市（%）
中学用房危房面积（万平方米）	120.87	456.40	377.6
中学用房危房率（%）	0.8	4.0	511.5
小学用房危房面积（万平方米）	173.88	1338.56	769.8
小学用房危房率（%）	1.0	5.0	495.4
小学每千人拥有计算机（台）	112.3	79.0	70.4
小学每千人拥有多媒体教室（间）	17.4	10.2	58.9
小学每千人固定资产总值（万元）	818.7	726.0	88.7
小学每千人教学仪器设备资产值（万元）	133.3	70.8	53.1
小学每千人实验设备资产值（万元）	23.6	21.6	91.5

　　资料来源：根据《中国教育统计年鉴》（2014）计算整理。

　　三是农村公共服务队伍建设滞后，中高级技术人才缺乏。①城乡教师队伍学历差距大，学前教育尤为明显。2013 年，全国乡村幼儿园教师中本科及研究生毕业的占 10.2%，比城区低 12.8 个百分点。②农村医疗

卫生队伍建设明显滞后。2014 年，全国农村每千人口拥有卫生技术人员
3.8 人，而城市则达到 9.7（见表 4）。③农村养老服务人才严重缺乏。
目前，农村养老模式单一，社会化服务严重滞后，社区养老服务覆盖率
仅有 6.5%，医疗、护理等各类专业人员严重缺乏。

表 4　　　　　　　　　2014 年中国城乡卫生技术人员情况

			农村		城市		农村/城市[a]（%）
			总数（万人）	每千人口数（人）	总数（万人）	每千人口数（人）	
卫生技术人员		合计	365.73	3.8	392.25	9.7	39.2
		执业医师	104.41	1.1	133.08	3.3	33.3
		执业助理医师	41.67	0.4	10.09	0.3	413.0
		注册护士	126.68	1.3	173.77	4.3	30.2
		药师（士）	20.44	0.2	20.52	0.5	40.0
		技师（士）	19.54	0.2	21.19	0.5	40.0
		其他	12.85	0.1	33.63	0.8	12.5
乡村医生和卫生员			105.82	1.1	—	—	—

注：a 农村/城市系按每千人口拥有数计算。

资料来源：根据《中国卫生和计划生育统计年鉴》（2015）整理。

（三）农村生态环境恶化严重

据《全国土壤污染状况调查公报》，全国耕地土壤污染点位超标率为
19.4%，分别比林地、草地、未利用地高 9.4 个、9.0 个和 8.0 个百分
点；在调查的 55 个污水灌溉区中，有 39 个存在土壤污染，超标点位高
达 26.4%。到 2014 年，全国仍有 4012 万人没有享用到安全饮水。第一
次全国水利普查结果表明，全国土壤侵蚀总面积 294.91 万平方公里，占
普查范围总面积的 31.12%。2015 年，在国家重点生态功能区 512 个评
估县中，生态环境质量"变差"的有 65 个，占 12.7%。全国草原生态

总体恶化趋势尚未根本扭转，草原退化沙化现象严重，中度和重度退化草原面积占 1/3 以上，全国重点天然草原牲畜超载率达 15.2%。

农业面源污染是导致农村环境污染加剧的重要因素。2014 年，农业源排放的化学需氧量（COD）为 1102.4 万吨，氨氮为 75.5 万吨，分别占全国排放总量的 48.0% 和 31.7%。农业面源污染主要来自于不合理使用农药、化肥、地膜，以及规模化畜禽养殖业的废弃物。2014 年，中国按播种面积计算的单位面积化肥施用量为 362.41 千克/公顷，远高于国际公认的 225 千克/公顷的化肥使用安全上限。目前中国每年地膜使用量大约为 130 万吨，超过其他国家的总和，造成了严重的"白色污染"。畜禽粪污已成为农业面源污染的最大来源，农业面源污染中 COD 的 90% 以上都来自于畜禽粪污，目前畜禽粪污有效处理率仅为 42%。

农村生活废弃物对环境的污染也很严重。目前我国农村每年产生约 2.8 亿吨生活垃圾、90 多亿吨生活污水，农村水污染物排放量占全国水污染物排放量的一半以上。截至 2014 年年末，全国尚有 90% 的行政村未对生活污水进行处理，有 36% 的行政村未设立生活垃圾收集点，有 51.8% 的行政村未对生活垃圾进行处理，有 54.2% 的行政村未开展村庄整治。

农村工业污染以及城市"三废"向农村转移，也给农村环境问题带来巨大挑战。2014 年，中国城市产生生活垃圾总量 1.8 亿吨，全国共建有 604 座垃圾填埋场，填埋能力 33.5 万吨/日，全年填埋总量为 10744.3 万吨，约有 60.2% 的城市生活垃圾采用填埋处理，而这些垃圾主要填埋在农村。值得注意的是，随着大城市规模的迅速扩张，各地纷纷实行"退二进三"战略，城市工业尤其是污染严重的重化工业不断向周边农村地区转移扩散，由此加大了农村环境的治理难度和安全风险。

面对日益严峻的农村生态环境形势，国家对农村环境污染治理的投入严重不足，"重城轻乡"的政策偏向十分明显。2014 年，全国环境污染治理投资 9575.5 亿元，其中城市环境基础设施投资 5463.9 亿元，占 57.1%；工业污染治理项目投资 997.7 亿元，占 10.4%；"三同时"项目环保投资 3113.9 亿元，占 32.5%。考虑到工业和"三同时"项目也高度集中在城市，实际投向农村的环境污染治理投资比重很小。自 2008 年以来，中央财政累计安排农村环境综合整治资金 315 亿元，仅相当于 2014 年全国环境污染治理投资的 3.3%。

（四）农村基层民主政治建设亟待加强

村民自治制度在实际工作中存在一些问题。在一些农村地区，村民自治主要体现为"村干部自治"，受到乡镇政府的过多干预，以及宗族和黑恶势力干预和操控。在民主选举环节，部分地区候选人之间的竞争呈白热化，拉票、贿选问题非常严重。例如，在一些经济发达地区，贿选金额甚至达上千万元。此外，村民自治意识和能力均有待提高。

一些地区对村民参与民主决策、民主管理和民主监督的重视程度明显不足。一些地方村务公开力度明显不够，重要事项及村里的财务状况不公开或者选择性公开，村民发挥民主决策、民主管理和民主监督的作用很有限。一些地方的村干部认为村民参政议政没有必要，甚至对之有排斥和打压心理，很少提供村民参与的机会，对部分村民提出的合理化意见和建议置之不理。

（五）农村贫困人口如期全面脱贫任务艰巨

党的十八届五中全会明确提出，到 2020 年"现行标准下农村人口实现脱贫"，从过去的经验看，按照现行标准平均每年的减贫规模，未来 5 年我们应该有信心和能力如期实现全面脱贫目标。但是，应该看到，随着扶贫开发进入攻坚拔寨的冲刺阶段，经济发展的减贫效果将趋于下降，扶贫开发的难度明显加大。特别是现有农村贫困人口大多数居住在自然条件相当恶劣、交通极为不便、自然灾害频发的山区和偏远地区，尤其是中西部少数民族地区和边境地区。其中，贫困发生率超过 10% 的有西藏、甘肃、新疆、贵州和云南，贫困人口数量超过 500 万的有贵州、云南、河南、广西、湖南和四川。不少地区还面临保护生态与加快发展的双重矛盾。

当前，在实施精准扶贫的过程中，还存在一些突出问题。比如，对贫困户的识别不够精准，缺乏动态监管机制和脱贫人口及时退出机制。减贫效益也有待进一步提高。近年来，各级财政不断加大扶贫资金的投入力度，但减贫幅度从 2011 年的 26.1% 下降到 2014 年的 14.9%，虽然 2015 年减贫幅度提高到 20.6%，但要在 2020 年前如期实现每年减贫 1000 多万人的目标，任务仍十分艰巨。此外，社会力量参与精准帮扶制度不完善，社会扶贫力量仍缺乏参与精准帮扶机制的制度化途径。

二 推进农村全面建成小康社会的总体战略

要如期实现农村全面小康的目标，必须依靠全面深化农村改革，在"十三五"时期，重点是构建以"五个乡村"为特色的新农村建设 2.0 版。要通过加快新型城镇化进程，积极发展现代农业，让农民的钱袋子鼓起来，建设"富裕乡村"；通过不断完善农村公共服务供给体系，建设"幸福乡村"；通过开展生态环境综合治理，建设"美丽乡村"；通过加强基层民主政治建设，建设"民主乡村"；通过实施精准扶贫，让广大农民共享改革和发展成果，建设"和谐乡村"。

（一）加快新型城镇化进程，促进农村劳动力就地就近转移

加快推进新型城镇化是破解"三农"难题的重要途径。中国城镇化将进入减速期，发展的重点必须从重速度转变为坚持速度与质量并重。要转变城镇化发展方向，重点培育中小城市和特色小城镇建设，加快发展劳动密集程度高、对劳动力素质要求弹性较大的第三产业，大力发展中小企业和民营经济。通过加大财税支持力度，鼓励和支持城市资本下乡，促进农村劳动力就地转移。要健全财政转移支付同农业转移人口市民化挂钩机制，建立城镇建设用地增加规模同吸纳农业转移人口落户数量挂钩机制。深化户籍制度改革，逐步建立以职业和居住地作为划分人口类型的新型户籍管理制度以及城乡统一的就业和社会保障制度。建立农民工工资正常增长机制和农民工工资支付保障制度，加大农民工培训力度，切实提高农民工工资水平。

（二）推进供给侧结构性改革，提高农业经营效益

加快现代农业综合配套改革是增加农民经营性收入的有效途径。当前，要着力推进农业供给侧结构性改革，加快建立高效的农业生产经营体制、产供销有机融合的产业链条、完善的市场流通机制和竞争力导向的农业支持政策体系，依靠改革促进现代农业快速发展，提高农业竞争力和经营效益。同时，要完善农业产业链与农民的利益联结机制。支持供销合作社创办领小农民合作社，引领农民参与农村产业融合发展、分享产业链收益。引导农户自愿以土地经营权等入股龙头企业和农民合作社，让农户分享产业价值链收益。

（三）深化农村集体产权制度改革，保障农民财产权益

深化农村集体产权制度改革，赋予农民更多的财产权利，明晰产权、完善权能，建立符合市场经济要求的农村集体经济运营新机制，在确保农村集体资产不被侵蚀和农民利益不受损害的前提下，积极探索集体所有制的有效实现形式，不断壮大集体经济实力，增加农民的财产性收入。对于当前各地探索和创新集体资产股权量化到户的不同做法要进行及时总结和提升。重点是：在股权设置和管理方面必须充分尊重农民的意愿；尽快健全对集体资产运营的管理、监督和收益分配机制；应该鼓励各村镇以入股、联营、外包等形式经营集体资产，提高资产的盈利能力。尽快起草和出台《农村集体经济组织法》，赋予农村集体经济组织法人地位。

（四）完善农村公共服务体系，提高保障水平和服务绩效

努力提高农村公共服务供给水平和服务绩效，必须以多元化公共服务供给体系构建为路径。在建立财政资金稳定增长机制的同时，要努力构建多渠道筹资机制，通过财税政策引导农村公共服务社会资金捐赠体系的完善。利用互联网技术，促进城乡之间、农村不同区域之间公共资源的共享和一体化服务。推动政府公共服务设施购买及市场化建设，减

少政府对经营性农业基础设施建设和运行的直接投资。鼓励社会力量利用市场化手段，参与农村公共服务专业人才的培养。此外，要彻底改变自上而下的农村公共服务供给决策方式，完善农户需求表达机制。

（五）加强生态环境综合治理，完善治理体制机制

加强农村生态环境保护必须改变"重城轻乡"的做法，大幅度增加财政资金投入力度，加强对农村生态环境的综合治理。同时，逐步健全以县级环保局为主体，乡镇环保所或环保分局为支撑，包括村环境监管员在内的环境监管体系。探索环境保护机构的垂直管理制度，完善地方政府环境责任问责制，推行农村环境行政执法公示公开制度。健全农村生态环境保护和生态补偿法律法规体系，以立法形式赋予农民生态参与权，激励农民成为农村环境治理的主体。

（六）进一步完善村民自治制度，加强基层民主政治建设

小康社会应该是民主社会。农村小康社会要求进一步规范村委会选举工作，从法律层面明确界定村委会选举中各种违法行为的法律责任及追责程序，还要坚决打击破坏选举的行为，规范乡村关系和"两委"关系。完善村务公开和监督制度，建议由镇政府直接向村民进行村务公开，积极发挥现代通信手段在村务公开监督中的作用。普遍建立村务监督委员会，完善村务监督委员会责任追究机制。通过各种方式努力培养农民的民主意识和能力，积极培育农村社会组织，拓宽农民实现有序政治参与的渠道。

（七）积极推进精准扶贫工作，实现农村全面脱贫

在当前扶贫攻坚的决胜时期，要实现农村全面脱贫就必须坚定不移地实施精准扶贫战略。除了要继续多渠道增加扶贫开发资金投入外，关键是要健全扶贫资金政策体系和全程监管体系，提高资金统筹使用效益。同时，建立精准高效的扶贫管理机制，推行自下而上和村邻参与式识别方法，建立贫困人口动态识别和管理系统，完善扶贫对象退出机制。制

定科学量化考核指标体系，明确提前完成扶贫攻坚任务的贫困地区可继续享受相关优惠政策，对没有完成任务的地区实行"一票否决"。此外，要不断完善中国扶贫信息网，引导社会组织、公民个人等社会力量参与精准帮扶工作。

中国"十三五"减贫战略及政策措施

中国社会科学院创新工程"精准扶贫"项目组

一 "十三五"中国减贫战略

根据现阶段中国扶贫所面临的形势和所处的历史地位、国家发展战略和理念，中国"十三五"期间扶贫宜采用的战略是：以精准扶贫、精准脱贫为基本方略，以扶贫对象能力提高为中心，发挥政府、市场和社会三方面扶贫合力，创新扶贫体制、机制和方式，实行全面、协调、可持续和绿色减贫。

（一）坚持精准扶贫、精准脱贫

精准扶贫、精准脱贫战略，也是对 2014 年以来中国政府出台的一系列扶贫开发政策、重大措施的统称。该战略包括从精准识别扶贫对象、精准诊断致贫原因，到精准安排扶贫项目、精准计划和使用资金、精准选择到户扶贫措施、因人因村精准选派帮扶人员、最后精准考核和认定脱贫成效的过程。

（二）坚持扶贫对象自我发展

提高扶贫对象的自我发展能力战略，主要是在扶贫开发过程中体现和实现扶贫对象的主体地位，激发贫困地区和扶贫对象自我脱贫和自我发展的内在动力，尊重贫困地区基层组织和人民的创造力和创新精神，支持和帮助扶贫对象通过参加扶贫项目和活动提高自我持续发展能力。

从国内外扶贫实践经验来看，尊重扶贫对象的主体地位、让扶贫对象全过程积极参与扶贫，是提高扶贫对象自我发展能力的关键所在。

（三）坚持政府、市场和社会合力扶贫

发挥好政府、市场和社会的作用，实现三者合力减贫，应成为中国"十三五"精准扶贫、精准脱贫的基本战略。政府应继续并加大发挥其在扶贫开发中的主导和主体作用。同时，在政府主导的精准扶贫项目安排中，应该充分考虑市场机制的作用，尊重参与扶贫的市场主体的合法权利，按照市场经济的规律选择和确定帮扶措施，尤其是必须通过市场运作的扶贫项目，并且在扶贫项目管理中考虑效率因素。

（四）坚持全面减贫

贫困表现的多维性和成因的多元性，决定了扶贫的内容必须是多方面的。《中国农村扶贫开发纲要（2011—2020）》和《中共中央国务院关于打赢脱贫攻坚战的决定》，都确定了中国农村扶贫开发的任务包括稳定解决温饱、保障扶贫对象义务教育、基本医疗和住房安全、享有接近全国平均水平的主要基本公共服务。

（五）坚持协调扶贫

协调扶贫对象精准脱贫与贫困地区整体脱贫和区域发展，既是中国协调发展理念在贫困地区发展中的体现，也是中国扶贫开发和贫困地区持续发展的内在要求。协调扶贫战略，要求在扶贫开发的计划、管理和制度安排方面，协调处理好扶贫对象的精准扶贫、精准脱贫与贫困地区整体脱贫以及贫困人口集中的中西部地区发展的关系。

（六）坚持脱贫效果可持续

处理好扶贫开发速度和质量的关系，注重扶贫开发质量和脱贫可持续性。脱贫可持续，就是要逐步建立起保障脱贫效果可持续的技术、组织和制度基础。从国家长期扶贫影响的角度，精准扶贫阶段不仅仅要实

现精准脱贫，还需要为未来中国的扶贫开发，建立可持续的制度和工作基础。

（七）坚持绿色减贫

实行绿色减贫战略，一方面要把保护生态环境的理念贯穿于扶贫开发的全过程，在扶贫方式选择、产业和技术选择等方面重视环境保护，不以破坏环境换取脱贫；另一方面善于利用好贫困地区的生态环境资源，发展绿色产品和低碳服务，把绿水青山变成金山银山。

（八）坚持创新扶贫

大规模的精准扶贫、精准脱贫，是没有先例的挑战性高的社会实践。既缺乏可借鉴的经验，也没有成熟的理论可支持，需要在实践中不断创新扶贫方式和体制机制，摸索出可行之路来。应在政策上保护和支持扶贫开发各参加主体，根据各自的条件进行积极创新，对于善意创新没有个人故意所犯的错误和损失，需要持宽容的态度。对于小范围创新取得的有复制价值的经验，应在适宜条件的地区进行推广。

（九）坚持开放式扶贫

开放式扶贫，有两个层面的含义：一是扶贫经验和最佳实践的分享和开放式借鉴；二是通过对外的经济、技术和文化开放，推动扶贫进程。在边境地区和"一带一路"沿线地区，扶贫还可以与"一带一路"开发和沿边开放结合起来。

二 "十三五"扶贫开发的目标和任务

中国"十三五"扶贫开发的目标和任务是：到 2020 年，稳定实现农村贫困人口不愁吃、不愁穿，义务教育、基本医疗和住房安全有保障。实现贫困地区农民人均可支配收入增长幅度高于全国平均水平，基本公共服务主要领域指标接近全国平均水平。确保现行标准下农村贫困人口实现脱贫，贫困县全部摘帽，解决区域性整体贫困。

（一）现行标准下农村贫困人口脱贫

1. 产业扶贫

产业扶贫是中国开发性精准扶贫的主体形式，是保证如期实现精准脱贫战略目标的最重要措施。产业扶贫，包括农户受益最直接的农业产业扶贫、企业就业扶贫，以及近年来新兴的旅游扶贫、光伏产业扶贫、电商扶贫等形式。其中，农业产业扶贫具有特别重要的意义。处理好政府、市场和贫困户之间的关系，是产业精准扶贫的关键。

第一，政府既要积极作为，又要恰当作为。政府可以在规划、组织、协调、政策落实等方面，对产业扶贫采取积极态度。但必须认识到产业扶贫成功的前提是产业发展的成功，产业扶贫首先是经济行为，应该尊重市场主体的权利、尊重经济规律。需要注意的是产业精准扶贫不能简单理解为资金到户，有时更多的是效益到户，相关的监管和支持政策应对此有充分的考虑。

第二，支持参与企业等产业组织与扶贫实现互利共赢。企业等产业组织首先应追求产业稳定发展、企业健康成长，企业在产业扶贫中的作用，主要是通过帮助优化贫困户的资源配置和效率、提高其要素和资源的回报率来实现，政府可以鼓励企业通过履行社会责任力所能及地帮助穷人，但不要勉强企业直接抽血扶贫，否则影响了企业的生存，最终会殃及产业扶贫的生命。

第三，设计合适的贫困户参加产业扶贫的制度，保护贫困户的利益。产业扶贫中贫困户以什么方式参与，应该尊重他们的自主权，政府和企业可以通过示范、思想动员等方式鼓励和支持农民参与。

2. 就业扶贫

目前，剩余扶贫对象中以前未能通过就业脱贫的农户主要有四种类型：一是因为家庭或个人某些原因出不去的，如家中有老人、儿童、病人需要照料或主要劳动力患病，或者没有或借不到外出的路费；二是以前出去过但没有找到工作或没有找到能赚钱的工作的；三是扶贫对象自身不想出去的;四是由于家庭人口的年龄结构家中没人可以出去,其中有部分子女在上中学不久将成为新生的劳动力。根据上述可能产生剩余扶贫对象过去未能实现就业扶贫因素的分析,需要针对这部分人的特殊情况,采取有效、精准措施,帮助扶贫对象实现就业精准脱贫。

第一,开展有针对性的就业培训。对于成年人口且过去未能通过就业脱贫的扶贫对象,要区分情况,结合可能的就业途径安排上岗前的适应性培训和相应的技能培训,重点解决不敢和不能就业的问题;对于新成长扶贫对象劳动力的培训,则将重点放在准备和建立稳定就业能力方面。

第二,精准联系和创造就业机会。要利用好东西协作和企业对口帮扶的平台,直接帮助扶贫对象联系就业;对于不能到外地就业又不具备产业扶贫条件的扶贫对象,除了可以在贫困县或乡镇内帮助联系就业以外,还可以结合贫困地区和社区发展的内在需要,直接在本地创造公益性就业岗位。

第三,帮助解决制约就业脱贫的其他困难。政府有关部门需要综合运用财政和金融工具,帮助计划的就业脱贫对象解决诸如资金等方面的问题。对于因家庭其他原因导致不能外出就业的扶贫对象,需要配合健康扶贫、教育扶贫等措施加以综合帮扶。

第四,特别重视扶贫对象新生劳动力的就业脱贫。帮助新生劳动力获得稳定的就业,不仅可以帮助家庭暂时摆脱贫困,而且还可以帮助扶贫对象建立起对未来生活的信心和希望,实现持续脱贫。因此,就业精准脱贫应将重点放在扶贫对象新生劳动力的教育和就业支持上。

3. 易地搬迁扶贫

据有关部门测算,中国有大约 1000 万扶贫对象需要通过易地搬迁来实现脱贫。这就要求在安置方式、融资和利益关系处理方面,进行精心的设计和合理有效的实施管理。

第一,因地制宜选择好安置方式。移民安置方式,既涉及移民后的住房、基础设施和公共服务,还涉及移民的就业和创收安排以及社会融合。在尊重移民意愿和评估移民安置的社会风险和收益的基础上,根据情况分别选择自主安置、插花安置、整体有土安置或整体无土安置等方式。在选择安置方式时，特别需要关注迁移扶贫对象的稳定增收和就业安排、移民与迁入地经济和社会关系的融合以及移民可能产生的中长期融资风险。在条件允许的地区，将移民扶贫与贫困地区城市化和城乡统筹发展结合起来。

第二，统筹解决易地扶贫搬迁的融资问题。相关政府部门和金融机构，应该在与移民、迁入地协商讨论的基础上，综合权衡和评估易地扶贫搬迁的社会收益和风险，合理预估易地扶贫搬迁的综合资金需求，形成一揽子易地扶贫搬迁融资解决方案。其中需要重点处理好中央政府、地方政府和移民之间融资责任关系以及易地扶贫搬迁中金融支持和金融风险防控之间关系。

第三，妥善处理移民在迁出地的土地和资产收益和处置。扶贫对象在迁出地的土地和其他资产收益处置，是一个敏感而又重要的问题。它既关系到移民的切身利益，也会影响迁出地的后续开发和管理。中国在三十多年的移民扶贫实践中，各地探索出了不少解决移民在迁出地土地和其他资产处置的办法。解决移民的土地和其他资产处置问题，可根据各地的情况和移民的意愿选择具体的解决方式。基本原则是，解决方式应有利于保护移民的利益，有利于实现移民在迁入地"稳得住、可致富"的目标，有利于移出地资源的开发利用和环境整治。

4. 提升扶贫对象的人力资本

提升扶贫对象的人力资本，既包括提升容易观察的教育、健康水平，也包括提高扶贫对象勤劳脱贫致富的自信心和应对各种风险的能力等。

教育扶贫的主要任务，其一是通过各种形式的扶助，帮助扶贫对象子女能够接受从幼儿园开始到高中或职业中学完整的教育。其二是综合运用多种措施和手段，改善贫困地区农村教育的条件和教学质量。

健康扶贫的主要内容包括：减轻扶贫对象治病和康复费用、减少因治病致贫；集中资源帮助患病扶贫对象治疗可治的疾病，减少因病致贫和因病返贫；提升贫困地区医疗保障和医疗卫生水平，提高贫困地区农村人口医疗服务的可及性和质量，降低传染病和地方病发病率，减少新的因病致贫情况的发生。

5. 增加扶贫对象的财产性收入

增加扶贫对象的财产性收入,包括资产收益扶贫和增加扶贫对象承包土地的入股、转让和转租收入等形式,其中资产收益扶贫是短期内见效较快的一种方式。

资产收益扶贫,是通过一定的制度安排,让贫困人群尤其是丧失劳动能力的贫困人口,分享贫困地区自然资源开发和政府投入的扶贫资金形成的各种资产所产生的部分收益,增加其财产性收入来减轻贫困。开发贫困地区的自然资源、利用扶贫资金投入和支持贫困地区具有较高收益率的投资,然后让扶贫对象分享资产收益,是破解区域开发与扶贫之间僵局的一种新的尝试。在一定程度上说,自然资源开发型资产收益扶贫是对以前资源开发收益分配模式和格局的一种调整。与直接扶持技术和管理水平都比较低的扶贫对象发展生产相比,将扶贫资金用于支持贫困地区优势产业发展,除了扶贫对象可以分享资产收益以外,还可以促进增加就业、加强贫困农村的集体经济和促进地方经济发展,形成附加产出。

6. 生态保护助力脱贫

生态保护助力脱贫主要有三种实现形式:一是将生态保护和修复与贫困地区产业结构调整结合起来,通过生态环境保护和修复,在贫困地区形成新的经济增长点和农民收入新的来源,这包括经过实践证明成功的退耕还林、还草,各有关部门可以在实践中探索其他可以兼顾生态环境保护和改善、农民增收的方式;二是在贫困地区生态环境保护和修复中,为扶贫对象增加生态公益岗位,如护林员、清洁工、环境监测记录员等,使贫困群众通过参与生态保护实现就业脱贫;三是逐步扩大对贫困地区为国家生态环境保护做出的牺牲,给予必要的补偿,增加扶贫对象的生态补偿收入。

7. 社会保障兜底精准脱贫

实现社会保障兜底精准脱贫:第一,需要建立统一衔接的扶助标准,将低保标准提高至不低于农村扶贫标准;第二,协商制定统一的低保对象认定方法和程序，确保对象认定方法和程序衔接；第三，建立农村低保和扶贫开发的数据互通、资源共享信息平台，建立双方共同认定、交接和转移低保扶贫对象的工作机制，并逐步向由民政部门负责所有低保贫困户的转变；第四，加强农村低保能力建设，保证低保制度兜底精准脱贫所需工作人员和资金需要。

8. 关注重点人群的脱贫问题

政府需要重点关注残疾人、妇女、儿童和老年人口等脆弱人群的脱贫问题。要统筹考虑这部分人群的特殊条件和需要，综合运用多种措施，有针对性地解决脆弱人群的脱贫问题，使他们能和全国人民一道同步摆脱贫困。

（二）提升贫困地区发展能力，缩小地区差异

1. 全面提升贫困村基础设施和公共服务，实现贫困村摘帽

贫困村摘帽，一方面要实现村内建档立卡贫困户脱贫的任务，另一方面也要根据《中共中央国务院关于打赢脱贫攻坚战的决定》中确定的任务，同步解决贫困村通路、通水、通电、通网络等问题，提升社区公共服务能力。在精准扶贫实践过程中，各地创造性地将贫困村摘帽的任务具体化为"几有"，作为贫困村摘帽的考核评估指标，有效地解决了贫困村摘帽目标考核的落地问题。

2. 改善贫困地区发展环境和能力，实现贫困县全部摘帽

实现贫困县全部摘帽，要求贫困县贫困发生率能稳定下降到2%以下，这基本上可以与扶贫对象脱贫同步实现，按照《中国农村扶贫开发纲要（2011—2020）》的要求，贫困县摘帽，还必须实现贫困地区农民人均可支配收入增长幅度高于全国平均水平，基本公共服务主要领域指标接近全国平均水平的目标。

3. 加强重大基础设施建设，为整体贫困提供有力支撑

解决区域性整体贫困问题，首先，应加强片区重大基础设施建设。结合片区规划，通过将国家基础设施建设投资和规划向片区倾斜，有针对性地规划片区重大基础设施建设，重点解决约束片区发展的重要交通

基础设施、大型水利设施、关键能源基础设施和环境基础设施。其次，根据片区具有的突出优势资源，重点支持具有显著扶贫功能的区域性支柱产业发展。最后，加强片区教育、医疗资源整合和教育、医疗水平提高，提升区域基本公共服务水平。

4. 加快革命老区、民族地区、边疆地区的脱贫攻坚

中国政府一直比较关注老、少、边地区的扶贫开发，先后分别制定了特别的规划和政策。但是，老、少、边地区仍然是中国贫困深度比较大的区域，需要采取更加特殊的政策和举措，努力帮助这些地区在2020年实现扶贫对象脱贫和贫困县摘帽的目标。

（三）建立2020年后扶贫可持续制度和物质基础

1. 建立并完善可持续的扶贫治理结构

中国30年的扶贫开发历史证明，以"政府领导、群众主体、社会参与"的扶贫运行体制、"中央统筹、省（自治区、直辖市）负总责、市（地）县抓落实"的政府扶贫工作机制和"政府系统内的考核督查问责和第三方评估结合"的扶贫监管体制为基础构建的扶贫治理结构，在中国现行政治、文化条件下，具有较强的生命力和可行性。在精准扶贫过程中，应该结合精准脱贫战略目标的实现，探索完善中国特色的扶贫治理结构。

2. 建立并完善减贫、扶贫的综合体系

中国在改革开放以来30多年的发展中，一直实行"寓扶贫于发展之中、通过发展减贫"的基础战略，应该坚持并不断完善；以中国特定的政治和行政体制为基础、以改善贫困地区和贫困人群分享发展改革成果能力和精准帮扶扶贫对象为目标的开发式扶贫，是具有中国特色的扶贫开发方式，在实践中显示出了较强的减贫优势，需要与时俱进加以不断地完善；已初步建立起来的普惠性中国社会保障制度，已成为中国减贫体系的重要组成部分，需要在实践中进行创新和完善；对因生态环境保护和资源占用利益或机会受损的贫困人群给予合理经济补偿，也成为中国减贫方式的部分内容，需要对补偿方式、补偿金的计算、分配和使用

等加以完善。在此基础上，建立并完善发展减贫、开发式扶贫与社会保障、生态资源补偿结合的综合减贫体系。

3. 建立并完善可持续扶贫投融资体系

建立可持续扶贫投融资体系，第一，建立向贫困地区倾斜的中央财政一般转移支付制度；第二，建立以中央和地方财政支持为主的政府扶贫资金投入保障机制，根据国家扶贫战略和任务的需要安排财政扶贫资金；第三，通过财政政策和货币政策，鼓励和支持政策性金融、开发性金融、商业金融、合作金融等多种金融机构，提高金融扶贫的力度和深度，形成持续支持减贫的金融服务体系；第四，完善慈善捐赠和社会组织扶贫的政策和法律体系，畅通个人和社会组织资金进入扶贫的渠道，形成个人和社会捐赠资金扶贫的常态机制；第五，发挥不同融资渠道的优势，建立财政、金融、社会资本、个人与社会组织资金协力扶贫的可持续扶贫投融资体系。

4. 探索建立城乡统筹扶贫管理体系

随着中国城市化进程的加快，城乡之间贫困人口的流动趋于频繁；建立城乡统筹的扶贫制度在 2020 年之后将成为必然的趋势。因此，可以在东部地区率先试验建立城乡统筹的扶贫管理体系，包括城乡统筹的扶贫标准、扶贫政策体系和扶贫管理体系。

5. 精准脱贫攻坚中建立可持续的物质基础

精准脱贫攻坚是现阶段扶贫开发的中心任务。但是，精准脱贫攻坚同样需要贯穿可持续扶贫的理念。在脱贫攻坚过程中，基础设施、公共服务设施以及危房改造等项目的建设标准，应有长远发展的视野，不能局限于 2020 年，更不能成为未来发展的障碍。

三　实施精准扶贫、精准脱贫的政策措施

为了如期实现精准扶贫、精准脱贫的宏伟战略目标，并且为 2020 年后的中国扶贫和经济社会发展，积累和创造有益的物质和精神财富，需要采取一系列必要的支持和保护政策及措施。

（一） 创造有利于精准扶贫、精准脱贫的宏观经济环境

一方面，由于精准脱贫需要宏观经济增长为解决部分扶贫对象的就业脱贫提供就业机会；另一方面，也是为了避免和减少因宏观经济环境恶化造成原来依靠就业脱贫的贫困地区人口返贫。通过进一步的改革和创新，保持适度的宏观经济增长和社会就业需求的稳定增长，需要精密规划和平衡好调结构和稳增长、稳就业之间的关系，为实现精准脱贫目标创造有利的环境条件。

（二） 实行精准扶贫的保障政策

1. 财政政策

首先，需要大幅度增加中央财政对扶贫开发的投入。财政经费的分配中也需要向贫困地区进行明显倾斜，尤其是要做好社会保障兜底精准脱贫的准备。其次，完善扶贫资金的分配和使用。要根据脱贫人口、脱贫难度、脱贫方式和资金使用绩效进行分配。最后，加快财政专项资金在贫困地区整合使用的试验，尽快将资金整合使用的政策和管理经验，在全部贫困地区推广应用。

2. 投资政策

增加贫困地区基础设施建设的投资规模，逐步提高重大公益性基础设施项目的中央投资补助标准，完善补助方式。严格落实国家在贫困地区安排的公益性建设项目，取消县级和西部连片特困地区地市级配套资金的政策。省级政府统筹可支配财力，加大对贫困地区的投入力度。在扶贫开发中推广政府与社会资本合作、政府购买服务等模式。

3. 金融扶贫政策

首先，充分运用财税政策、货币政策和金融政策，增加和保证精准扶贫、精准脱贫目标实现的信贷资金需求。其次，通过金融政策、产品、工具和技术的创新，改善贫困地区金融服务的可及性，保证精准扶贫中扶贫对象的金融需求。最后，加强和创新面向精准扶贫的农业政策性保险，为产业扶贫提供有利的发展环境。

4. 土地政策

一是在新增建设用地计划指标中，优先保障扶贫开发用地需要，专项安排国家扶贫开发工作重点县年度新增建设用地计划指标；二是加大增减挂钩推动扶贫开发及易地扶贫搬迁力度，允许集中连片特困区和其他国家扶贫开发工作重点县，将增减挂钩节余指标在省域范围内流转使用；三是积极探索市场化运作模式，吸引社会资金参与土地整治和扶贫开发工作。另外，需要探索在移民迁出地区土地开发的支持政策，鼓励个人和社会资本参与迁出地的土地资源开发。

5. 人才政策

一是需要采取必要的经济和激励政策与措施，稳定贫困地区现有人才，通过加强培训提高他们的能力，并通过相应的制度安排，调动现有人才参与精准扶贫的积极性和创造性。二是要完善现行的各级对口帮扶的人才支持政策，鼓励和支持各部门优秀适用人才参与精准脱贫攻坚。三是要采取灵活的政策，鼓励和支持全国各地的社会人才，包括离退休专业技术人才，采取专职或兼职的形式，为扶贫开发提供服务。也可以利用互联网和微信等现代技术手段和平台，让有志于扶贫的各方专业人才为扶贫开发贡献智慧和力量。

6. 社会扶贫政策

社会扶贫政策要起到激发社会各界关心和参与精准扶贫的热情、动员各类社会资源参与扶贫、实现社会扶贫制度化常态化的作用。在社会扶贫几个层次中，政府、事业单位帮扶的政策已基本完善；东西部协作扶贫政策不够全面，精神和道德层面的原则性内容较多，而保障和支持性协作扶贫的政策还欠具体；对企业、社会组织和个人参与扶贫的支持和保障政策和法规则更加不足。考虑到社会扶贫各层次具有不同的扶贫特点和诉求，政府应分别制定相应的支持政策。

（三）创新精准扶贫的体制和机制

1. 完善精准扶贫脱贫的识别和动态调整机制

精准识别出扶贫对象并进行动态调整是精准扶贫、精准脱贫的基础工作。目前在以下四个方面仍存在影响扶贫对象识别精准的问题,仍需要进一步完善和创新精准识别机制。第一,省以下贫困人口分解;第二,村内扶贫对象识别的指标维度、指标数量、权重的选择;第三,村内参与式排序的程序和规则;第四,农户的自我申报和申诉机制。扶贫对象动态调整,包括将已脱贫农户动态调整出扶贫对象和将新增与返贫农户增加到扶贫对象中两个主要方面。在实践中,脱贫人口退出和新增贫困人口进入的有效机制尚未完全建立起来,尤其是新增贫困人口和返贫人口进入的规则、方法和程序还没有确定,迫切需要加紧建立和完善。

2. 完善扶贫和脱贫考核、激励机制

最近两年中国在国家层面初步建立了贫困县考核、省级党委和政府扶贫绩效考核、贫困户、贫困村和贫困县脱贫摘帽考核以及扶贫工作考核等基本考核制度,并初步设计了考核结果运用和激励的相关政策。一些省(直辖市、自治区)也根据中央的相关政策,设计和出台了地方性扶贫和脱贫考核的实施办法。但是,迄今为止的扶贫和脱贫考核制度尚处于探索阶段,考核内容、考核指标、考核程序、考核方法以及考核结果的评估等,都存在不够完善和合理之处,部分考核制度甚至存在比较严重的缺陷,计划脱贫和数字脱贫的现象仍时有发生,亟待进一步创新和完善扶贫和脱贫考核制度。

3. 完善财政资金整合和财政扶贫资金使用机制

财政专项资金整合,实质上是对部门计划和项目管理权及利益的重大调整,必然会触及部门管理制度和国家行政管理体制的改革。如果仅仅在贫困县财政资金统筹整合上进行突破,虽然这可能是最容易、最具可操作性的改革切入口,但如果在部门管理和行政管理体制改革上不能达成共识,贫困县财政专项资金整合试点和推广恐怕很难顺利展开。需要创新财政扶贫资金分配、使用和管理的体制机制,建立公开和至少保存一年的资金分配和使用结果公示制度和平台,接受贫困户和社会的监督;扩大独立的第三方监督范围和强度,完善和建立内部监督、审计和外部监督相结合的资金分配和使用监督制度。

4. 完善金融扶贫机制

中央政府通过可用货币和信贷政策，增加金融机构在贫困地区的授信和可用资金，降低扶贫贷款的成本；地方政府和金融机构需要合作探索金融扶贫的有效机制，包括利用好财政资金、第三方担保平台等。同时根据精准扶贫的需要，创新金融机构、制度、产品和技术。

5. 完善社会减贫帮扶机制

中国具有广泛的社会帮扶的经济和文化基础，目前所缺少的是社会扶贫的动员、扶贫需求信息沟通和对接、社会参与扶贫的中介和平台以及相应的鼓励和保护社会扶贫的政策和法规。通过创新，探索和建立社会扶贫的动员机制和体系、扶贫需求信息连接和对接的可靠的工作平台，培育和发展社会参与扶贫的中介组织和畅通网络，并完善社会扶贫的税收优惠、荣誉授予等政策和法规，将促进中国社会帮扶事业的大发展。

6. 完善贫困农户参与机制

贫困农户参与精准扶贫是扶贫工作的内在要求。创新和落实贫困农户参与扶贫机制，一方面要完善和加强贫困户参与对象识别、贫困成因诊断和分析、帮扶措施选择、扶贫项目实施、脱贫认定的制度；另一方面要严格执行相关的农户参与制度并聘请独立的第三方监测和评估农户参与的真实性和可靠性，避免用简单的签字盖章走完农户参与的形式。

（四）加强精准扶贫的组织保障

1. 坚持和完善"中央统筹，省负总责，县抓落实"工作机制

实现精准脱贫战略目标，组织落实是关键中的关键。中央主管部门要制定实现脱贫攻坚目标的规划和总体任务，确定具体的精准扶贫和精准脱贫考核指标、考核方法和考核程序；尽量提前安排中央财政预算内扶贫投资，并且具体到省级，使有扶贫任务的地区能够有计划地统筹安排扶贫项目。中央有关部门，要根据各自在脱贫攻坚中所承担的职责，制定行业部门脱贫攻坚政策和计划，并由国务院扶贫开发领导小组对部门政策和计划进行有效衔接和协调。省级党委和政府对脱贫攻坚负总责，负责组织制定省级及省以下（市、县）的脱贫攻坚规划，负责对规划实

施提供所需的组织、政策、资金和人才保障,并负责对所在地扶贫和脱贫目标和任务完成情况进行监督、考核。县级党委和政府负责所在县扶贫和脱贫规划的组织实施工作,对所在县脱贫规划实施结果负责。在脱贫攻坚中,特别要强化贫困县党委和政府在精准扶贫和精准脱贫中的作用。

2. 加强贫困村帮扶和脱贫的组织和能力建设

行政村是脱贫的最前沿,是精准扶贫、精准脱贫最直接的计划、组织和实施者。在贫困村,既有现在农村基层常规的村党支部和村委会,还有专门为精准扶贫工作配备的扶贫第一书记和扶贫工作队。其中,农村基层组织是贫困农村社区发展可持续依靠的力量,基层干部熟悉村内各户的贫困状况、原因、家庭条件以及可能的脱贫方式,熟悉村内农户之间、宗族之间的关系。在精准扶贫和帮扶工作中,一定要充分发挥村组织在扶贫对象识别、帮扶计划和措施制定中的作用。在贫困村扶贫工作组织中,需要处理好村支部、村委会与扶贫第一书记、驻村扶贫工作队之间的关系。既要充分发挥扶贫第一书记和驻村扶贫工作队的优势和作用,又要保证村级组织在行政村的主体作用。

3. 切实落实扶贫对象在脱贫中的主体作用

扶贫对象是精准扶贫的受益人,也应该是精准脱贫的主体。在扶贫过程中,应该把激发扶贫对象内在的脱贫致富意识和动力摆到更重要的位置。只有扶贫对象把脱贫当作自己的事,才能积极参与到扶贫开发中来,也才能真正配合帮扶工作。否则扶贫对象成为扶贫的客体,置身于扶贫之外,不仅扶贫效果不可能良好,更不可能实现持续脱贫。地方政府应该高度重视并采取有效措施落实扶贫对象在脱贫中的主体地位,帮助扶贫对象建立脱贫的信心,并有针对性地进行帮扶。

中国农村发展进程及地区差距：现状、问题与思考

刘长全　韩　磊

改革开放以来，农村发展的内涵不断丰富，农村发展目标也从单一追求经济增长向实现经济、政治、社会、文化、生态等共同发展转变。综合考虑各方面发展目标，分析中国农村发展水平及发展趋势，研究不同地区农村发展状况及差距，认识农村发展的短板和主要障碍，既是对农村发展已取得成效的总结，更是在多元目标下指导未来农村发展实践及 2020 年实现全面建成小康社会战略部署的必然要求。本文基于中央关于农村发展的战略思路和农村综合发展的内涵，构建了中国农村发展指数，并依据指数分析中国农村发展进程及地区间差距，在总结现状与问题的基础上提出继续推动农村发展的思路。

一　理论依据与指标构成

（一）理论依据

对农村发展内涵的认识是一个渐进过程，并体现在推动农村发展过程之中。从政策层面看，党的十六届五中全会提出的社会主义新农村建设 20 字方针，即"生产发展、生活宽裕、乡风文明、村容整洁、管理民主"，这是较早并且比较全面地对农村发展的内涵做出概括。此后，全国规划纲要及中央一号文件都继续强调了社会主义新农村建设。随着农村

生态环境恶化、城乡二元结构和城乡公共资源配置不均衡等问题凸显，对农村生态环境保护、促进城乡发展一体化的重视程度越来越高，已成为推动农村全面、综合发展不可或缺的重要任务。综合以上因素并考虑指标可获得性，本文从经济发展、社会发展、生活水平、生态环境和城乡一体化五个维度对农村发展水平进行综合评价。

（二）指标体系构成和指标选择

本文构建了包含 5 个维度、15 个二级指标、27 个三级指标的指标体系（见表 1）。这既包括反映农村绝对发展水平的指标，也包括反映在城乡一体化背景下农村相对发展水平的指标。

经济发展、社会发展、生活水平和生态环境衡量了农村绝对发展水平。其中，经济发展是其他各方面发展的基础和条件，体现在经济水平提高、以非农产业发展和非农就业增长为主要特征的农村经济结构优化、农业现代化水平提高三个方面。社会发展体现在文化教育、卫生医疗、社会保障和社会治理四个方面，其中文化教育包括文化生活和教育服务供给两个方面。生活水平反映农村发展过程中农民福利的变化，它是经济社会发展的基本落脚点，主要体现在生活消费水平和生活设施条件两个方面。生态环境保护与可持续发展的重要性越来越突出，成为农村发展的应有之义，本文从农业环境污染、水资源节约利用和生活污染治理三个方面来评价农村生态环境状况。

城乡一体化维度衡量城乡之间在经济发展、社会发展、生活水平方面的一体化程度，反映了农村相对发展水平。农村发展的根本着眼点是增进农民福祉，农民福祉既受到以上指标所反映出的农村绝对发展水平的影响，也受到本地城乡发展差距的影响。引入城乡一体化指标可以更全面地反映农民福祉，特别是在经济社会发展水平相同的地区因城乡差距不同导致的福祉差异。

此外，城乡二元结构受到地方政府对政策选择的影响，引入城乡一体化指标反映了城乡二元体制消除及其对农民福祉的影响。本文分别使用城乡居民人均可支配（纯）收入之比、城乡居民人均消费支出之比、城乡居民人均教育文化娱乐支出之比和城乡居民最低生活保障人均支出之比 4 个指标，衡量和比较城乡之间经济发展、社会发展、生活水平方面一体化程度。

二 数据与方法

本文所用数据来自《中国统计年鉴》《中国农村统计年鉴》《中国社会统计年鉴》《中国民政统计年鉴》等国家有关部门正式发布的统计资料。在时间范围上，指数覆盖 2011—2014 年；在地域范围上，指数覆盖了 30 个省、市、自治区，西藏由于指标缺失较多没有纳入，也不包括台湾、香港和澳门地区。

在计算指数前，先用极值法将具有不同单位的各个基础指标进行标准化处理。为了使各地区农村发展指数跨年具有可比性，在各年度指标做标准化时，统一使用基准年（2011 年）的最大值和最小值。计算各指标在 5 个主成分中的系数的加权均值，所得即指标体系的权重（见表1）。在 5 个维度中，经济发展、社会发展、生活水平、生态环境、城乡一体化的总权重分别为 0.147、0.275、0.251、0.120、0.207。

表1　　　　　　　　中国农村发展指数指标体系构成及权重

一级指标	二级指标	三级指标	权重
经济发展	经济水平	农民人均可支配收入	0.054
	经济结构	工资性收入占可支配收入比重	0.023
	农业现代化	亩均农业机械动力数	0.025
		有效灌溉面积占耕地面积比重	0.034
		万元农林牧渔业增加值电力消耗	0.011
社会发展	文化教育	有线广播电视覆盖率	0.046
		中小学生均固定资产值	0.037
	卫生医疗	村卫生室专业技术人员比重	0.046
		孕产妇死亡率	0.049

续表

一级指标	二级指标	三级指标	权重
社会发展	社会保障	农村社会养老保险人均支出	0.022
		新型农村合作医疗人均支出	0.032
		最低生活保障人均支出	0.039
	社会治理	村庄选举登记选民投票率	0.004
生活水平	生活消费水平	人均消费支出	0.060
		恩格尔系数	0.036
		人均教育文化娱乐支出	0.065
	生活设施条件	自来水普及率	0.036
		无害化卫生厕所普及率	0.032
		农村道路密度	0.022
生态环境	环境污染	万元农业增加值化学需氧量排放量	0.007
	水资源节约利用	万元农业增加值用水量	0.019
	生活污染治理	生活污水处理比例	0.046
		生活垃圾处理比例	0.048
城乡一体化	经济发展一体化	城乡居民人均可支配收入之比	0.051
	社会发展一体化	城乡最低生活保障人均支出之比	0.042
	生活水平一体化	城乡居民人均消费支出之比	0.063
		城乡居民人均教育文化娱乐支出比	0.051

注：为使权重之和为1，在千分之一水平上对个别指标的权重做了调整。

三 主要发现

（一）全国层面农村发展水平及变化

（1）全国农村发展水平稳步提高。依据主成分分析法所得权重，

2011—2014 年全国农村发展指数分别为 0.396、0.436、0.531、0.578，呈逐年上升趋势。由于以 2011 年最高理论得分 1 为基准，该指数依然偏低，意味着农村发展仍有较大空间。与 2011 年相比，2014 年全国农村发展指数上升了 0.182，农村综合发展水平明显提高。

（2）生活水平与城乡一体化提升明显，不同维度发展失衡依然突出。2014 年，各维度中得分最高的是城乡一体化（0.165），其余是生活水平（0.163）、社会发展（0.121）、经济发展（0.070）和生态环境（0.060）。2011—2014 年期间，得分提升最多的是生活水平（0.072），在总指数增长中贡献了 39.6%；其次是城乡一体化（0.043）与社会发展（0.032），分别贡献了 23.6% 和 17.6%；最后是生态环境（0.019）与经济发展（0.016），分别贡献了 10.4% 和 8.8%。

2014 年，在衡量各维度发展水平的维度分指数中，城乡一体化分指数最高，达到 0.796，然后是生活水平（0.651）、生态环境（0.496）、经济发展（0.475）和社会发展（0.439）。2011—2014 年期间，维度分指数增长幅度最大的是生活水平分指数，上升了 0.287，其次是城乡一体化分指数，上升了 0.209，这表明中央和地方政府在提高农民生活水平、消除城乡发展差距方面的努力取得了显著成效。2014 年，5 个维度分指数的最高值与最低值的比值为 1.81，与 2011 年持平，这表明不同维度之间存在发展失衡问题，并且没有得到明显改善。

（二）区域层面农村发展水平比较

（1）东部地区农村发展水平明显高于中西部和东北地区。从四大区域农村发展指数可知，2014 年，农村综合发展水平最高的是东部地区，指数达到 0.798，中部、东北与西部三个地区农村发展水平比较接近，指数分别为 0.595、0.551 和 0.511，显著落后于东部地区（见图 1）。2011—2014 年期间，东部地区农村发展指数上升 0.191，中部和西部地区分别上升了 0.189 和 0.187，东北地区仅上升了 0.140。东北地区农村发展指数从 2011 年时仅次于东部地区落到中部地区之后。

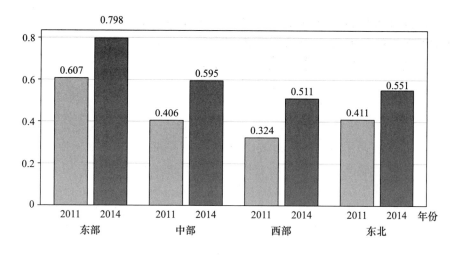

图1 四大区域农村发展指数及变化

（2）各维度在区域间都呈现更加均衡的发展趋势。分维度来看，2014年各维度分指数最高均为东部地区。除了生态环境，西部地区在其他维度的分指数都是最低，生态环境维度分指数最低的是东北地区。中部地区经济发展维度分指数大幅高于西部和东北地区，东北地区又略高于西部地区。东北地区的社会发展维度分指数与生活水平维度分指数都略高于中部地区；中西部和东北地区的城乡一体化维度分指数普遍较高，与东部地区的差距较小，说明近年各地区城乡一体化水平都有明显提高，并且地区差距不大。

2011—2014年，各维度分指数的变化没有呈现东部地区独大的局面，这反映了农村发展整体上更加均衡的趋势。在经济发展、社会发展、生态环境3个维度，东部地区分指数的上升幅度都略高于另外3个地区，特别是在社会发展维度，反映了经济发展对东部地区社会事业发展的促进作用；在生活水平维度，中部、西部和东北地区分指数的增幅都超过东部地区，表明近年来促进地区均衡发展的举措在提升这些地区居民的生活条件、生活环境等方面的作用是显著的；在城乡一体化维度，中、西部地区分指数的上升幅度都明显高于东部地区，这得益于 2 个地区在促进城乡一体化发展方面的体制机制改革与公共投入的增加。但是，东北地区城乡一体化维度分指数的增幅明显小于另外 3 个地区。

2011—2014 年，不同维度发展对总指数增长的贡献率在 4 个地区有所差异，一定程度上体现了各地区在发展需求、发展重点的不同。首先，4 个地区总指数增长都主要来自生活水平维度得分上升。东北地区生活水平维度得分上升了 0.074，对其总指数增长的贡献达到 52.8%，这在 4 个地区中也是最高的。在东部地区，虽然生活水平维度对总指数增长的贡献低于另外 3 个地区，但也达到了 34.2%。在东部和东北地区，社会发展维度对总指数增长的贡献率仅次于生活水平维度，而在中部和西部地区贡献率仅次于生活水平维度的是城乡一体化维度。在 4 个地区，经济发展维度对总指数增长的贡献率都偏低，在西部则是最低。

（3）中西部与东北地区面临维度间发展失衡问题，薄弱环节存在差异。在各地区内部，不同维度发展水平的差异比较明显，尚未达到均衡发展的要求。在东部地区，5 个维度的发展水平相对均衡，分指数最高的是城乡一体化（0.936），其次是生活水平（0.864），最低的是社会发展（0.689），5 个维度分指数中最高值与最低值的比值为 1.36。在中、西部与东北地区，不同维度之间存在明显发展失衡，5 个维度分指数中最高值与最低值的比值都远大于东部地区。

在上述三个地区，5 个维度分指数中最高的依然都是城乡一体化和生活水平，中部和东北地区维度分指数最低的是生态环境，分别只有 0.405 和 0.294，最高值与最低值的比值分别为 2.25 和 2.96；西部地区的 5 个维度分指数中最低的是经济发展，最高值与最低值的比值为 2.49。从与 2011 年的比较来看，2014 年，东北地区 5 个维度分指数的最高值与最低值的比值都有大幅下降，东部地区的降幅也比较明显，中部地区有小幅下降，西部地区则有一定上升。

（三）省级层面农村发展水平比较

（1）农村发展水平普遍提高。分省（区、市）来看，2014 年农村发展指数最高的 5 个地区依次是上海（1.024）、浙江（0.981）、北京（0.961）、江苏（0.869）和天津（0.862），最低的 5 个地区依次是甘肃（0.418）、贵州（0.422）、云南（0.441）、青海（0.489）和新疆（0.506）（见表 2）。2011—2014 年期间，农村发展指数上升最多的 5 个地区依次是天津（0.284）、广西（0.263）、浙江（0.231）、内蒙古（0.225）和海南（0.223），上升最小的 5 个地区依次是山东（0.118）、黑龙江（0.126）、北京（0.138）、青海（0.143）、辽宁（0.145）（见图 2）。

表 2　　　　2011—2014 年各省（区、市）农村发展指数

省份	2011 年	2012 年	2013 年	2014 年	省份	2011 年	2012 年	2013 年	2014 年
北京	0.823	0.887	0.925	0.961	河南	0.392	0.432	0.515	0.557
天津	0.578	0.68	0.801	0.862	湖北	0.417	0.46	0.587	0.631
河北	0.446	0.488	0.577	0.61	湖南	0.4	0.437	0.553	0.612
山西	0.401	0.446	0.531	0.58	广东	0.485	0.533	0.659	0.69
内蒙古	0.364	0.402	0.54	0.589	广西	0.281	0.342	0.46	0.544
辽宁	0.419	0.449	0.533	0.564	海南	0.361	0.403	0.537	0.584
吉林	0.41	0.461	0.534	0.559	重庆	0.37	0.424	0.532	0.556
黑龙江	0.403	0.424	0.519	0.529	四川	0.372	0.409	0.508	0.575
上海	0.856	0.981	0.985	1.024	贵州	0.227	0.276	0.37	0.422
江苏	0.696	0.759	0.833	0.869	云南	0.268	0.301	0.381	0.441
浙江	0.75	0.807	0.916	0.981	陕西	0.357	0.385	0.479	0.513
安徽	0.382	0.421	0.533	0.587	甘肃	0.272	0.284	0.384	0.418
福建	0.532	0.584	0.699	0.731	青海	0.346	0.394	0.455	0.489
江西	0.442	0.488	0.56	0.603	宁夏	0.344	0.402	0.517	0.562
山东	0.547	0.579	0.631	0.665	新疆	0.358	0.395	0.478	0.506

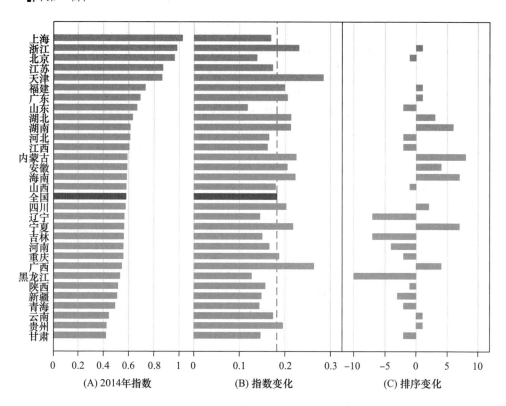

图2 2014年中国农村发展指数及2011—2014年期间的指数与排序变化

2011—2014年，全国农村发展指数上升了0.182，在所有省（区、市）中，农村发展指数的上升幅度超过全国平均水平的有14个。农村发展指数排序有所变化，与2011年相比，2014年排名下降的有14个省（区、市），不变的有3个，上升的有13个。排名下降最多的5个省（自治区）依次是黑龙江、辽宁、吉林、河南与新疆，分别下降了10位、7位、7位、4位和3位。排名上升最多的5个省（自治区）依次是内蒙古、宁夏、海南、湖南和安徽，分别上升了8位、7位、7位、6位和4位。总体来说，农村发展指数最高的省份集中分布在东部，西部地区省份（区、市）的指数普遍较低。2011—2014 年，排名上升较多的主要是中西部省份（区、市），下降最多的则是东北 3 省。

（2）农村发展水平分布呈"两端分化、中间趋同"特征，地区间差异趋于缩小。从总体上说，省级层面农村发展指数的得分呈两端分化、中间趋同的特征。具体来说，农村发展水平最高的几个省份总指数大幅高于其他省份，并且相互之间差距也较大，农村发展水平居中的近 20 个省（区、市）总指数非常接近，农村发展水平最低的几个省（区、市）总指数明显低于其他省份。2014 年，农村发展水平最高的 5 个省份总指数平均值为 0.939，农村发展水平最低的 5 个省份总指数平均值为 0.455，两者之比为 2.06。2011 年以来，该比值趋于下降，说明省份之间农村综合发展水平的差距有所缩小。与 2011 年相比，2014 年该比值下降了 0.6。所有省份总指数的变异系数也表现出下降趋势，2014 年变异系数为 0.252，比 2011 年降低了 0.098。

（3）城乡一体化维度的地区差距较小，各维度的地区差距都趋于下降。分维度来看，2014 年生态环境在省级层面的地区差距最大，各省份生态环境分指数的变异系数为 0.48；其次是经济发展和社会发展，两个维度分指数的变异系数分别为 0.45 和 0.41，生活水平的地区差距较小，城乡一体化的地区差距最小，后者的分指数的变异系数只有 0.12。2011—2014 年，经济发展、社会发展、生态发展与城乡一体化的维度分指数的变异系数呈下降趋势，降幅最大的是生活水平，变异系数下降了 0.2。

（4）维度间发展失衡在东北与西部省份更突出，但普遍趋于缓解。根据维度分指数，在 27 个省（区、市），城乡一体化都是发展水平最高的维度；浙江、北京和上海 3 个地区发展水平最高的维度分别是生活水平或社会发展（见表 3）。各省份在发展水平最低的维度上有所分化，在云南、吉林等 8 个省（区、市）5 个维度分指数中最低的是经济发展，在浙江、四川、安徽等 8 个省（区、市）分指数中最低的则是社会发展，在北京、内蒙古、天津等 13 个省（区、市）分指数中最低的是生态环境，仅上海的分指数中最低为城乡一体化。

表3   发展水平最高与最低维度的地区构成

		发展水平最高的维度		
		社会发展	生活水平	城乡一体化
发展水平最低的维度	经济发展			云南、吉林、宁夏、广西、海南、甘肃、贵州、重庆
	社会发展		浙江	四川、安徽、山东、广东、江苏、江西、福建
	生态环境	北京		内蒙古、天津、山西、新疆、河北、河南、湖北、湖南、辽宁、陕西、青海、黑龙江
	城乡一体化	上海		

根据5个维度分指数的最高值与最低值的比值来看（见图3），2014年，5个维度发展水平失衡最严重的五个省份依次是黑龙江（5.42）、内蒙古（4.20）、青海（4.19）、新疆（3.77）与甘肃（3.57），5个维度之间发展水平最协调的5个省份依次是浙江（1.30）、江苏（1.35）、北京（1.45）、上海（1.46）和广东（1.66），失衡最严重的省份主要分布在东北与西部地区，最协调的省份则主要在东部。总体而言，2011—2014年大多数省份5个维度的发展水平变得更加协调，在此期间，比值出现下降的省份有17个，上升的有13个。

四　结论与思考

本文从经济发展、社会发展、生活水平、生态环境与城乡一体化5个维度出发，构建了包括27个具体指标的中国农村发展指数，并用主成分分析法对各指标赋权。基于该指数，本文对2011—2014年期间全国、区域（四大地带）和省级层面的农村发展水平进行了测算与比较分析，主要发现是：①农村发展水平在全国、区域和省级3个层面都表现出稳步提高的趋势；②不同区域之间、不同省份之间的农村发展水平存在一定差距，在省份之间呈"两端分化、中间趋同"的分布特征；③除了城

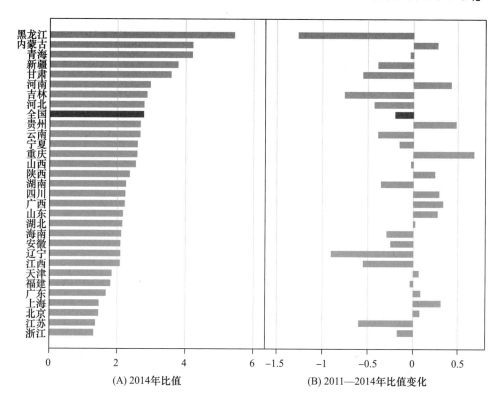

(A) 2014年比值   (B) 2011—2014年比值变化

图3　不同维度均衡发展状况的地区差异及变化

乡一体化，其他维度都存在较明显的地区差距；④各地区普遍面临维度间发展失衡问题，尤其是在东北与西部地区；⑤总指数和各个维度面临的地区发展差距，以及各地区面临的维度间发展失衡都趋于缓解。

　　全面认识农村发展内涵，从单目标的经济增长向经济、社会、政治、生态、城乡一体化等多目标共同发展转变，是向更高层次推动中国农村发展的必然要求。在经济增速放缓、社会、生态、城乡发展失衡等问题日益突出的新常态下，进一步强调社会发展、生态环境保护与城乡一体化在农村发展中的作用，是持续推动农村发展的必然选择。

未来中国农村发展，一方面要从多目标综合发展的内涵出发，通过多维度、多举措，继续提高农村综合发展水平。另一方面，要着力提高协调发展水平，首先，促进地区之间协调发展，重点加快中西部和东北地区发展，缩小这些地区与东部地区的差距；其次，在国家和地区层面实现不同维度之间的协调发展，重点是加快改善农村社会与生态环境等薄弱环节。

四　农业管理体制改革

我国农业体制改革评估及相关政策建议

魏后凯　李国祥　苑　鹏　郜亮亮　胡冰川

党的十八届三中全会以来，与农业发展直接相关的农村集体产权、新型农业经营体系、农产品价格形成机制、农业补贴等多个方面的改革不断深化，总体上取得了重要阶段性进展，一些关键改革取得突破性进展，成效不断显现。随着改革的不断深入，我国农业体制改革进入了深水区，遇到了一些更加复杂的难题，需要引起高度重视并加快完善改革的总体方案。

一　我国农业体制改革的总体进展

全面深化改革以来，中央高度重视农业及相关体制改革，每年的一号文件都把推进现代农业发展的改革任务作为农业农村工作重点加以部署，并于年初提出具体改革任务，落实到相关部门；中央还研究出台了多个指导推进现代农业发展的重大改革方案，推出了一系列深化改革举措；各地按照中央部署和安排，无论是农村改革试点地区，还是非试点地区，都结合当地实际情况，持续不断地推进改革。在中央统一安排部署下，全国土地承包经营权确权登记颁证和承包地经营权流转进展明显；农业新型主体培育和农业经营体系建设迈出新步伐；农业补贴制度、农产品价格形成机制与补贴脱钩改革取得了某些突破性进展，种业、供销社、农垦、农村金融等相关方面的改革稳步推进。

（一）稳定农村土地承包关系工作进展顺利

针对农民对土地流转顾虑重重，在社会保障机制还不完善的现实下担心土地流转后，特别是进城之后权益会受到影响，各地积极推进完善农村土地"三权分置"办法，落实集体所有权，稳定农户承包权，放活土地经营权；积极明确界定农民的集体成员权，明晰集体土地产权归属，实现集体产权主体清晰；在二轮承包期满后耕地延包办法、新的承包期限等方面进行改革，积极探索"长久不变"的实现形式。

（二）农村土地确权登记颁证工作有序推进

2014 年，国家选择山东、四川、安徽 3 个省份和其他省（市、区）的 27 个县开展农村土地承包经营权确权登记颁证工作整体试点，试点覆盖面积 3.3 亿亩。2015 年，再选择江苏、江西、湖北、湖南、甘肃、宁夏、吉林、贵州和河南 9 个省（市、区）开展全省试点，其他省份根据本地情况，扩大开展以县为单位的整体试点。到 2015 年年底，全国 2323 个县（市、区）开展了农村土地承包经营权确权登记颁证工作，涉及 2.4 万个乡镇、38.5 万个村。2016 年，继续扩大试点范围，再选择河北、黑龙江、内蒙古、山西、辽宁、云南、海南、浙江、陕西、广东 10 个省（市、区）进行全省试点，争取年底实现开展试点工作的县（市、区）占全国应开展数的 80％以上，实测面积超过 10 亿亩。各地根据实际情况，主要选择确定地块到户的确权方式，严格控制确股不确地的确权方式。

（三）农村承包土地经营权流转明显加快

农村土地"三权分置"，创新了农村土地集体所有制的有效实现形式，加快了农村土地要素合理流转。2012 年年底，全国农村土地流转面积为 2.7 亿亩，占家庭承包耕地面积的 21.5％。到 2015 年年底，全国耕地流转面积上升到 4.43 亿亩，比 2012 年增长 64.1％，占家庭承包耕地面积的比重达到 33.3％。为了促进农村产权流转交易顺利进行，各地积极推行公开交易，加快健全交易规则，完善运行机制，加强交易服务。目前，村有服务站点、乡镇有流转中心、县市有交易市场的流转服务体系初步形成，全国县（市）级以上土地流转交易市场达到 1324 个，乡镇土地流转服务中心达到 17268 个。流转顺畅、保护严格的土地经营权市场交易体系正在形成并逐步完善。

（四）新型农业经营体系正在逐渐形成

各地积极引导、鼓励和支持承包土地向专业大户、家庭农场、农民合作社和农业企业流转，新型农业经营主体不断涌现。到 2015 年年底，全国家庭农场、农民合作社、农业产业化龙头企业的总量超过 250 万个。其中，规模以上家庭农场 87.7 万户；在工商部门登记注册的农民合作社达 153.1 万家，实际入社农户 10090 万户，约占农户总数的 42%；认定各类龙头企业 12.34 万家，带动农户 6671 万户。近年来，各地越来越重视以评定合作社示范社为抓手，引导合作社规范发展。同时，重点探索建立教育培训、认定管理和政策扶持互相衔接配套的培育制度，大力培育新型职业农民。以投身农业创业的新农人为代表的新型农民职业群体正在成为新型农业经营体系建设的一支重要力量，截至 2015 年年底，全国包括农产品电商在内的新农人数量已达到 200 万人。

（五）农业经营方式不断创新

到 2015 年年底，农民合作社流转了 8838 万亩耕地，占流转耕地面积的 20% 以上，其中吸引农户 1605 万亩耕地入股，统一经营面积超过 1 亿亩。规模经营的方式也不断创新，初步形成了农产品生产和农业服务两大类新型农业规模经营主体。大宗农产品价格形成机制市场化改革不断推进。2004—2013 年，我国逐步建立起的政策性收储制度，在一定程度上产生了市场扭曲，带来了越来越多的矛盾和问题，特别是玉米等粮食产量、库存量和进口量"三量齐增"，导致政策性收储粮食的仓容不足、国家财政负担加重和陈化粮风险加大等难题，也给利用国内原粮加工经营企业带来了生存发展困难。2014 年，国家启动了东北和内蒙古大豆、新疆棉花目标价格补贴试点，推进农产品价格形成机制与政府补贴脱钩改革，同时不再实施糖料甘蔗临时收储政策。自 2015 年起，不再实施油菜籽临时收储政策。自 2016 年起，不再实施玉米临时收储政策，玉米价格形成机制市场化改革将迈出实质性步伐，一方面玉米价格由市场形成，玉米生产者随行就市出售玉米，各类市场主体自主入市收购，另一方面建立玉米生产者补贴制度。

（六）农业支持保护补贴逐步推进

随着我国农业发展形势的深刻变化，特别是粮食十二连增后部分粮食品种出现阶段性过剩，资源环境约束趋紧，原有的农业补贴政策对解决我国农业发展新矛盾和新难题的作用极其有限。2015 年，财政部和农业部发布《关于调整完善农业三项补贴政策的指导意见》，选择安徽、山东、湖南、四川和浙江 5 个省，由省级政府选择一部分县市开展农业改革试点，将农作物良种补贴、种粮直补、农资综合补贴（以下简称为"三项补贴"）合并为"农业支持保护补贴"，2016 年，全国全面推开农业"三项补贴"改革，一部分补贴资金用于耕地地力保护，另一部分用于支持粮食适度规模经营。

（七）农村金融改革创新不断深化

在农业保险体制改革方面，针对原有农业保险责任较窄、保障水平较低、理赔条件较严等广大农户反映强烈的问题，通过完善农业保险产品管理制度和工作机制，扩大农业保险覆盖面，促进农业保险产品体系不断完善。2015 年，财政保费补贴型农业保险已涵盖 15 类农作物和 6 类养殖品种，共计 738 个农业保险产品，种植业保险在原有自然灾害险种的基础上，增加了旱灾、地震等重大灾害，泥石流、山体滑坡等地质灾害以及病虫草鼠害险种；养殖业保险责任扩展到所有疾病和疫病。在农村土地金融化改革方面，农村承包土地经营权和农民住房财产权抵押贷款试点工作正在有序推进。到 2015 年，开展农村土地经营权抵押贷款试点的地区遍布全国，其中，湖南、福建、山东、河南、浙江、江西等省份试点异常活跃。目前，两权抵押贷款试点工作进入快速发展阶段，全国人大常委会已授权在北京大兴区等 232 个试点县（市、区）试行农村承包土地的经营权抵押贷款、在天津蓟县等 59 个试点县（市、区）试行农民住房财产权抵押贷款。

此外，与农业发展相关的改革举措还很多。例如，针对涉及高标准农田建设财政投入渠道多、资金使用分散的问题，财政部等部委决定在湖南省开展涉农资金整合试点；为了探索用价格机制调节农业水资源配置，国家启动了农业水价综合改革；为了提高农民组织化程度，克服小农户在市场经济发展中的弊端，国家启动了供销合作社综合改革；围绕垦区率先基本实现农业现代化，国家已经启动了农垦管理体制和经营机制改革。

二 我国农业体制改革的主要成效

近年来，以农村承包土地"三权分置"为核心的农村产权制度改革，以建立农村产权交易服务机构为中心的农村土地要素市场化改革，以培育新型农业经营主体为关键的农业经营制度改革，以最大限度地减少市场扭曲和提高财政补贴效能为主要目的的农业支持保护制度改革，为现代农业发展奠定了坚实的制度基础、添加了新动力，为农业增产和农民增收开拓了空间。

（一）推动了农业规模化经营

农村土地确权登记颁证和"三权分置"等改革，提高了农村土地产权的稳定性，促进了农户承包土地经营权有序流转和农村土地要素市场的发育，调动了社会资本投资农业的积极性。目前，通过农村土地确权登记颁证工作，承包地块面积不准和四至不清的问题得到了解决。同时，农户承包土地流转规模不断扩大，土地流转合同签订率稳定提高。截至2014年年底，全国耕地流转双方签订流转合同4235.3万份，涉及流转耕地面积为2.69亿亩，分别比2013年增长12.8%和19.7%；流转合同涉及耕地占流转总面积的66.7%，比2013年增加0.8个百分点。

农村土地流转的加快，推动了农业规模化经营快速发展。到2014年年底，全国经营耕地规模50亩以上的农户数增加较快，达到341.4万户，比 2013 年增加近 24 万户，增长 7.5%；占总农户数的 1.3%，比 2013 年提高 0.07 个百分点。其中，在 50 亩以上农户中，经营规模 50—100 亩、100—200 亩、200 亩以上的农户数分别占 69.0%、21.9%、9.1%。粮食、蔬菜、花卉、瓜果种植、畜禽水产养殖和特色种养等产品的生产逐渐向规模化、专业化农户聚集，生产规模化程度不断提高，2015 年畜禽养殖规模化率已达到 54%。

随着新型农业经营主体的发育，家庭农场经营规模不断扩大，龙头企业等在农业生产中发挥的作用日益增强。到 2015 年年底，规模以上家庭农场经营耕地面积达到 1.76 亿亩，占全国承包耕地总面积的 13.4%，平均经营规模达到 150 亩左右；认定的各类农业龙头企业带动的种植业基地面积占全国农作物播种面积的 60%。

（二）促进了农业提质增效

各项农业体制改革有力地促进了农业综合生产能力和现代农业发展质量的持续提升。一是农业生产条件进一步改善。2015 年，全国农业科技进步贡献率达到 56%，主要农作物耕种收的综合机械化水平达到 63%，农田有效灌溉面积比重达到 52%，节水灌溉面积占有效灌溉面积的比重提高到 47.5%。二是粮食生产能力跃上新台阶。2013 年粮食产量历史上首次突破 12000 亿斤，2014 年和 2015 年粮食产量再创新高，分别达到 12141 亿斤和 12429 亿斤，标志着我国粮食生产水平稳步跨上 12000 亿斤新台阶，粮食综合生产能力实现质的飞跃。三是农业生产率稳步提升。自 2009 年以来，我国粮食单位面积产量和人均产量连续 6 年稳步提升，2015 年分别比 2009 年提高 12.6% 和 13.4%。四是农作物保障水平大幅提高。由于国家下调了农业保险费率，提高了赔付标准，降低了理赔条件，主要粮食作物保障水平大幅提高，全国大部分省份保险金额已覆盖直接物化成本。

（三）加快了农业转型升级

目前，新型农业经营主体正在以多种方式推进农村第一、第二、第三产业融合发展：首先，以农民合作社、农业生产企业为代表，直接创建初级农产品加工企业，建设从田间到餐桌的农产品全产业链，让广大农户有机会分享农产品增值的收益。其次，以休闲旅游观光合作社、农业开发公司、生态家庭农场等为代表，大力发展旅游观光休闲养生等特色现代农业，引导农户通过土地经营权入股参与资源开发，发掘农业的多功能性，拓展农户收入的增长源。此外，在市场机制的倒逼下，龙头企业与农户的合作正逐步走向契约化，通过让农户土地保底分红、参与收益分享以及为农户提供生产成本价保护等方式，龙头企业与农户形成紧密的利益联结机制。

在农产品价格形成机制市场化改革的推动下，以及国家财政投入机制不断完善的作用下，我国主要经济作物区域布局进一步优化，向优势产区聚集的趋势增强。棉花生产向新疆产区聚集：2015 年新疆棉花产量为 350 万吨，占全国棉花产量的 62.5%，比 2012 年提高了 10.7 个百分点。糖料生产向内蒙古、广东、广西、海南和云南等省（市、区）集中：2015 年以上 5 省（市、区）糖料产量合计为 11383 万吨，占全国糖料产量的比重达到 91.1%，比 2012 年提高了 2.6 个百分点。

各类新型农业经营主体正在成为发展绿色和品牌农业的重要力量，在建设农产品质量安全体系和提升农产品市场竞争力方面发挥骨干作用，成为转变农业发展方式、推进农业从粗放经营向集约化经营转变的排头兵。目前，全国有 5 万多家农民合作社注册了商标，3 万多家农民合作社通过了无公害、绿色、有机等产品质量认证；全国省级以上龙头企业中，来自订单和自建基地的采购额占农产品原料采购总额的 67%，产品通过各类质量体系认证的占 74%，获得省级以上名牌产品和著名商标的超过 50%。

（四）刺激了农民收入不断增长

全面深化农村改革，特别是农村土地制度改革，促进一部分农民放弃了农业小规模生产经营，转移到非农产业就业，实现了农民人均工资收入快速增长。2015 年，全国农民人均工资性收入达到 4600 元，比上年增长 10.8%，工资性收入占人均可支配收入的比重为 40.3%，对全年农民增收的贡献率达到 48.0%。

同时，农村土地制度改革促进了农村土地流转市场发育，农村土地租赁、入股和大田托管以及联合经营等新型农业适度规模经营发展，对促进农民财产净收入和第一产业经营净收入继续较快增长发挥了积极作用。2013—2015 年，农民人均可支配收入由 9430 元增加到 11422 元，增长了 21.1%。其中，农民人均财产净收入由 195 元增加到 252 元，增长 29.2%，特别在近年农产品价格总体水平涨幅明显回落的情况下，农民家庭经营第一产业人均净收入由 2840 元增加到 3155 元，增长 11.1%。同期，城乡居民人均可支配收入之比由 2.81 下降到 2.73。在经济发展进入新常态下，农民收入继续较快增长，城乡居民收入差距继续缩小，未来农民增收仍需要依靠改革红利的极大释放。

三　当前农业体制改革面临的突出问题

在这次全面深化农业农村改革中，有一些地方对改革理解不准、主动性不够，机械地理解改革顶层设计，影响了农业发展相关体制改革的实施效果。同时，推进与农业发展直接相关的体制改革，理论上和实践中都普遍存在着一些亟待解决的重大问题。无论是深化改革本身，还是改革预设目标与实际效果之间的差异，都需要高度重视。

（一）农村产权改革和新型农业经营体系的顶层设计有待细化

目前，在农村集体产权改革过程中，国家明确规定转让限定在农村集体经济组织内部，实行封闭运行，但是集体具体到哪个层次，农村集体产权内部流动和外部开放之间的矛盾如何处理，这些具体问题在改革实践中让基层干部难以把握。在全面深化农村改革的总体设计中，由于缺乏对新型农业经营主体权益方面的指导性意见，各地对新型农业经营主体权益保护不到位，这对现代农业发展及其长期投资具有明显的不利影响。新型农业经营主体培育面临产权不安全，以及土地、资金、人才等要素市场发育滞后的制约。

（二）农村集体组织成员资格与土地承包经营权关系不够明确

农村集体产权制度改革的目的是，在坚持农村集体所有制不变的前提下，建立与市场经济相适应的、能够促进现代农业发展的农村产权制度。但是，农民普遍认为，集体土地和其他资产的权益属性是成员权，成员权是一种个人财产权利，只要是农村集体经济组织成员，他们就有取得农村土地承包权和分享因集体土地所带来利益的权利；而随着成员的离开或去世，这种权益就应该消亡。农民的这种成员权思想在现有法律中也予以承认。例如，《物权法》第五十九条规定："农民集体所有的不动产和动产，属于本集体成员集体所有。"《农村土地承包法》的第五条也规定了成员的权利。

一般农民对农村承包土地等理解，表现在确权登记颁证实践中，对已不是集体成员但仍然享有成员权益做法提出反对意见，甚至出现纠纷和冲突。有些地方农民认为过世的老人、丧失劳动能力而由国家集体供养的五保老人，不应再享有承包土地的权益。集体成员资格认定制度建设严重滞后，给当前确权登记颁证工作带来了很多困难。

农村土地流转有效地保护了承包土地农民利益，增加了农民财产性收入，但是近些年流转土地租金上升过快导致我国农产品价格上涨，以及农业国际竞争力削弱的问题也十分突出。在一些地方，流转的承包地中用来种植粮食的每亩租金普遍高达500元以上，这是种植粮食净利润的几倍，与投入的物质费用相当。土地流转租金已经成为粮食成本上升的重要推手，成为粮食价格的主要构成，在很大程度上影响着我国粮食国际竞争力。而流转的承包地中用来生产蔬菜每亩土地租金会更高。土地承包者利益和流转经营权生产者利益冲突十分明显。

（三）改革的成本分摊机制和办法尚不完善

改革成本分摊机制影响基层推动改革的积极性和改革质量。对于农村土地确权登记颁证，国家财政按10元/亩的标准提供工作经费，地方政府给予一定补贴。但是，由于我国一些地方土地细碎化现象十分严重，确权工作成本很高，而农产品主产区，特别是粮食主产区，基本上都是财政比较困难的地区，难以负担过重的土地测绘等费用。一些地方的山区土地实测招标价格每亩已经高达 45 元。除土地实测外，还需要对台账进行严格后期整理，一些测绘公司对某些乡镇的确权登记颁证工作的报价，每亩达到了 100 元至 200 元，个别地方甚至每亩报价高达 300 元。

（四）新型农业经营主体带动农户发展的能力总体上有限

从总体上来看，新型农业经营主体创新还处在初级阶段，普遍存在生产和服务经营规模小、自有资产少、经营技术人才缺乏、抗风险能力弱、整体竞争力水平低下、带动农民增收能力弱等问题。特别是面对国外农产品"天花板"价格以及国内劳动力成本、土地流转费用不断攀升的双重夹击，我国新型农业经营主体面临生存与发展并存的严峻挑战，粮食类的规模经营主体和加工企业面临的挑战尤为突出。

在个别地区，出现政府过度干预、人为强迫农户集中土地搞规模化经营、垒大户的越位现象，违背了新型农业经营主体创新的政策初衷；同时还出现一些涉农企业为骗取政府补贴、税收优惠和信贷政策等，创办冒牌合作社、政府监管缺失的问题。上述新型农业经营主体没有能力带动农民发展现代农业，也不可能对农民增收做出相应的贡献。

（五）农业支持政策改革面临供给体系效率和农民利益保护的矛盾

风险兜底是我国农业支持保护体系的重要设计，无论是最低收购价还是临时收储，都体现了财政补贴的风险兜底作用。一方面实现了粮食的稳产增产，另一方面也形成了大量库存积压与财政浪费。目前，玉米临储库存达 2.5 亿吨，稻谷按最低收购价库存 1 亿吨，基本为全球玉米、水稻储备的一半。2015 年，中央本级粮油物资储备支出为 1837 亿元，较 2010 年的 608 亿元增长了 2 倍；而同期中央一般公共预算大约只增长 1 倍。目前，无论是按 WTO 约束的黄箱补贴空间，还是按国内财政保障能力，我国都难以维持现有托市收购政策与储备水平。

要实现粮食去库存，减轻财政负担，必须推进农业补贴制度和农产品价格形成机制改革。但是，由于我国农业生产成本较高和经营规模较小，粮食等大宗农产品缺乏国际竞争力，如果按照国际市场价格来决定我国粮食生产者出售价格，我国粮食生产者基本上不可能获得净利润，现金收益也是微乎其微的。即使给予生产者直接补贴，我国多数粮食生产者也可能面临亏损。

（六）农产品目标价格改革试点总体上没有实现预期目标

棉花、大豆目标价格和价补分离改革试点没有取得明显成效，并且还带来了一些新的问题。近年来，我国棉花供求关系没有明显改善，国内 1000 多万吨的库存没有得到消化。2015 年，尽管国内棉花产量继续下降，总产量为 560 万吨，却进口了 235 万吨的棉纱和 176 万吨的棉花。目标价格改革试点以来，大豆目标价格水平保护稳定，每吨 4800 元，但是国内大豆生产能力萎缩的态势没有扭转，产需缺口继续扩大，2015 年大豆进口超过 8000 万吨。同时，目标价格补贴操作成本过高，基层干部意见比较大。棉花和大豆优质优价机制没有建立起来，国内仍然没有形成话语权。

四　进一步深化农业体制改革的政策建议

全面深化农村改革，推进农业供给侧结构性改革，总体上需要进一步协同推进新型城镇化和农业现代化，统筹考虑农业和农民问题，要着眼于发展现代农业，促进农地资源优化配置和适度规模经营。要在保护农户土地承包权益的基础上，赋予新型农业经营主体更多的土地经营权，在确保国家对现代农业投入的基础上，优化投资结构，发挥财政引导作用，撬动更多的社会资本投资现代农业，增强我国农业国际竞争力。

（一）在确权基础上加快培育农村土地要素市场

首先，按照农村产权改革顶层设计时间表，如期完成农村集体土地确权工作，进一步明确和提升农村土地承包经营权确权登记颁证的法律效力，并借此机会建立统一的地籍信息系统，全面强化地籍管理。

其次，积极鼓励地方探索让那些纳入城市社会保障体系、不再依赖土地的农民自愿有偿退出土地承包权的办法，有序集中土地，促进流转土地价格保持在有利于提高我国农业竞争力的合理水平。推进土地承包权自愿有偿退出，首要任务是做好集体成员资格认定工作。应避免"一刀切"，充分发挥各地政府的信息优势，以坚守底线和广大农民群众普遍接受为基本原则，发挥农村基层组织积极作用，因地制宜地确定哪些人应该退出，哪些人又该被界定为集体成员。同时，要逐步厘清集体成员权的内涵，为土地释放更强功能扫清障碍。

最后，鼓励并规范土地流转市场，促进适度规模经营。建立健全土地流转信息平台，强化信息发布、政策咨询、合同备案、价格评估、纠纷仲裁等服务机制，引导土地经营权更多地通过公开市场流转，引导土地向适度规模经营和粮食生产经营主体流转，促进农村集体土地和农户承包地流转市场规范运行，让农村土地所有权、承包权和经营权"三权分置"的优势得到进一步发挥。

（二）将试点经验提升为规范改革实践的法规和政策

首先，建立健全试验区激励机制，适时、客观、明确赋予农村改革试验区"试错权"。针对改革试验与现行政策、法律、法规之间的矛盾，只要试验区的改革大方向与社会主义的立法精神一致，就可大胆探索。试验不等于示范，试验的结果包含证实和证伪。试验成功了，可以作为示范性经验加以推广；试验失败了，可以为其他地方提供借鉴，避免重走弯路。

其次，及时总结改革试验区的经验教训。现有的相关法律法规和政策的一些条款相对滞后，难免造成地方改革实践出现与某些现有体制形成冲突的现象。改革试验的重要目的是把底层经过实践检验是正确的措施上升为政策、法律、法规，把改革试验成果制度化。

最后，要处理好改革试验区与非试验区的关系。一方面，国家有关部门要求农村集体产权制度改革限定在改革试点区域。另一方面，很多非试点地区一直在开展农村集体产权制度改革，但存在合法性风险，有必要给予这些非试点地区改革的合法性认可。

（三）积极推进农业供给侧结构性改革

我国农民长期只种植一种或者少数农作物，不愿意轮作；长期施用化肥而不施用有机肥；长期将秸秆在田间焚烧而不愿还田，除了思想观念和技术配套措施跟不上等原因外，还有一个重要原因就是经济动因。东北地区本来是一个大豆优势产区，但多年来农民都纷纷地将大豆改为玉米生产，主要就是因为种植大豆效益不如种植玉米。这就要求各地必须推进农业供给侧结构性改革，建立健全激励约束机制，发挥因势利导作用，强化法治约束。

第一，进一步完善农业补贴政策。为了更好地保护耕地地力和支持粮食适度规模经营，更好地实施国家粮食安全战略，更好地推进农业供给侧结构性改革，提高农业供给体系质量和竞争力，需要在稳定加大补贴力度的同时，改进补贴办法，提高补贴效能。建立农业支持保护补贴制度，既要让拥有承包地的农户必须把土地耕种与地力保护结合起来，把农业生产与生态环境保护结合起来，又要让粮食适度规模经营新型主体作为享受补贴的对象，这样才能促进多种形式的农业适度规模经营在现代农业发展中发挥引领作用。农业支持保护补贴要与农村土地制度改革放活经营权并允许耕地经营权抵押相结合，加大对新型农业经营主体发展粮食适度规模经营的支持力度，从根本上解决我国原有补贴制度下流转土地的真正粮食生产者无法最终成为受益者的矛盾。

第二，构建农业的风险共担机制，发挥财政补贴的杠杆作用。随着我国农业生产的规模化和专业化程度的不断提高，构建覆盖农业生产与市场流通的风险共担机制将成为农业供给侧结构性改革的重要工具之一。具体来说，以商业保险机构为主体，设计面向农业规模经营主体的综合保险机制，政府通过保费补贴的杠杆作用，例如灾害保险和目标价格保险，与农业规模经营主体共担风险。由此将传统意义上粮食市场风险的财政托底转化为规模以上单位农业生产的风险共担，发挥财政补贴的杠杆作用。

第三，进一步优化粮食储备结构，提高储备效率。当前，国际公认的粮食安全线标准为库存消费比 17%—18%。美国联邦粮食储备每年的储备量约为 500 万吨，占粮食产量的 1% 左右。在粮食整体增产和全球贸易一体化的格局下，应逐步分离商业储备与政策性储备，并缩小核心政策性储备规模。要积极探索在商业储备领域逐步推进混合所有制改革和资产证券化的方式，扶持储备市场多元经营主体，推动形成一个充分竞争的市场环境，从而在整体上构建一个以市场化运作的商业储备为主、政策储备作为安全冗余的储备体系。

第四，加大对农业保险的支持力度。减少政府直接补贴，加强农业保险制度建设，为现代农业建设和农村第一、第二、第三产业融合发展提供"防洪坝"。一是逐步建立口粮作物的农业保险全覆盖制度，并对国家产粮大县的水稻、小麦实行基本保费全补贴。二是创新农业保险新产品，重点开发针对新型农业经营主体专属的农业保险产品，为新型农业经营主体创新提供支撑力量。三是对部分地方政府开展的优势特色产业保险给予一定比例的财政补助。

（四）进一步完善主要粮食品种最低收购价政策

实施稻谷、小麦托市收储政策以来，稻谷、小麦生产者利益得到有效保护，国内稻谷、小麦生产和市场总体平稳，曾有效地避免了 2008 年前后全球粮食危机和东南亚多数国家禁止或者限制出口对国内粮食市场的不利影响和冲击。目前，国内稻谷、小麦市场对托市政策已经高度依赖，稻谷、小麦托市收储政策的改变或者调整都将对稻谷、小麦，甚至粮食乃至整个农产品市场产生重要影响，对此需要进行全面评估，以最小不利影响和代价实现最大政策目标。

首先，继续实施并进一步完善稻谷、小麦收储政策，充分发挥托市作用，合理引导市场预期，保护稻谷、小麦生产者利益，促进稻谷、小麦等供求平衡，避免稻谷库存继续膨胀，为稻谷、小麦和其他粮食品种市场出清创造条件。同时，建立稻谷、小麦产销等稳定机制，确保口粮绝对安全。

其次，应将稻谷、小麦收储政策调整与农业支持保护补贴协调配套起来。对取消稻谷政策性收储或者调低稻谷收储价格的地区，在合并粮食直补、农资综合补贴和良种补贴时，可相应地将收储费用补贴转变为这三项补贴的增量，根据农民粮食销售情况发放价外补贴。

最后，应引入竞争机制确定稻谷、小麦托市收储政策的实施规模与执行主体。不同省份托市收储粮食规模不仅取决于其粮食生产规模，还应与政策性库存粮食出库进度等挂钩，以引导优质粮食品种生产，促进政策性收储粮食市场出清。凡是达到一定资质条件的，积极入市收储政策性收储稻谷、小麦的主体，其收储费用补贴可以竞价确定。

（五）全面深化大宗农产品价格形成机制市场化改革

为充分发挥价格对大宗农产品供求关系的调节作用，促进生产结构调整，理顺大宗农产品国际国内价格关系、大宗农产品全产业链不同环节间价格关系以及大宗农产品与其替代品价格关系，必须推进价格形成机制市场化改革。

首先，尽管玉米等收储制度改革可能会带来一些不利影响，但当前加快价格形成机制市场化改革势在必行。玉米临时收储政策虽然发挥了很多积极作用，但这一政策的不可持续性已经凸显，特别是"国产粮食进库、进口粮食入市"的困局以及"入库多、拍卖难、出库少"矛盾的累积，不推进玉米价格形成机制改革将是难以解决的。

其次，为了尽可能避免国际市场的过度冲击，特别是避免玉米等生产能力的破坏和长期萎缩，必须兼顾玉米等产业发展的多种目标。一方面，允许国内玉米供求关系和国际市场农产品价格影响国内农民出售玉米价格；另一方面，要加快培育国内玉米等粮食市场，推进相关配套改革，不失时机地掌控国内玉米等价格形成的话语权。

宁海经验：地方财政涉农资金整合改革

翁 鸣

为了加快我国农业现代化和新农村建设，2016 年中央一号文件明确指出，多层级深入推进涉农资金整合统筹，实施省级涉农资金管理改革和市县涉农资金整合试点。浙江省宁海县积极开展财政涉农资金整合改革，在数年改革实践的基础上，取得了一些有价值、可供借鉴的改革经验。

一 存在问题和改革目标

（一）财政涉农资金存在的问题

改革实践源自于社会问题并有很强的针对性，宁海县财政涉农资金整合改革就是为了解决现实矛盾和问题而产生。随着国家对"三农"工作高度重视，财政资金投入力度持续加大，出现了资金使用效率下降、管理机制漏洞增多，甚至出现一些涉农资金违法违纪案件，这项改革已是箭在弦上、不得不发。

（1）体制机制存在的问题。现阶段，我国地方普遍存在财政支农"资"出多门、统筹不足，多个部门齐头并进方式，导致财政资金分配"碎片化"、使用"低效化"。项目立项权过度集中在政府部门，部门争抢涉农资金现象严重，导致资金分配权力"部门化"，不可避免地存在权力寻租的弊端。

（2）项目管理存在的问题。由于涉农资金名目繁多，项目多头申报、重复交叉，立项"随意化"现象严重。项目资金管理不规范，项目申报透明度不高，导致立项和申报的双方信息不对称，合适的申报单位未能对接合适的立项单位和具体项目，财政资金未能有效地发挥引导和撬动作用。

（3）资金监管存在的问题。由于财政支农资金出自多个部门，项目申报公开透明程度不高，造成社会公众难以参与监管，以及政府监管力量分散和监管成本过高。在我国反腐倡廉形势依然严峻的条件下，财政涉农资金监管不严，容易给违法犯罪分子造成可乘之机。

（二）财政涉农资金整合目标

（1）提高涉农资金使用绩效。通过财政涉农资金整合改革，统筹使用涉农整合资金，提高资金使用精准度和效益，充分发挥财政资金攻坚克难的作用，保证公益性基础设施建设，更好地体现财政资金取之于民、用之于民，让人民群众充分享受改革开放的成果。

（2）堵住涉农资金管理漏洞。通过涉农资金整合和项目管理改革，从制度安排和机制创新上，加强项目申报和项目审批的公开性和公平性，加强项目建设的社会监管和工程验收，推进法治政府和现代管理制度建设，防止因权力腐败产生的"人情项目"和"豆腐渣工程"。

二 涉农资金整合主要做法

宁海县涉农资金整合改革主要有机制创新、流程改造、信息公开、社会参与、竞争选优、规范审查、项目监督和科学评估等内容，对本级财政涉农资金使用全过程严格管理，这项改革实践获得了初步成效。

1. 建立涉农资金整合改革框架

具体来说，建立了"1 + 2 + X"的框架体系，其中，"1"是指《深化财政涉农资金整合改革的实施意见》，"2"是指《涉农资金整合项目管理办法》和《涉农资金整合项目申报工作方案》；"X"是指整合项目操作的6个专项细化管理制度，包括涉农资金整合项目公开公示制度、项目库管理制度、项目评审管理制度、项目资金拨付制度、项目验收管理制度和项目绩效管理制度。

2. 涉农资金整合的主要内容

（1）明确指导思想和基本原则。这项改革的指导思想是：围绕宁海奋斗目标，坚持深化改革创新，加强政府法治建设，以公共财政体系满足社会公众需求为导向，以提高涉农资金的科学分配为目标，创新财政涉农资金管理体制。

这项改革的基本原则是：集中财力、优化支出；强化规划、服务中心；加强管理、示范带动；明确责任、统筹协调。坚持规划引领和项目实施相结合，合力推动项目资金多层次、多部门联动扶持，最大限度地发挥资金整合带来的叠加效应。

（2）确定整合对象和操作平台。涉农资金整合的对象主要是本级政府安排的涉农资金，包括县农办、农林局、科技局、民政局、财政局（农业综合开发办）、水利局、交通局、国土资源局、环保局、海洋渔业局、农机局、商务局等20个部门管理的涉农资金及其项目，但不包括救灾资金和上级的专项资金、国家规定的农户补贴及特殊用途资金。

按照县委、县政府提出的"资金统筹、程序规范、产业明确、区域突出、绩效优先"的总体思路，宁海县构建了农田水利、新农村建设、农业产业化三大类项目资金整合平台，将原来64类项目整合为12类项目。2016年度整合县级财政涉农资金共5.18亿元，重点支持现代农业和现代渔业示范园区建设，兼顾乡镇区域优势特色产业发展。通过构建信息化网络平台，实施涉农项目网上申报、评审，便于信息公开、申报操作、项目审查、评审验收、资金拨付等过程的监督和控制。

（3）重构项目申报和审批程序。根据全县城乡发展规划、新农村建设规划和农业产业布局，涉农主管部门综合考虑发展规划、项目可行性和群众需求等因素，编制年度项目申报指南，经县政府审议批准后公开发布。根据《项目申报指南》的要求，申报单位提出项目申请。由于实施项目建设属地管理，先经乡镇政府初审后，上报涉农主管部门复审，再由涉农资金整合协调小组进行联合评审或委托评审，并将拟列入扶持的项目进行立项公示，接受社会公众的监督。与原来的项目申报相比，不仅增加了审批层次和力度，而且增加了信息公开和社会监督力度。

（4）严格项目管理和项目验收。按照项目法人负责制，严格实施主体责任。项目主管单位负责日常监督管理，并做好定期检查和专项检查。同时，信息化平台及时反映项目建设进展情况，便于上级部门督察和社会公众监督。项目竣工验收须经建设单位自验、乡镇政府初验、县级主管部门统一验收。同时，县政府对具有社会影响和经济影响较大的工程项目，由相关部门、专家和第三方对项目进行绩效考评。

3. 资金整合项目公开公示制度

为了提高涉农资金整合项目的透明度，加大社会公众监督力度，宁海县出台了《财政涉农资金整合项目公开公示制度》，具体内容如下：

（1）公示的范围和内容。公示范围包括：列入县财政涉农资金整合的新农村建设、农业产业化和农田水利建设三大类所有项目。公示内容包括：项目名称、建设内容、实施地点、建设期限、投资额度、项目进度等。

（2）公示的环节和方式。公示环节包括：项目基本信息、项目初审、项目复审、项目评审、项目立项、项目实施等。公示方式包括：公开栏、新闻媒体、公示牌等。例如，通过《今日宁海》报或政府涉农资金整合改革信息网，刊登有关财政涉农项目信息。

（3）公示的要求和监督。项目责任主体选择相应方式，公开公示项目进展情况，确保信息透明。各级部门对社会组织和群众反映的有关问题，应认真调查和及时处理。同时，宁海县积极探索建立人大代表、政协委员、同业专家和社会人士参与公开公示制度。

4. 资金整合项目评审管理制度

为了项目立项决策的科学化、规范化，促进现代农业发展方式转变，宁海县出台了《财政涉农资金整合项目评审管理制度》，具体内容如下：

（1）项目评审程序和内容。由新农村建设、农业产业化和农田水利建设三个协调小组办公室分别组织实施项目评审。评审过程包括：项目初审主要核实申报材料的真实性、合规性和有效性；项目复审主要对项目申报材料进行技术性审核和评价，满足可行性、科学性、可靠性和规范性的要求；项目联合评审主要核实项目建设的必要性、合规性和合理性，并对复审的准确性进行审核。

（2）评审指标和评审机构。在项目初审的基础上，对申报项目复评和联合评审，分别由项目主管部门或委托专业评审机构进行。复评的主要指标包括：建设方案的可行性，投资方案的可靠性，环保节能的科学性，申报材料的规范性。联合评审的主要指标包括：项目建设的必要性、建设标准的合规性、复审的准确性、绩效目标的合理性。项目评审结论分为项目可行和项目不可行。专业评审机构是指通过政府采购确定的满足涉农资金整合项目评审要求，并具有相应资质的独立法人单位。

三　宁海改革成功的经验借鉴

宁海县财政涉农资金整合改革是在已有的改革实践基础上，通过自身大量实践探索，特别是找到了破除改革阻力的关键所在，积累了有价值的成功经验，这对未来我国财政涉农资金的整合改革，具有可供借鉴的积极作用。

1. 信息公开是改革成功的基础

宁海改革者面对较大的改革阻力，他们不仅具有改革的勇气，而且展现了改革的智慧。现在我国改革已进入深水区，各种社会矛盾和利益博弈交织在一起，一旦改革触动既得利益者，就会形成巨大的反对声音。如何破除阻力、推动改革进程，这是一道现实的社会难题。

宁海县通过财政涉农整合改革的信息公开，化解了既得利益者设置阻碍的难题。因为不当利益者往往是在没有阳光下非法获利，而信息不公开是最大的遮阳伞，只要加大信息公开的程度，让人民群众充分了解改革目标和过程，就能够得到人民群众的认同和支持，形成推动改革的巨大社会力量，这是宁海县取得改革成功的一个重要经验。

宁海县选择两个主要途径推进信息公开。一是借助于《今日宁海》报渠道，发布有关涉农资金改革消息和有关涉农项目申报事项。《今日宁海》现有发行 3 万份，每周出版 5 期，已成为当地有社会影响的传统媒体，超过 20% 的宁海人可以通过阅读《今日宁海》报，了解这方面信息。二是通过县政府主办、有关信息技术公司维护的涉农资金整合改革信息平台，及时公布这方面改革进展和项目管理全过程，包括项目信息、注册登记、项目申报、项目评审、项目进展、项目验收、绩效考核等，便于公众了解、参与和社会监督。

2. 提升效益是改革成功的目标

涉农资金整合改革不仅仅体现于集中财力办大事，而且要提升经济社会效益和管理水平，从这个意义上讲，就是通过项目评审过程，提高项目质量和管理水平，提升工程质量和发挥财政资金的作用。

财政涉农项目评审由原来主管部门评审改为乡镇初审、部门复审和联合评审，增加评审内容和评审层次，提高项目评审要求和难度，有助于提升工程质量和管理水平。乡镇评审主要是核实申报单位是否符合项目立项的有关要求，以及拟建项目的建设地点、建设规模、管理能力和自筹资金等基本情况。复审主要评价设计规模和工程布局的合理性、技术的可靠性和工艺的先进性，以及是否符合环境保护和节水节能要求。联合评审则体现多部门审核和择优录用的特点，包括是否符合产业政策、市场准入、与农民建立利益联结机制等。

需要指出的是，联合审核的最大优越性在于多部门集中会审，解决了原来重复申报不同渠道的项目申请，因为新建的项目申请合并为三个大类，即农田水利建设、新农村建设、农业产业化。按照申报规定，相近的项目归属于某一个大类，并且只设一个评审组，很容易发现项目重复申报问题，由此杜绝了项目重复申报和交叉重复的现象。

3. 财政涉农项目管理流程优化

财政涉农资金整合的关键之处，就是如何真正实现涉农资金整合。宁海县涉农资金整合主要体现在"三合"模式上。第一，联合明确方向，涉农部门根据县政府提出的总体规划和城乡布局，形成大局观和投资思路，集中财力解决攻坚克难，这体现在《项目申报指南》上，从而改变了原来资金分散、效果不显著的状况。第二，联合择优立项，对各申报项目实行联合评审，通过公开竞争性立项，报送政府归口部门备案后，列入拟立项的项目库，并公示社会接受公众监督，完成上述程序并合格才批准立项。第三，联合项目验收，重点项目需要实行联合验收，在联合验收中要有第三方介入。目前，宁海县政府与宁波市有关中介组织、宁海县有关中介组织开展合作，提升项目评审、工程验收和绩效考核的管理水平，从而提高财政涉农资金整合的社会效益和经济效益。

四　结论与建议

宁海县财政涉农资金整合改革，符合中央和国务院有关深化改革的指示精神，体现了"多个渠道进水，一个池子蓄水，一个龙头放水"。宁海县结合本地的具体情况，特别针对改革难点和阻力，积极开展探索性实践活动，取得了一些有价值的成果。

（1）宁海改革贯彻落实中央指示精神。改革实践证明，中央顶层设计与地方改革实践两者不可缺一。从辩证唯物主义观点看，实践是理论的源泉，也是检验真理的唯一标准。宁海改革者不仅具有改革的勇气，而且具有改革的智慧，改革的价值在于通过探索性实践，他们找到了克服改革障碍和阻力的动力、途径和方法，并在改革实践中获得了成功，这种经验可供后来者学习和借鉴。

（2）宁海改革具有"四个统一"特点。第一，统一资金使用。无论是农田水利建设，还是新农村建设或者农业产业化，都要符合县政府的统一规划，明确总体目标，形成齐心合力。第二，统一项目平台。凡是进入财政涉农资金投资项目，无论是项目信息、项目申报、项目审批，还是项目验收、绩效考核等，都要进入统一的信息网络平台，否则无法参与项目申报。第三，统一管理制度，凡是进入财政涉农资金投资项目，都要按照县委、县政府文件规定的有关工作制度规定，纳入统一的管理制度。第四，统一验收流程，凡是进入财政涉农资金投资项目，无论是哪一类别项目，都要按照统一的标准和程序，对工程进行竣工验收及相应的绩效考核。

（3）这项改革具有多重意义和价值。虽然这是地方财政涉农资金整合改革，但其意义是不可低估的。首先，加大对重点区域农业发展的支持力度，通过科学谋划和产业规划，集中多种渠道向农业投资，就会产生叠加效应，这改变了原来投资分散、无序、低效的状况。其次，坚持城乡发展一体化，集中财力投资农村民生工程，解决农村环境脏乱差问题，发挥财政资金的主渠道作用。再次，制定统一的项目审批制度和验收考核标准，提高资金和项目管理的规范化程度，加强社会公众的监督，有利于提高政府公信力，压缩了干部违法违纪的空间。最后，通过财政涉农资金整合改革，将明显提升我国财政涉农投资管理水平、现代农业发展规划水平、农业设施建设和管理水平。

（4）建议中央鼓励地方改革创新实践。中央已经明确提出：推进财政涉农资金整合改革。但是，这项改革触及地方政府部门和干部利益，一些地方干部积极性不高，甚至有抵触和反感情绪。同时，这项改革实践与现有财政制度某些规定产生矛盾，以及地方财政系统内部改革进程不一致的矛盾和问题。由此可见，财政涉农资金整合改革受到了阻力和障碍。建议中央考虑加快这项改革的整体进度，以减少改革过程带来的阵痛和内耗；同时，进一步鼓励地方改革创新活动，特别是具有典型意义的地方改革案例，以激励改革者的创新意识和创新实践，增强改革所需要的正能量和政治环境。

（5）加强对地方改革实践研究和总结。我国各地区存在一定的差异性，财政涉农资金整合改革准备和进展各不相同。加强对地方改革实践的分析研究，从不同地区和不同情况中，特别是从成功案例的改革思路和典型经验，归纳和提炼它们的共性和本质。例如，财政涉农资金整合改革的阻力与障碍来自哪里，以何种形式出现及其危害性，克服改革阻力的途径和办法。通过总结和归纳，为中央决策提供科学依据和实践基础，使顶层设计与基层实践之间有机结合和良性互动，推进全国财政涉农资金整合改革有序深入发展。

德国《合作社法》最新变化及其
对我国的启示和借鉴

苑　鹏

德国是现代合作运动的发源地之一，也是全球最早制定《合作社法》的国家之一。1867 年，普鲁士王国颁布了第一部《德国经营及经济合作社法》。现行的《德国经营及经济合作社法》（以下简称《德国合作社法》）颁布于 1889 年 5 月 1 日，到 20 世纪末，《德国合作社法》经历了四次大的修改，但基本框架却保持未变。最新版的《德国合作社法》于 2006 年 10 月颁布，最新修订是 2015 年。百余年来，《德国合作社法》与时俱进，为适应外界新形势的变化，不断完善与修正具体法律条款，为德国合作社的健康持续发展发挥了保驾护航的作用，并影响了一些国家和地区（如奥地利、日本、我国台湾省）的合作立法。

我国在制定《农民专业合作社法》过程中，曾借鉴过《德国合作社法》的立法经验。本文通过与 1994 年版《德国合作社法》（以下简称 94 版《合作社法》）的比较，重点介绍 2006 年版《德国合作社法》（以下简称 06 版《合作社法》）的主要修订内容，以期对目前我国《农民专业合作社法》的修法工作发挥启示和借鉴作用。

一　合作社的目标和最小规模

1. 组织目标：从经济功能拓展至经济、社会和文化多功能

06 版《合作社法》第 1 条将 94 版《合作社法》对合作社的定义修

订为"成员数量不限，以增进成员的收益或经营或者其社会或文化需求为目的，并通过共同的业务活动来实现这一目的的团体（合作社）"，新增了合作社满足成员社会或文化需求的目标，强化了合作社团体的社会功能，新修改的合作社定义更接近国际合作社联盟（ICA）1995 年关于合作社作为满足人们共同的经济、社会和文化需要及抱负的自治联合体的定义。同时，第 1 条还为各类合作社的发展提供了自由空间，消除了法律的限定条件，以适应非经济领域合作社的发展，如环保、生物能源使用等合作社。修订后的合作社定义条款更集中体现合作社组织的核心目标：满足促进成员导向企业（member – promotion – oriented enterprises）的发展需要。

2. 成员数量：人数门槛从 7 人降低至 3 人

06 版《合作社法》第 4 条将合作社成员最少数量从原来 7 人降至 3 人，其成员规模门槛降到了最低点，法律不再为个体成员之间互助合作的自由结社行动设置任何数量规模上的限定门槛，这体现了合作社立法精神更具开放性和包容性。

尽管德国《合作社法》规定的人数门槛降低，但合作社发展的大趋势却是规模不断扩大，通过合并、联合的路径和方式，更好地应对日益激烈的市场竞争挑战。从 1970 年到 1991 年，德国合作社企业总数由 18614 个减少到 8378 个，减少 55%；同期，合作社的成员数则由 1193.6 万人增加到 2115.2 万人，增长 77.2%，合作社平均成员数由 646 名增加到 1876 名，增长 1.9 倍，到 2013 年年底，德国的合作社总数进一步下降到 5897 家，其中农业合作社 2994 家。实际上，降低合作社的人数门槛，对于普通大众创业选择合作社的形式提供了更多的机会，这有利于促进合作社整体队伍的不断发展壮大。

二 合作社成员制度

1. 成员资格：允许投资者加入合作社

06 版《合作社法》增加了允许投资者成员入社的相关条款，按照第

8 条第 2 款,"章程可以规定,与合作社财产的使用或生产以及合作社服务的使用或提供无关的人,允许成为投资成员"。同时规定,"接纳投资成员需要得到全体成员大会的赞同"。新增内容顺应了西方发达国家实行更加开放的成员制度,允许投资者加入合作社的大趋势,以解决合作社市场化导向带来的经营资本化、合作社资金短缺问题,进一步拓展了合作社的融资渠道。

但是,06 版《合作社法》也对投资成员在合作社决策权的权重做了明确的约束,第 8 条第 2 款规定,"投资成员无论如何都不能超过其他成员的票数","监事会中的投资成员数量不得超过监事会成员的四分之一"。以确保传统意义上的成员在决策中的控制地位,以及投资成员在决策中的次要地位。

2. 成员出资:可以实物作为出资方式

在保留 94 版《合作社法》要求单个成员入社出资的最低数额(股份)和相应的金额,以及章程可规定入股的最高数额及前提条件、强调成员的义务入股等条款外,06 版《合作社法》第 7 条增加了一款,"章程可以允许,以实物出资认购股份"。从而为合作社成员出资方式提供了多种选择可能,不再仅仅限于现金货币出资。

与此同时,针对成员实物出资新条款带来的实物价值可能被高估的潜在问题,06 版《合作社法》增设了保护成员的条款。在 94 版《合作社法》第 11 条"合作社登记注册法人要经过法院的审查,以避免合作社对其成员或其债权人利益造成威胁"的基础上又新增一条,"如果审计协会声明,实物出资被高估了,法院可以拒绝登记"。从而在法律上杜绝了以成员故意高估实物出资价值,损害其他货币出资成员利益和债权人利益的情形发生。

3. 成员处置:由成员集体共同来决定

关于开除成员的规定,06 版《合作社法》对 94 版的内容做了较大幅度的修改,删除了 94 版《合作社法》第 68 条原有的第 1 款:"如果成员加入同一地点、从事同类业务的另一个合作社,则可在业务年度结束时被合作社开除。如果成员加入了不在同一地点开展业务的另一信贷合作社，也可被信贷合作社开除。"同时，将94版《合作社法》第68条第2款"开除成员的其他理由可在章程中规定"修改为"可以将一名成员从合作社开除的理由，必须在章程中予以规定。开除只有在一个业务年度结束时才是允许的。"

该条款修订后，一是更加突出了合作社的自治性原则，即成员是否可以加入可能存在潜在竞争关系的两个合作社中，由成员当事人集体自我决定；二是强化了对被开除成员权益的保护。即如果开除成员，也必须在一个业务年度结束时。这意味着成员在一个财务周期的基本权益不会受到损害。

三　合作社的治理机制

1. 精简机构：简化小型合作社的治理机构

06版《合作社法》第9条关于理事会和监事会的规定，在继续沿用94版《合作社法》的理事、监事由成员大会从成员中选举产生，非成员不能进入，并且必须是自然人的同时，增加了"低于20位成员的合作社，可以通过章程规定取消监事会，在此情形下全体成员大会承担监事会的权利和义务"的新条款。

新修订条款通过简化小型合作社的监事会组织机构，降低小型合作社的管理成本，并促进全体成员的广泛参与，更好地体现了合作社共同决策原则。同时，也充分考虑了合作社群体分化，合作社的治理结构应该实行差异性对待的改革对策。

2. 强化约束：增加规定性条款、强调公开透明

06版《合作社法》第6条将94版《合作社法》同条的"章程内容"修订为"章程最少内容"，在强化章程基本内容的同时，为各个合作社针对自己的特点增加更多的规定内容提供了自由空间和便利条件。此外，06版《合作社法》还在保留原"合作社所发通知的形式和所选定的政府公报"以外，增加了"公报的发布由法律或者章程予以规定"的条款，以强化合作社事务的公开透明性，保障广大普通成员的知情权。

3. 完善决策：改进成员大会制度，贯彻自治原则

一是扩大成员直接民主权利，注重保护少数成员权益。06版《合作社法》第43条在延续了94版的关于成员数超过1500名的合作社，可以在章程中规定由成员代表组成全体成员大会（代表大会）规定的基础上，增加"章程还可以规定，将某些决议保留给全体成员大会"，和"150名的成员数量足够在任何情形下提出选举建议"这两个条款。在为广大成员提供直接民主参与的同时，也注意充分保障少数成员的民主权利。并且06版《合作社法》在第43条第2款增加了成员代表必须是自然人的限定条件，"如果合作社的某个成员是法人或者合伙企业，那么作为它们法定发表人的自然人可以被选为代表"。同时，保留了94版《合作社法》第3款"代表大会至少由合作社成员选举产生的五十名代表组成。代表不能由代理人代表。代表不得享有多票权"的规定，从而保证了代表制完全实行一人一票制，以及成员代表人数的最低规模。对代表的产生，06版《合作社法》延续了94版的"采取普选方式，直接、平等、无记名选举产生"的办法。

06版《合作社法》第45条"基于少数成员的要求召集会议"中，增加了"成员基于自身要求召集代表大会的，可以参与该代表大会，享有发言权和请愿权。章程可以规定，在代表大会上的发言权和请愿权只能由参与成员的圈子选出一位或多位全权代表来行使之。"从而进一步为普通成员提供了直接行使民主决策的机会，并落到实处。

坚守成员为先、成员为本，而不是资本为先、资本为本的成员共同民主决策原则，一直是《德国合作社法》的一项重要基本特征。因此，在法律修订中，完善民主治理也始终是重中之重。此次，又增加可将某些决议交由全体成员大会决定的条款，反映出百余年来德国合作社实践中一以贯之地强调成员自治、共同决策的民主制度的历史传统。

二是强化成员知情权。06版《合作社法》第46条将全体成员大会的召集时间从94版《合作社法》的"至少一周"，改为"至少两周"，并增加"在召集时应当公示议程。代表大会的议程应当在全体成员在合作社的文件中、在合作社的网址上或者通过直接的书面通知予以公示"。

此外，在第 47 条增加"任何成员均有权及时获得代表大会记录的副本"。修订后的新条款不仅更好地适应了合作社成员规模扩大的现状，并应用现代传媒技术确保成员代表大会信息迅速传递给每个成员，使普通成员都有直接获得合作社运营状况的知情权。

三是完善成员表决权。关于合作社全体成员大会的决策原则，由 94 版《合作社法》的"全体成员大会对某些事宜不能以简单多数票，而是以压倒多数票，或者表决"，修改为 06 版《合作社法》的"全体成员大会对某些事宜不能以简单多数票，而是以大的多数票，或者根据进一步的要求表决"。新条款对成员投票的通过比例出现松动并更加弹性，看似弱化了谋求绝大多数普通成员共同利益的决策制度，实为更加适应合作社成员构成异质性增强的变化。因为 06 版《合作社法》已经允许投资者入社，并允许成员以实物形式出资，这些新条款意味着合作社成员群体的多元化发展趋势，与之相适应，成员民主决策制度也需要做相应的调整，以取得不同类型成员在重大决策中达成共识的最大公约数。

4. 社会性别主流化：强化妇女成员参与决策比例

06 版《合作社法》第 9 条，增加妇女参与决策层的比例目标。强调妇女在理事会和监事会中的比例份额目标，如果在确定目标量时女性比例分别低于 30%，那么，新设定的目标量不得低于已达到的相应份额，同时应当确定达到目标量的期限不得超过 5 年。这是为了与德国 2015 年起实施的《男女平等参与私营经济与公共服务领导岗位法》接轨。2015 年，最新修订《合作社法》又新增第 168 条，规定"关于《男女平等参与私营经济与公共服务领导岗位法》的过渡规定"的时间期限，要求"最迟自 2015 年 9 月 30 日起适用"。

长期以来，国际合作运动一直致力于强化妇女在合作社民主决策中的参与，西方发达国家的合作运动尤其重视妇女在决策层的参与。06 版《合作社法》将妇女参与决策层的最低比例直接写入，不仅顺应了德国关于男女平等参与相关经济事务的基本法律要求，也提升了妇女在德国合作社中民主决策的作用。

四　合作社的审计制度

1. 简化审计：抬高审计的起点

合作社通过加入一个审计协会并开展审计工作，是德国合作社制度的一大特色。随着合作社日益走向规模化、专业化，06 版《合作社法》第 53 条规定，在继续原有的条款"至少每两个业务年度必须对合作社的设施、财产状况以及经营管理，包括对成员名单的管理和审计。对资产负债表合计超过二百万欧元的合作社必须每年审计"的基础上，对于"年终决算，包括簿记和财务状况，必须被审计"条款，新增前置性的限定条件，强调它只适于"资产负债总额超过 100 万欧元以及营业收入超过 200 万欧元的合作社"，这意味着审计的门槛在抬高，降低了小规模合作社的管理成本，强化了审计的针对性和有效性。

2. 强化公平：大型合作社的审计与公司法接轨

06 版《合作社法》第 58 条提出，对于符合《商法典》中企业规模的合作社审计，适用《商法典》的相关规定。这体现了法律对市场主体平等对待的市场精神。随着德国合作社尤其是农业合作社的公司化、股份化趋势，06 版《合作社法》及时做出了法律调整，对此类以资本市场为导向的合作社的法律调整，强调法律与《商法典》相关条款接轨，体现了合作社法的基本出发点，即消除垄断、为各类市场主体营造公平的竞技平台。

3. 强调中立：排除相关利益者参与审计

随着合作社所有权与经营权的分离，经营层的职业经理化，合作社审计出现形式化的态势。对此，06 版《合作社法》第 55 条在原有被审计的合作社的成员、理事、监事或者雇员不得参加合作社审计的条款基础上，增加了那些将受到合作社审计结果影响、与合作社存在商业、财务或人事等方面关系的相关利益者，或直接参与合作社管理决策、监督和相关服务的人员等，均不得参与合作社的审计等多款限制性条款，以保证审计的第三方独立性，防止合作社审计流于形式。

4. 加强内部监督：监事会和成员对审计报告的审阅

一是强化监事会对审计报告的监督。06 版《合作社法》第 58 条第 3 款从 94 版的审计报告向合作社理事会提交并通知监事长，修改为同时向理事会和监事长提交；从原来的"全体监事均有权查阅审计报告"，修订为"全体监事必须获悉审计报告的内容"。

二是强化成员对审计报告的监督性，第 59 条增加了新的规定，"任何成员都有权查阅审计报告的结论。"

5. 加强国家监督：监督机关的履行权力和行为规范

06 版《合作社法》第 64 条"审计协会的审计"更名为"国家监督"，并增加了三个条款。主要内容：一是"合作社审计机构受有资格的监督机关之监督"。二是"监督机关可以采取必要措施以保证审计协会有序地履行本法规定的任务"。三是"有资格的机构可以提高成本（费用和开支）用于支付行政负担。州政府被授权，通过行政法规规定费用事项以及费用额度"。从而强化了国家对于合作社审计机构的外部监督，进一步避免合作社自身审计的形式化问题。

五 经验启示与借鉴

通过对德国 06 版《合作社法》与 94 版《合作社法》的简要比较分析，对我国正在进行的《农民专业合作社法》修订工作有如下启示：

1.《农民专业合作社法》修订常态化，促进农民合作社可持续发展

百余年来，德国《合作社法》修订坚持了在基本框架相对稳定的前提下，在重要的历史发展时期或社会转型期对法律进行"大修"，增加重要条款和内容，修订或删除不适用、不适宜的条款或内容，同时，不间断地对个别条款及时进行"小修"，使合作社法既能够与最新的国家基本法律法规以及欧盟相关法律规定相适应，也能跟上合作社自身创新发展的新特点、新趋势，以便更好地促进合作社事业的健康可持续发展。

借鉴德国合作社法修订的成功经验，我国《农民专业合作社法》的修订也应走向常态化。将中期"大修"与短期"小修"相结合，以不断

适应中国社会经济发展新阶段、经济政治环境和合作社自身发展的新变化、更好地体现法律为从事家庭承包经营的农户服务的首要目标，满足广大农户成员共同经济需求、促进现代农业建设的立法宗旨。

2. 坚守合作社为使用者服务的底线与坚持开放、包容的合作社立法精神

在现代化进程中社会分层不断深化，普通民众群体利益诉求的分化也在加剧，合作社类型的多元化趋势和成员异质性日益突出。合作社的成员基础发生重大变化，追求共同利益的不同生产要素所有者群体正在替代单一的劳动使用者生产要素群体。为适应成员构成的新变化，德国《合作社法》修订中取消了合作社类型的列举制，引入灵活的成员制度条款，让合作社有更多的自由选择空间，如成员资格确定、出资数额与出资方式以及成员身份选择等，以便合作社在谋求全体成员共同利益的最大公约数的同时，保障不同利益群体成员实现各取所需。

与此同时，坚持使用者成员的主体地位和控制地位，更加注重广大普通成员特别是少数弱势成员群体的直接参与权，防止合作社被少数强势成员群体所把持。我国在修订《农民专业合作社法》中，在成员制度规定上，既要坚持总体上的灵活性和弹性，允许外部非生产者和相关企业、事业法人成员加入，又要充分考虑在合作社内部农户弱势群体的利益表达机制和利益诉求。在法律制度安排上，应强化成员代表大会中普通承包农户代表数量占绝大多数、保障其绝对控制地位的条款，以及理事会成员构成中承包户代表占多数的条款。

3. 坚持合作社的人合组织属性，区别对待资本化导向与使用者导向的合作社

经济全球化的加速带来了合作社公司化、股份化倾向加速，合作社的人合组织属性正在受到前所未有的挑战，德国《合作社法》修订没有逆潮流而动、限制合作社发展出现的这一倾向，而是因势利导，顺势而为。如果合作社成员更偏好自我的投资者身份，对惠顾者的身份渐行渐远，那么通过新增条款，对以资本化导向的合作社采取与公司法相一致的法律条款进行调节，使这类合作社不能再享受使用者导向的合作社的

相关法律政策规定，就可避免资本化导向的合作社侵占使用者导向的合作社优惠政策的问题。

在我国《农民专业合作社法》的修订中，应考虑对这两类合作社的财政扶持、税收优惠等条件的差异性条款。法律条款的特殊优惠应瞄准以承包农户使用者成员为主导的合作社类型。判断标准主要是看农民合作社的盈余分配比例是否主要按照交易额返还。只有这样，才能体现法律的公平性和公正性，同时，也可以避免当前大量存在的、为获取政府优惠政策的公司化冒牌合作社带来的社会信任危机问题，以及对合作社群体的社会信誉损害。

4. 强化合作社的监督管理，引导农民合作社健康、有序的发展

德国合作社监管主要体现在合作社审计制度的不断完善。修改后的德国《合作社法》从合作社内部成员自我监督、合作社外部第三方独立审计监督、代表公众利益的国家层面的行政监管机关三个层面来全方位地强化合作社监管。目前，我国农民合作社出现的很多问题（如滥用财政扶持资金、领办人侵害普通农户成员利益）等与监管缺位有关，基于政府在未来将继续实施对合作社群体的单独扶持政策，强化合作社的监管应成为我国农民合作社法律修订的一项重要内容。法律应对那些获得政府财政资金扶持或获得税收减免的合作社强化国家监督，并引入第三方独立审计制度。

五　农村产权制度改革

农村集体产权制度改革中的
关键问题与政策建议

崔红志

一 农村集体产权制度改革中存在的关键问题

农村集体产权制度是深化农村改革的重点领域，改革的目标是建立"归属清晰、权能完整、流转顺畅、保护严格"的农村集体产权制度，改革主要涉及农用地、宅基地、集体经营性建设用地和集体非土地经营性资产等方面。目前，农村集体产权制度改革正在有序推进。因受现行法律、政策等制度性约束，各地在推进改革过程中面临一些亟待解决的问题。

（一）农村集体产权制度改革目标与农村集体所有制之间的矛盾

农村集体产权制度改革的目的，是在坚持农村集体所有制不变的前提下，建立与市场经济相适应的农村产权制度。但是，农民较为普遍地认为，他们对集体土地和其他资产的权益是成员权。成员权是一种个人财产权利。只要是农村集体经济组织成员，他们就有取得农村土地承包权、分享因集体土地和其他资产所产生利益的权利；随着成员的离开或去世，这种权利就相应消失。现有法律的相关规定也体现了农民的这种成员权思想。例如，《物权法》第 59 条规定："农民集体所有的不动产和动产，属于本集体成员集体所有"；《农村土地承包法》的第五条也规定了成员的权利。在这一背景下，建立归属清晰、权能完整、流转顺畅、保护严格的农村集体产权制度面临困境与挑战；即使完成了产权制度改革，其结果也具有很大的不确定性。

（二）改革的成本分摊政策和机制尚不完善

农村产权制度改革具有经济价值和社会价值，但也需要耗费较高的成本。从总的情况看，改革的成本分摊政策和机制尚不完善，这会影响基层推动改革的积极性和改革的质量。

在农村土地确权登记颁证方面，国家财政按 10 元/亩的标准提供工作经费，地方政府给予一定补贴。但由于中国土地细碎化现象十分严重，确权工作的成本很高。以温州市为例，其山区土地实测的招标价格已达 45 元/亩。由于工作量大，需要对台账进行严格的后期整理，一些乡镇的市场价格达到 100—200 元/亩，有测绘公司甚至提价到 300 元/亩。粗略估算，如果温州市全域土地确权切实到位，地方财政需要过亿元投入。这对经济发达的温州也是沉重的财政负担，而且农村土地确权还要支付高昂的人工费。

在农村集体资产改革中，由于政府财政对于农村公共服务和社会保障投入不足，土地和农村其他集体财产成为维持村庄管理、向农民提供公共物品和服务、社区保障的重要物质基础，从而对农村集体资产股份制改革产生了很大制约。有的村以此为借口，拒绝或拖延改革。较多的村尽管实施改革，但保留一定比例的集体股，其收益用来作为村集体的公共开支。集体股的产权依然是不明确的，现实中集体股往往由少数村干部控制。一些村对集体股占集体净资产的比例进行了限制，如不能超过 30%。但这些村的集体经济组织收益数额相当可观，如何监督管理富裕地区可观的集体股份的资金剩余，不仅关系到农村集体产权改革的成败，也是涉及党风廉政建设的关键环节。从企业经营的视角看，现代企业有盈有亏，但村级组织的运转、农村基础公共产品和服务的供给却一刻也不能停止，农村集体经济组织只能盈利、不能亏损。这一逻辑的结果是，即便村级经济组织改制成股份经济合作社或公司化了，其经营职能也是虚化的，股份合作社或公司的管理人员进行投资经营的积极性不高。

在农村集体经济组织改制方面，税费负担已经成为影响地方和农民推行集体产权制度改革积极性的重要因素。目前的税负规定，农村集体经济组织改制需要承担三类税费。一是分红时的个人所得税，地方称之为"红利税"。在集体产权制度改革前，集体成员以福利等形式分配集体收益，不需要缴纳个人所得税。改制后，公司或社区股份合作社派发股份红利则需要缴纳20%的"红利税"，即分红时的个人所得税。二是集体经济组织改制中更名需要缴纳资产额3%的契税和0.3%的交易费，这对他们来说是一笔巨额税费，难以承受，也不合理。三是改制后新成立的农村集体经济组织大多以物业出租为主，要缴纳营业税、企业所得税、房产税、土地使用税、教育费附加税、地方教育税等7种税费，若改制后全部按章纳税，综合税率达到36%。

（三）有关的顶层设计滞后

（1）相关的政策与法律未能及时跟进。党的十七届三中全会决定提出：赋予农民更加充分而有保障的土地承包经营权，现有土地承包关系要保持稳定并长久不变，十八届三中全会决定延续这一提法。但是"长久不变"的具体政策含义，它与农地二轮承包之间关系等问题，中央政策尚未做出具体规定。这种情况导致地方在开展农地确权登记颁证工作中无从着手。有些地方的承包证在承包期限一栏写上了"长久不变"，更加普遍的做法是沿袭二轮承包的承包关系，确权登记后，颁证的期限是到2027年或2028年。承包期限不同，利益相关者的关切程度和预期必然不同。由于到二轮承包结束只有12年或13年，有的基层干部觉得反正到期后还要再调整土地，就采取应付性的态度来开展工作，赶进度、轻质量。

如何确立农村集体经济组织的市场主体，解决"有法律地位而无法人地位"问题，有的地方不得已将改制后的农村集体经济组织定位为有限责任公司或股份责任公司，按照《公司法》登记注册为公司法人。但这又与《公司法》所规定的"有限责任公司由五十个以下股东出资设立"和"设立股份有限公司，应当有二人以上二百人以下为发起人"不吻合。农村集体经济组织的成员数量一般都高于法律规定的股东或发起人数量，这样就会产生出大量的隐形股东，其权益无法受到法律保护。有的地方按照《农民专业合作社法》来登记注册法人，虽然有效规避了股东人数的限制，但其征收各项税费的标准仍按照公司法人执行，税费负担相对较重，不利于集体经济组织健康持续发展。

（2）相关政策设计缺乏合理性。目前，各地农村产权制度改革中存在的较为突出问题是把改革的范围局限在农村集体组织内部。这种限制性规定与"健全归属清晰、权责明确、保护严格、流转顺畅的现代产权制度"的改革目标之间存在一定冲突。如何处理农村集体产权改革在集体经济组织内部的封闭运行与集体产权流动和开放之间的矛盾、何时流动和开放，是改革试点面临的一个重要问题。

封闭运行的限制性规定也使基层改革困难重重。以农村宅基地制度改革为例，国家一方面提出对宅基地实行自愿有偿的退出、转让机制，另一方面又要求宅基地转让仅限在本集体经济组织内部。显而易见，在目前法律下一个农户只能有一处宅基地，有条件成为受让人农户的数量将会非常少，即在一个村庄内部并不存在对宅基地市场的有效需求。2015 年年底，全国人大授权国务院在天津蓟县等 59 个试点县（市、区），暂时调整实施《物权法》《担保法》关于集体所有的宅基地使用权不得抵押的规定，允许以农民住房财产权（含宅基地使用权）抵押贷款。但对农民住房财产权抵押贷款的抵押物处置，受让人原则上限制在农村集体经济组织范围内，这无疑会增加银行将抵押物处置变现的难度。

（3）对协同推进各项改革试点的重视程度不足。从改革的系统性、整体性和协同性来看，农村集体产权制度改革中仍然存在问题。一是改革试验的方案之间缺乏必要的协调和衔接。包括农村产权制度改革在内的农村各项改革试点试验归口于不同的管理部门，例如，农村土地制度改革由国土资源部负责实施、农村土地确权颁证登记和农村非土地经营性资产股份制改革归农业部负责实施、新型城镇化试点归国家发改委负责实施。如何协调推进不同类型的改革试点是改革试验面临的重要问题。二是改革范围窄、内容单一。例如，对于农村土地制度改革中的农村土地征收、集体经营性建设用地入市、宅基地制度改革这三类改革试验，中央的改革方案明确要求一个试点县只能开展某一类试点工作。三是改革稳定性、连续性差。一些地方改革试验随主要领导及其工作思路变化而难以持续进行，甚至放弃了原来设定的试验主题和内容。

（4）尚未明确非试点地区的改革实践问题。新一轮的农村产权制度改革强调"于法有据"。各地不同形式的农村产权制度改革一直存在，而许多地区又不是新一轮改革的试点地区。例如，20 世纪 90 年代后期，浙江省乐清市就开始办理农房产权登记并启动农房产权抵押贷款探索。2008 年以来累计发放贷款 400 多亿元，贷款余额 40 多亿元。虽然乐清市被批准为浙江省农村改革试验区和试验项目之一，但与国土资源部批准的其他宅基地制度改革试点地区相比，乐清缺少国家层面对改革的法律授权。

二 进一步推进农村产权制度改革的建议

（一）探索以户为单位实现农民成员权与财产权的统一

建立"归属清晰、权能完整、流转顺畅、保护严格"的农村集体产权制度，意味着改变农民对农村集体土地和其他资产权益的成员权，这要求改变成员权所依存的社会经济土壤：①进一步完善农村社会保障体系，使农村集体内部新增成员不依靠农村集体土地和资产收益也能够维系基本生活；②实行村级组织政经分离，使农村集体组织新增成员不能通过他们所享有的村民选举等方面的政治权利来实现其对集体土地和其他资产权益的诉求；③修改现有法律中涉及农民对集体土地和其他资产收益成员权的相关条款，使农村集体组织内部新增成员不能通过国家法律规定来实现其对集体土地和其他资产权益的诉求。

显而易见，实现上述改变是一个漫长过程。为了解决农村集体土地和其他资产作为个人权利的成员权与作为财产权利的用益物权之间的矛盾，可以将农村集体经济组织的单个成员权利转化为以农户为单位的成员权利，将集体经济组织中农户成员的土地承包经营权和其他集体资产权利固化到某一个时点，使成员权利与财产权利相统一。

从长远看，必须解决上述矛盾所依赖的社会经济土壤。一是修改相关法律，将村民自治组织的功能和农民集体经济组织的功能区分开来；二是由国务院制定集体经济组织的相关条例，明确集体经济组织（社区合作社或社区股份合作社）的内涵、外延及其权能，明确成员资格的取得及退出机制，成员的责任、权利和义务，厘清村委会和村集体经济组织之间的关系；三是公共财政必须覆盖农村，使村民委员会仅仅承担村庄的公共服务职能，把土地等集体资产的管理权完全剥离给农民集体经济组织。

（二）进一步厘清农村集体产权制度改革的范围和重点

农村集体产权制度改革的范围应当是农村集体经济组织所拥有的全部资产。农民以集体经济组织成员身份所共同拥有的土地是农民的最重要财产，应当纳入改革范围。唯有如此，才是完整意义上的农村集体产权制度改革。

针对不同类型地区情况的显著差异，改革的内容和方式也应有所差别。对一些经营性资产较少、纯农区的村，改革重点是对村集体全部资产进行确权登记颁证，深入开展村集体经济组织成员的资格界定。对于经济发达地区，特别是集体经营性资产数量庞大的地方，改革重点是通过股份量化，推进集体经营性资产股份合作制改革，赋予集体经济组织市场主体地位，建立现代经营管理制度，提高集体资产运营效率，使农民按股分享集体经营收益。应该指出，越是集体经济实力雄厚、给群众提供福利越多的村，越需要搞以股份量化为导向的产权改革，需要通过股份量化唤起群众的民主意识，实现有效地行使其监督权利。

（三）积极探索和完善不同类型集体资产的改革举措

1. 农村承包地确权登记颁证的改革举措

基于土地社会保障功能弱化的现实，需要在农户范围内实现成员权利与财产权利的统一。农户内的集体经济组织成员对确权到户的土地承包经营权作为共有权人；户内人口变动或分户、并户，由各户自己解决承包经营权的归属问题。在具体操作中，涉及确权后的土地调整问题。

　　一些地方的试验是：充分尊重群众的意愿，将土地是否调整、如何调整等交由集体经济组织成员讨论解决，坚持"大稳定、小调整"；在承包地实测确权后，实行"增人不增地、减人不减地"，以户为单位承包经营权长久不变，外嫁女、入赘婿、新生儿等家庭成员变动所引起的土地余缺问题在户内自己解决，这样，土地承包经营权纠纷就由个人与集体之间的行政性纠纷转变为家庭内部财产权的民事纠纷，无论以后农户家庭人口如何变化，都不再调整土地。农户对其土地承包经营权在何等条件下有处置和转让的权利，则由法律来确定。

　　2. 完善农村宅基地制度的举措

　　改革的关键是扩大农民宅基地使用权的可转让性。在不改变宅基地集体所有性质的基础上，允许宅基地及农房突破村级集体经济组织的边界，在全县范围内的农业户口之间进行置换、转让、继承。对于宅基地使用权流转买受人因其主体身份是否为集体经济组织内部成员的不同而区别对待，集体成员缴纳的出让金可以相对较少，且有优先买受的权利。

　　应赋予宅基地抵押、担保权能。试点地区应重点探索农民宅基地使用权流转范围超出村集体经济组织范围以及赋予宅基地抵押、担保权能的条件和方式，评估这种做法的风险程度。政府应建立宅基地使用权价值的评估机构，出台评估管理、技术规范等有关法律和业务准则，为金融机构开展宅基地使用权抵押贷款提供完善的评估服务。

　　3. 推进农村集体经营性建设用地入市改革

　　具体改革建议如下：

　　（1）建立城乡接轨的建设用地使用权制度。可在法律上创设集体土地的出让土地使用权和划拨土地使用权，这两种土地使用权分别与国有土地的出让土地使用权和划拨土地使用权相对等。最终将城乡公益性用地统一纳入划拨土地使用权管理轨道，将城乡经营性用地统一纳入出让土地使用权管理轨道。

（2）建立集体经营性建设用地使用权流转市场的运作制度。一是建立农村集体建设用地流转入市的交易许可管制制度，只有符合土地利用规划、用地性质合法、用地手续齐全、不存在权属争议的集体建设用地，才能经交易许可后流转入市。二是建立市场中介服务体系，以县（市）为单位，建立土地流转市场的信息、咨询、预测和评估等服务系统。三是建立科学合理的价格机制，借鉴城市基准地价制定经验，探索适合农村集休经营性建设用地价格确定的依据和方法。

（3）建立集体建设用地招标拍卖挂牌出让的市场监管制度。按照城乡建设用地市场统一监管的原则，完善城乡统一的建设用地"招拍挂"出让制度。符合流转条件的集体经营性建设用地，由集体经济组织出让用于工业等经营性用地的，必须在城乡统一的有形市场上"招拍挂"出让，防止出现新一轮土地腐败。

（4）建立税收调控机制。允许集体建设用地进入土地市场后，可以考虑对国家征收的集体土地以及农村集体建设用地在实现财产权利时按年度征收地产税、物业税或土地使用费，使地方政府和农民集体可逐年获取稳定的收益。同时，还应让享受土地增值收益的农民获得社会保障和就业培训，并鼓励农民通过股份的形式或资产管理公司委托代管的形式，让其收益保值增值。政府应通过税收的形式调节收入分配，使一部分土地增值收益用于广大农区的基础设施建设和社会事业的发展，让为全国提供粮食安全而不能商业开发的广大农区也能得到发展。

4. 农村集体经营性资产的改革举措

具体改革建议如下：

（1）规范股权设置。从发展角度看，股权设置应以个人股为主。集体股的去留问题，要尊重农民群众的选择，由集体经济组织通过公开程序加以决定。对于实现整建制村转居、未开展实业经营活动，且全部资产以资金形式存在，并用于投资或理财的新型集体经济组织，经80%以上成员同意，可将集体股全部按成员配股比例分配到成员个人。对于开展物业等地产经营活动的集体经济组织，经80%以上成员同意，可以将物业或商铺资产处置，处置后的收益按产权改革中成员配股获得的成员股份比例一次性量化到成员。具体采取何种形式，由集体成员按照少数服从多数的原则，民主协商决定。

（2）稳步放开农民股权流转范围。现阶段农村集体产权改革严格限定在本集体经济组织内部进行，其目的是保护广大成员资产的收益权，防止集体经济组织内部少数人侵占、支配集体资产，防止外部资本侵吞、控制集体资产。但是，随着集体资产价值不断显化和流转市场逐步完善，农民的股权流转必将超出集体经济组织内部。应当在风险可控的前提下，允许个人股权的自由流转，实现生产要素的优化配置，充分体现股份的市场价值。

个人股权应当依法继承。农村集体产权制度改革就是要按照"归属清晰、权责明确、保护严格、流转顺畅"要求，把"共同共有"的集体资产改制为"按份共有"的集体资产。《物权法》规定，按份共有人对共有的动产和不动产按照其份额享有所有权。在改革过程中，只要集体经济组织成员具有合法资格、量化到人的集体资产合法、整个股权分配的程序合法，则组织成员持有的个人股份就是个人合法财产，依据《继承法》，个人合法财产都可以继承。在人口流动的背景下，继承对象无疑将超出集体组织成员内部。但是，对于继承股份的非农村集体经济组织成员，可规定他们只享有股份收益权，不享有集体经济组织的表决权。

（3）对农村股份经济合作社实行公司化改造。积极探索确立农村集体经济组织市场主体地位的解决办法。在国家层面的法律法规和政策尚未出台的背景下，采用政府发放组织证明书等方式，解决农村集体经济组织的身份地位问题，从而使其能够独立自主地参与市场经营活动。

完善农村集体经济的管理和运行方式，一是继续建立健全董事会、理事会、监事会的组织架构。二是探索实行政经分开，作为微观经济主体的村集体经济组织，与村"两委"脱钩。

从将来的趋势看，股份合作社的生存空间不大，应对农村股份经济合作社进行公司化改造。农村集体经济组织公司化之后，公司的股东只能享有股东权利，而不能干涉公司独立经营。村委会即使占有一部分股份，也只能履行股东的权利。

（四）扎实推进改革试验

（1）处理好改革试验与现有政策法律的关系。改革试验的重要目的是把基层实践的成功经验上升为政策、法律、法规，使改革试验成果制度化。虽然农村改革试验区允许依法突破某些政策和体制，但由于在突破的内容、突破的程度等方面没有做出明确规定，一些地方改革创新的能动力不足，影响了改革的价值和效果。

针对改革试验与政策、法律、法规之间可能存在的矛盾，建议采取以下举措：第一，中央有关部门允许经过批准的试验项目突破相关领域的政策和体制，列出可以突破的内容和范围的具体清单。第二，中央明确赋予农村改革试验区"试错权"。试验不等于示范，其结果包含证实和证伪。试验成功了，可作为示范性经验加以推广；即使试验失败了，也可提供经验借鉴。第三，加强中央有关部门与各试验区之间的沟通交流，对于基层创新和突破，进行规范性总结和肯定。

（2）扩大改革试验的内容。鼓励农村改革试验区在开展规定主题和内容探索的同时，把农村各领域的改革试验（尤其是十八届三中全会提出的改革事项）尽可能多地纳入试验区中，发挥试验区的综合效应。

（3）处理好改革试验区与非试验区的关系。一方面，国家要求农村集体产权制度改革限定在改革试点地区。另一方面，很多非试点地区一直在开展农村集体产权制度改革，但存在合法性风险，有必要给予非试点地区改革的合法性认可。

（4）注重同步推进配套改革。目前，较为紧迫的是需要制定有区别的税费优惠政策，支持集体经济组织的改革发展。把税费减免与其承担的农村公共服务挂钩。对于改革后农民按资产量化份额获得的红利收益，免征个人所得税；农村社区事务已纳入公共财政的地区，集体经济组织运营与城市工商企业也无差别，可以设置一个3—5年的税费优惠过渡期，过渡期满对集体经济组织实行照章纳税。

我国农村土地承包经营权退出的基本判断和实践创新

郭晓鸣　翁　鸣　高　杰

一　农村土地承包经营权退出的基本判断

（一）从发展规律来看，农村土地承包经营权退出是在新型城镇化和农业现代化进程不可逆转的背景下重构农村人地关系的重要选择

20 世纪 70 年代末至 80 年代初期，我国农村普遍确立了以集体所有、家庭承包为核心的土地产权制度安排，并最终形成农民与土地之间以直接占有为形式的、固化的人地关系。在农村人地矛盾严重、社会保障缺失的条件下发挥了重要的就业吸纳和生活保障作用。

但是，进入工业化迅速发展阶段，农村劳动力不断流向非农领域，农业要素禀赋发生了重大变化，此时，固化的人地关系成为要素重新配置的严重阻碍。为保留对土地财产的权利，农民只能以"两栖"的方式流动，由此产生滞后的人口城镇化和低效率的农业经营方式并存的困境。虽然实践中试图通过分离承包权与经营权，并不断增强经营流转能力的方式尝试解决上述问题，但受困于经营权流转交易成本较高的矛盾，现代农业经营方式与新型城镇化相互促进的良性关系进展缓慢。因此，要真正破解目前我们面临的城市化与农业现代化双重问题，需要在农村建立起更加灵活的土地产权关系，改变以农民实际占有土地为形式的固化

的人地关系，从根本上解除土地对农村人口的束缚。

（二）从现实需求来看，农村土地承包经营权退出是破解农村土地资源稀缺与闲置并存矛盾、加快农业现代化进程的内在要求

在当前农村地区，普遍存在土地抛荒与新型经营主体土地需求得不到有效满足的现象：一方面，"增人不增地、减人不减地"的固化关系导致人口与土地动态协调关系被割裂，一些家庭人少地多"种不完"，一些家庭却人多地少"不够种"。对于家庭主要劳动力外出务工的农户而言，土地带来的现实收入较低，但预期收益较高。在"禀赋效应"下，部分农户在转出时往往提出较高价格或其他附加条件，加剧了新型经营主体的经营成本。另一方面，新型农业经营主体需要与分散的农户逐个签订流转合同，才能使转入的土地达到经济规模，不仅签约成本较高，而且经常遭遇因个别农户不愿转出而造成的土地"插花"现象，现实中，新型经营主体要获得理想的土地经营规模是非常困难的。四川省社会科学院的一项地区性调查显示，"转入土地难"仅次于"融资难"，成为新型经营主体面临的第二大难题。

在工业化、城市化趋势不可逆转的背景下，农民与土地的关系正在发生深刻变化，对于部分长期离农的群体而言，土地已经不再作为必要的生产资料，而仅是一种财产表现形式。因此，允许部分长期离农的农民将对土地的承包权利转变为货币、股权等流动性更强的财产形式，将有利于增强农民市民化的稳定性，同时，通过农民退出承包权，简化了农村土地产权关系，将减少土地配置中的交易费用，并使新型经营主体形成稳定的投资预期，从而加快农业经营方式的转变。

（三）从可行条件来看，土地经济和保障功能的弱化以及城乡社会保障体系的完善使部分农民具备退出承包经营权的意愿

农户家庭工资性收入占比不断超越经营性收入是农村劳动力外流的经济结果，在这一过程中，土地对于农民的就业和收入功能也随之减弱。同时，在城乡一体的社会保障不断完善的条件下，土地的社会保障功能也在减弱。土地经济和保障功能的弱化使部分农民具备退出承包经营权的意愿。

根据对内江市市中区 210 户农户的问卷调查结果看，目前有 3 类农户家庭可能是愿意退出农村土地承包经营权的主体：一是已将土地流转出去的农户。调查结果显示，在已经将土地流转出去的样本群体中，明确表示愿意退出现有土地承包经营权的农户占比为 57.7%，比总样本中愿意退出的比例高 16.3 个百分点。二是已在城镇拥有住房的农户。调查结果显示，已在城镇拥有住房的 24 户中明确表示愿意退出现有土地承包经营权的有 11 户，占比为 45.8%，尤其是 7 户在县城及其他城市有住房的明确表示愿意退出的有 5 户，比例高达 71.4%。三是已购买城镇企业职工养老保险的农户。在 210 户受访户中，有 64 户共 121 人已购买城镇企业职工养老保险，其中 32 户明确表示愿意退出现有土地承包经营权，占比为 50%。

（四）从适用范围来看，城市就业预期的不稳定性、土地的保障性和增值性预期决定着退地土地承包经营权将是一个渐进的长期过程

土地承包经营权退出是新型城镇化和农业现代化过程中的必然趋势，只要农民市民化平稳推进，只要存在农民外流和土地闲置，就具备开展土地承包经营权退出的现实需求和可行性。但是，从现阶段我国的经济发展水平和城乡关系来看，尚不具备大规模推进承包经营权退出的条件，主要原因在于：一方面，转移农民对未来就业和保障预期的不确定导致农业的保障功能仍然存在，而且对于一些特殊农民群体而言，农业的保障功能依然重要且不可忽视；另一方面，随着各地土地流转价格上涨、土地征占补偿等预期的影响，农户对于土地价格具有较高预期，在补偿未能达到预期的情况下，不会轻易选择退出。

从总体趋势看，农民土地承包经营权自愿退出具有必要性和可行性，但从土地供给和需求的当前特征来看，农民土地承包经营权自愿退出只是众多土地资源优化利用途径中的一种，短期内农民的现实需求是有限的，土地承包经营权退出将是一个渐进的长期发展过程。

二 四川省和重庆市的土地承包
经营权退出的实践探索

四川内江市市中区和重庆梁平县均为全国农村改革试验区，主要承担农村土地承包经营权退出的改革试验任务。通过近两年的实践探索，取得初步但却是突破性的重要进展。

（一）土地承包经营权退出的基本做法

内江市中区和梁平县改革的主要内容和工作程序具有较强的相似性，主要有以下五个方面：

1. 建立退出资格审查制度

为了做好土地承包经营权退出风险的事前预防，内江市中区和梁平县均建立了较为严格的退出资格审查机制，通过设立退出前置条件和进行多重审核的办法将退地人群范围限定至一定范围，以此控制可能发生的退地风险。内江市中区设定的退出前置条件为：退地者有稳定就业、有固定收入、有养老保险；梁平县设定的退出前置条件为：有稳定的职业或收入来源，并在本集体经济组织以外有固定住所。

2. 探索多元的农户退地模式

根据城乡经济发展实际情况和不同农户的退出意愿，内江市中区和梁平县均设定了灵活多元的退出模式：内江市是"永久退出"和"长期退出"两种模式。"永久退出"就是土地承包者将土地承包经营权退回给作为发包方的集体经济组织，永久不再要求土地承包经营权、不保留承包土地的权利。"长期退出"是农户将二轮承包期内剩余期限的土地承包经营权退还给村集体，但是保留在第三轮土地承包期内的土地承包权利。梁平县形成"零散置换"和"定制用地"两种模式。"零散置换"方式就是，有退出需求的农户首先在集体内部以置换方式将零散土地转变为集中连片的土地后再退出。"定制用地"模式为选择连片土地引入经营主体，根据业主需求引导承包这部分土地的农户定向退出。

3. 协商确定退地补偿标准

在补偿标准的确定上，内江市市中区和梁平县均采用了民主协商的方式，由集体经济组织与自愿退地农户协商，经集体经济组织成员会议民主讨论确定。依据当地经济社会发展水平和不同地类、不同位置、结合承包期剩余年限和当地年均土地流转收益，形成自愿合理的退出补偿价格。

4. 建立土地退出与农村产业发展协同推进机制

为提高退出土地的使用效率，内江市市中区和梁平县均探索建立了土地退出与农村产业发展协同推进机制，通过促进农村产业转型升级带动土地需求，进而提高土地的经济效益。在退出土地的利用方式上，两地都建立了以产业发展为基础的自主经营、出租经营、入股经营等多种土地资源利用方式。

5. 同步深化有关配套的制度改革

为顺利开展改革试点，内江市中区和梁平县均同步深化了户籍制度、社会保障制度、土地承包经营权管理制度等配套领域的改革，并保留了退地农户作为集体经济组织成员的其他权利，使退地农民能够获得稳定的生活保障和财产保护，增强了农民退出土地承包经营权的积极性。

（二）上述两地土地承包经营权退出的比较分析

从改革内容的设置和改革任务的推进上看，两地存在一定的相似之处，如在坚持以农民自愿选择为基本前提下均设置了严格的退出前置条件、通过民主协商确定退出补偿标准、制定了灵活的退出方式、形成了退出土地的长效利用机制等。但是，由于土地资源条件、经济社会发展等方面存在一定差异，上述两地在改革试点中也面临着不同的约束和现实困难，因此，改革创新的着力点、突破口和具体方式也存在较大区别，具体表现在两个方面：

（1）在退出模式的设置上，内江市市中区以退地需求为导向，以增强农户退出意愿为主要目标；梁平县用地需求为导向，以校正土地供求空间错位为主要目标。

　　两地退出模式的主要依据和制度激励方向存在较大差别：内江市市中区根据退出主体的现实需求设置了长期退出和永久退出两种模式，允许退出主体自主选择是否保留远期农地权利，目的在于满足对非农收入和农地价值的不同预期，增强农民的退出意愿；梁平县根据用地主体的现实需求设置"零散置换"和"定制用地"两种模式，以产业发展用地需求为导向，通过承包经营权退出实现土地资源在空间上优化配置，目的是满足不同农业经营主体规模化经营需求。

　　上述退出模式设置上的不同源于两地农村发展现实的差异，虽然内江市市中区和梁平县所选择的改革试点村都面临土地零星分散、规模经营困难的问题，但是从土地要素与产业发展的关系看，两地面临的核心问题和约束条件不同：内江市市中区面临的核心问题是如何通过承包经营权退出改变土地资源条件，从而吸引新型经营主体进入；面临的主要约束在于，农民对非农就业的预期不稳定以及对土地的预期价格较高，退出意愿并不强烈。为解除部分有退出条件但不愿完全放弃农村土地权利的农民的顾虑，内江市市中区采取了"长期退出"的方式，保留了退地农户再次获得承包经营权的机会，显著增强了农户的退出意愿。由此可见，内江市市中区退出模式设置的关键在于激励农民退出土地，通过土地退出实现规模化的综合整理，以吸引新型主体进入。

　　梁平县面临的核心问题是如何通过承包经营权退出来满足新型农业经营主体的用地需求，面临的主要约束在于，农民的退出意愿较高但土地退出与土地使用存在较严重的空间错位问题，梁平县采取"零散置换"的方式，通过集体经济组织内部自愿协商置换，解决了退回土地分散不均、质量参差不齐的现实困境。因此，梁平县退出模式设置的关键在于通过退出优化土地资源的空间配置，满足新型经营主体的现实需求。

　　（2）在补偿资金的筹措上，内江市市中区采取了以集体经济组织预期收益为担保的财政借款模式，而梁平县探索了以用地主体预付为主的退地补偿周转资金池模式。

　　在集体经济相对薄弱的背景下，土地退出补偿资金不足问题是内江市市中区和梁平县在改革试点中共同遇到的最大困难。由于农村发展现实条件不同，两地采取了不同的资金筹措方式：内江市市中区采取了以集体经济组织预期收益为担保、以财政借款为主要来源的方式；梁平县除财政借支外，还创新了以用地主体预付为主的退地补偿周转资金池模式。

在内江市市中区，退地补偿资金由区财政借支给集体经济组织，当集体经济组织具有收入后再一次性或分期偿还财政资金。在地区产业发展相对滞后、社会资本进入不足的地区现实条件下，财政资金是退地补偿的主要来源，依靠财政借款方式，能够保证退出土地的农户获得补偿资金，从而激励农民退出土地。但是，当土地退出规模较大后，财政资金将难以支撑，同时也会出现风险集中于政府的问题，因此，随着退出规模的扩大和农业的发展，内江市市中区也在探索更加多元的退出补偿资金来源。

梁平县现代农业发展态势已经显现，新型经营主体的用地需求较大，因此创新了业主承接支付、集体经济组织自筹、银行融资、县和镇财政借支兜底的退地补偿金筹措模式。多元化的资金筹措渠道使梁平县的土地退出改革获得了有效资金支持，也为全面推开承包经营权退出提供了资金筹措路径方面的重要借鉴。

（三）内江市市中区和梁平县土地承包经营权退出改革的重要价值

第一，设计了完善的土地承包经营权退出流程，形成了土地承包经营权退出的一整套制度安排。

通过设立完善的退出流程，内江市市中区和梁平县使有意愿退出土地的农户能够按照公开、透明的程序顺畅地实现土地退出。更为重要的是，退出流程的完善和退出平台的构建是顺应我国经济社会发展总体趋势的制度创新，当退出条件进一步成熟时，农民退出土地的需求将持续增加，前期的制度建设和完善将为更大规模的退出提供必要的制度基础。

第二，构建了土地承包经营权退出与产业转型升级、集体经济壮大协同推进的联动机制。

土地承包经营权退出改革的目标在于通过改变农民与土地财产的固

化关系，在促进进城农民市民化进程的同时，推进农村土地资源以交易费用更低、更加稳定的方式向各类新型经营主体集中，加快农业经营的现代化进程。根据此目标，两个改革试验区都明确将土地承包经营权退出改革试验任务与农村产业转型升级和集体经济股份制等改革任务相互关联，同步推进相关改革进程，为土地退出后重新进行配置和利用提供条件，尽可能地发挥土地退出改革对其他领域改革的带动作用。

第三，探索了我国农村土地承包关系的变革方向和新阶段农村人地关系的可能形式。

长期以来，获得土地承包权是农民的一项基本权利，土地是农民的基本生产资料和家庭的主要财产。但在严格的制度约束下，即使农民已经长期脱离农业生产，也只能占有土地的实物形态，使现代农业生产面临严重的土地空间约束。内江市市中区和梁平县的改革试验证明，现阶段我国农村土地承包关系具有变革的可能，虽然大规模退地的条件尚不成熟，但是已经具备了现实需求和可行条件，在具备一定条件后，农村产权制度可以突破现行家庭承包关系的约束，建立起更加明晰、更加适应现代农业经营需求的土地产权关系。从农民与土地之间关系的变革上看，通过退出土地承包经营权，进城农民可以从固化的土地关系中解脱出来，将土地承包权利转换为流动性更强的货币、股权等，从而形成更加灵活、更加适应现代农业生产力要求的人地关系。

三　农村土地承包经营权退出的潜在风险

1. 土地承包经营权退出的法律风险

在《土地承包法》等国家法律尚未明确允许的条件下，农村土地承包经营权退出将面临以下法律风险和问题：一是因退地合同法律效力不足导致的退出主体违约风险。目前尚无相关法律明确承认农民与集体之间有偿退出土地合同的合法性，一旦退地农民要求重新获得土地承包权，未获得法律支持的合同将无法为集体经济组织提供支持。二是因退地农民权利边界不清导致的退出不稳定问题。在承包经营权退出改革中，保留了农民的集体成员权利,但法律规定,"农村集体经济组织成员有权依法承包由本集体经济组织发包的农村土地",当第三轮土地承包期开始时,已退地的农民是否仍有权利重新要求获得承包权、应该以何种方式获得承包权等问题法律上仍未有明确的规定。三是因集体经济组织权利受限导致的退出土地处置困境。目前部分集体组织成员未获得承包权,那么当其他集体成员退出土地承包权后,无地成员要求重新分配的问题如何解决?这一问题迫切需要法律层面给予明确,否则将给土地承包经营权退出改革造成阻碍和风险。

2. 土地承包经营权退出补偿资金不足的风险

在退出规模较小的条件下,可以采用财政借支或新型经营主体承接支付的方式解决退地补偿金的来源问题,但是,一旦进入较大规模退出阶段,现行资金筹集方式将面临较大风险:一是地方财政资金不足的风险。财政借支模式下,地方财力的有限性将成为限制退出规模的重要因素,并且随着退出范围的扩大和退出规模的增加,地方财政累积的风险将逐渐增大。二是集体经济土地再利用困难产生的偿还风险。土地退出补偿金的最终支付主体是集体经济组织,因此,承包经营权退出的必要条件是集体经济组织能够有效地利用退出土地,增加自身经济收入。但集体经济组织是否能够有效地利用退出土地受地区产业发展、市场、组织管理能力等多种因素的影响,加之所退土地一般区位和质量相对较差,集体经济组织开发利用将面临较多困难,造成退地补偿的资金来源具有较强的不确定性。

3. 土地承包经营权退出的供求错位风险

从土地退出的实践看,农户愿意退出的土地往往区位条件、基础设施、肥力等较差,并且目前退出的土地较为零散,难以形成规模,而新型经营主体需要条件较好且具有一定规模的土地,二者在空间上存在错位,造成了退出的土地业主不愿经营,业主需要的土地农户不愿退出的矛盾。虽然梁平县通过"零散置换"等方式在一定程度上解决了这一问题,但是从大多数地区农村土地分配的实际情况看,不同农户的土地条件差异较大,以协商方式实现土地的置换和调整是较为困难的,特别是条件较好的土地承包户，往往不愿意与其他土地进行置换。因此，土地退出与产业发展需求间错位的矛盾将长期存在，需要各地在实践中探索多种创新路径进行破解。

4. 土地承包经营权退出的潜在社会风险

土地承包经营权退出后，大部分退地农民将转入非农就业领域，并失去依托于农村土地之上的就业和生活保障。因此，在社会保障制度尚未完善的条件下，一旦城市就业困难，部分退出土地的农民将可能重返农村。返回农村的退地农民缺少基本生产资料，在无稳定生活保障的情况下可能会冲击农村社会稳定，造成乡村社会治理困难。

四　政策建议

（1）加强调查研究，谨慎推进改革。随着我国城镇化发展，一部分农民退地进城需求上升。但农民退地进城是一个涉及多方面的综合新问题，有的地方政府为了土地财政，人为地扩大农民的退地愿望，并且缺少相应的配套政策和保障措施，这容易引发农民进城就业等矛盾，应注意这种倾向性问题。

（2）建立多元退地补偿机制。在改革试点过程中，有的地方以其较强财力，采取政府垫资或村集体垫资补偿的方式，但这不具备可复制性，应该从多方面考虑补偿资金来源，包括社会资本、企业补偿等方面，以降低相关风险发生。

（3）建立城乡联动，推动改革进程。从城乡发展一体化的角度，建立城乡联动、互相衔接机制，例如，完善城镇社会保障制度，退地补偿与进城购房机制，加强进城农民的职业培训，加快城镇经济结构优化，促进退地农民能够平稳地实现城乡生活转变。

（4）注意政策、法律的指导。在第二轮农村土地承包期结束之前，应确定农村土地改革目标及其政策法律修订完善，即明确这一改革的具体目标、实施进程、操作权限等，突出中央的顶层设计和政策指导；同时，通过对相关法律法规的修订，以保证农村改革目标的有效落实。

（5）加强和完善村民自治组织。土地承包经营权自愿退出机制的深入实施必将对集体经济组织成员权产生重大影响，农村集体经济组织成员的界定和权益分配等必须作出相应的变革才能适应发展需要。村级组织能否通过民主协商，公平、公正地进行农村土地调整，这关系到退地进城农民和坚持种地农民的切身利益，加强基层民主和组织建设尤为重要。

彭山经验：农村土地经营权抵押融资改革

四川省社会科学院课题组

随着农业经营方式的转变，我国农业对资金的需求量不断增大，但经营主体的融资难问题却更加突出，这成为制约现代农业发展的重要因素。为解决这一问题，中央提出"赋予农民对承包地占有、使用、收益、流转及承包经营权抵押、担保权能"，以求有效拓宽农村融资渠道。但是，土地经营权抵押融资是我国特殊农村土地制度衍生的金融产品，面临市场风险如何控制等突出问题。

四川省眉山市彭山区作为全国农村改革试验区、农村"两权"抵押贷款试点区。近年来，彭山区开展了农村土地经营权抵押融资创新，为破解我国农业转型时期的资金难题，提供了具有可借鉴和推广价值的实践经验。

一 土地经营权抵押融资的彭山实践

四川省眉山市彭山区位于"成都平原半小时经济圈"，其面积465平方公里，总人口34.9万人，其中农业人口23万，耕地总面积31万亩。作为传统农业区域，彭山区面临推进土地规模经营、激活农村资源要素和满足新型经营主体对金融需求的紧迫任务。

针对农业转型发展过程中金融供求矛盾加剧的普遍性矛盾，彭山区瞄准重点领域和关键问题，创新性地推进农村土地经营权抵押融资改革，形成了"以产权制度改革构筑基础、以闭合体系控制金融风险、以产品创新服务现代农业、以配套制度优化金融生态"的农村土地经营权抵押

融资体系，成功地缓解了当地农业发展的融资难困境。其抵押融资改革
主要从以下三个层面展开。

（一）扎实推进农村产权制度改革，为农村土地经营权抵押融资改革试点奠定制度基础

彭山区开展深化农村产权制度改革，为土地经营权抵押融资改革奠定了产权基础：一是明确以"三权分置"为核心的土地产权结构，为经营权抵押融资奠定基础。全区已经完成22万亩农村承包地确权颁证工作，覆盖率达100％，并创新了随时为有需要的经营主体办理土地经营权证的制度设计，为土地经营权抵押融资提供了基本条件。二是建立农村产权交易平台，降低借贷双方交易成本。重点是建成农村产权流转交易服务中心，并且实现与成都市农村产权交易所的互联互通、信息共享，全面提供农村产权流转的信息发布、交易鉴证等服务。三是建立农村产权价值评估体系，为土地经营权抵押提供价值依据。成立了由金融、财政、农业、国土等部门专业人员以及种田能手等"土专家"组成的农村产权价值评审专家库，结合专业方法和乡土经验对土地经营权价值进行评估，制定了规范的农村产权评审指导意见、管理办法等，为土地经营权融资提供较为客观的价值参照。

（二）瞄准农村土地经营抵押融资的关键环节，建立完善的风险控制和分担机制

针对土地经营权抵押融资改革的风险，重点构建了三大闭合式防风险"闸门"：

第一，以分级审核制度和征信体系建设抑制事前风险。设置了土地经营权流转市场主体的进入标准，根据转入土地规模对农业经营主体进行分级审核，要求规模达10亩以上的土地流转必须通过产权交易平台进行交易，规模达300亩以上的土地流转必须通过政府严格审批，这一制度设计有效降低了因主体资质诱发的前期风险。同时，设计了业主征信体系，强化了信用制度激励。目前完成了3000户左右的农户和近400个

家庭农场的信用评级。

第二，以风险保证金制度控制中期风险。为防止农业经营者"跑路"风险，对土地转入方收取了适度的风险金，规定风险金归国有正兴农业发展投资有限公司统一管理，专门用于垫付农民租金和短期经营所需资金，有效抑制了因经营不善造成的租金拖欠和抵押物贬值的风险。

第三，以多方参与的风险分担机制分散事后风险。建立以政府控股公司为联结载体的多方风险分担机制。区政府出资组建"彭山正兴农业发展投资有限公司"，负责收取土地流转保证金、管理风险补偿基金、受权托管并二次流转违约土地经营权，并引导经营者购买受益人为放款银行的特殊农业自然风险保险和价格指数保险，形成了"政府＋保险＋银行＋业主"的风险分担机制，有效降低了金融机构的风险预期和放款成本，从而降低了土地经营权抵押融资利率，形成了多方获益的共赢格局。

（三）根据现实需求创新金融产品和强化服务功能，有效破解农村土地经营权抵押融资产品供求失衡矛盾

在金融产品创新方面，彭山区根据农业经营者的对象、经营类别、产业状况等差异化融资需求创新金融产品模式，引导7家试点银行和2家试点保险机构创新产品模式，形成了"信贷＋保险"、"产权＋保险"以及"政银合作"等组合型产品模式，并对抵押物范围、贷款额度、贷款期限、贷款利率等进行了优化。同时，根据对抵押物评估价值偏低，难以满足农业经营主体融资需求的情况，通过增加其他抵押物和申请担保公司担保等形式，增强银行放贷的信心。截至2016年6月，彭山区已推出"惠农产权贷"、"安居如意贷"、"金杏·福农贷"、"金土地"等14个农村"两权"抵押贷款新产品，成功发放贷款161笔、7656万元，放贷笔数与金额居四川省同类试点区县第一。

在金融服务模式方面，彭山区积极推进金融服务下沉，通过将网点建在农业产业园中、将设备发到新型经营主体手中，有效增强金融服务功能，营造洁净、优质的农村金融生态环境，解决了金融服务"三农"的"最后一公里"问题。在葡萄、猕猴桃等6个特色产业园区建立金融

自助服务机和新型综合服务平台网点，提供支付结算、国库拨付、小额信贷等基础金融服务。同步开展了创建"农村刷卡无障碍示范区"活动，将金融POS机发放到有需求的新型经营主体中，使其能真正融入金融网络，并通过线上交易的普及减少了现金交易，有效提升了农村金融的信息化、智能化水平。

二　彭山区农村土地经营权抵押融资改革试点的主要成效

在充分保障农民土地权利的基础上，彭山区成功实现了农村土地的抵押融资功能。这不仅进一步提升了土地价值、增加了农民的财产性收入，而且具有抵押融资功能后，农村土地具备了吸引外部资本投入的价值和渠道，能够借助资本的力量盘活农村"沉睡的资产"，从而实现外部资本、技术与农村土地、劳动力等要素的结合，显著提高资源配置的效率，提升了农业现代化水平和农村经济持续发展能力。

（一）农村土地流转规模显著扩大

农用地流转是适度规模农业经营的基础，但随着土地租金的持续提高，专业大户、家庭农场、合作社等资本实力有限的新型农业经营主体面临不断增大的经营成本压力，其结果是因有效需求不足而抑制了转入农地意愿的增长，进而阻碍了农村土地流转规模的扩大。

彭山区正是瞄准这一关键性难点进行的重要突破和创新，其实质是通过激活土地经营权的潜在价值减轻经营者的资金压力，从而创造出更多扩大农地规模经营的有效需求。

实践表明，启动改革试点以来，彭山区土地流转需求持续增加，土地经营权流转速度显著加快。截至2016年第一季度，全区土地流转面积已经达到12万亩，流转率达到50%以上。从结构上看，流转面积为50—100亩的占流转总面积的40%，面积为100—500亩的占50%，面积为500亩以上的占10%。可见，大部分土地都流向了专业大户、家庭农场、合作社等适度规模的新型经营主体，为发展现代农业奠定了极其重要的要素基础。

（二）新型农业经营主体迅速发展

各类新型农业经营主体构成了我国现代农业发展的新的微观基础，其发展壮大是农业转型和农村产业发展的关键环节。近年来，各级政府出台了一系列培育和发展新型农业经营主体的政策措施，为各类新型农业经营主体发展创造了十分重要的外部环境，但是，据相关调查显示，在自身发展基础总体薄弱的条件下，融资难一直是制约专业大户、家庭农场、合作社等中小规模经营主体发展的共同性难题，贷款难、贷款成本高和贷款无门构成了困扰各类新型农业经营主体发展的主要困难。

农村土地经营权抵押融资改革，通过增强土地经营权的流动性有效解决了新型经营主体面临的融资问题。在法律允许的范围内，彭山区积极探索土地经营权抵押融资的实现方式，通过赋予经营权抵押权能和明确经营者的主体地位，扩大了新型农业经营主体的可抵押物范围，并且建立了农地价值评估体系和抵押融资的风险控制体系，提高了金融机构提供抵押融资服务的积极性，有效解决了新型农业经营主体面临的资金需求问题。2014年年底至2016年年初，全区家庭农场注册数量从57家快速增加至398家。同时，专业合作社数量也迅速增加，至2016年年初已经达到237家。

（三）现代农业产业体系加速形成

外部资本缺乏进入农业和农村的渠道、无法与农村要素有效结合，这是导致我国农业经营方式落后、农村产业结构不合理的重要原因。从我国大多数地区来看，阻碍外部资本等要素进入农业和农村的主要原因在于农村资产的产权模糊和流动性弱，缺乏对资本要素的吸引力。因此，必须瞄准关键环节，寻找到能够促进城乡要素有机结合的突破口。

彭山区正是通过明晰土地产权、拓展土地权能实现了外部资本与农村要素的结合，从而有力地促进了现代农业产业体系的形成和发展。

2016 年第一季度，彭山区第一产业投资增速达 70.8%，随着外部资本的不断注入，全区农业规模化、机械化和科技水平显著提高，产业链条不断完备，产业融合进程持续推进。目前，在葡萄、柑橘、猕猴桃等水果生产领域，已经形成了产、加、销一体化的全产业链发展模式，并构建了完善的社会化服务体系，能够高效率地提供土地流转、农资采购、技术推广、农机服务等专业服务。同时，以特色农业为依托的乡村休闲旅游、乡土文化体验等产业已初见成效，投资总额 160 亿元的农业嘉年华、中法农业科技园和明都花卉等重点产业项目落户彭山区并已取得实质性进展。

（四）新型城镇化进程有序推进

健康持续的城镇化要求农村人口必须在自愿选择的基础上规范、有序地脱离土地，从而为现代农业发展提供极为重要的要素资源和市场条件。但是，在土地等农村资产流动性较弱的条件下，农村人口只能以土地经营权固化的方式表达其权利，从而或者形成大量"两栖农民"，或者因被迫放弃土地而"被进城"，人口城镇化进程极为缓慢。

彭山区改革的重要突破是通过增强土地财产的流动性，使外出务工农民能够"带着财产权利进城"、"带着财产权利落户"，从而破解了制约城镇化发展的关键难题。截至 2016 年 3 月底，全区已有 2997 户农村居民带着土地流转收益权和集体经济股份，进城进镇创业、就业和生活，全区城镇化率超过 50%，高于全省平均水平。同时，农村社区和乡镇由于新要素的进入而增强了发展动能，教育、医疗等公共服务水平得以提高，居民生产生活环境得以改善，使不愿离乡的农民和返乡农民工能够就地就近享受到较为完善的生活保障和多渠道创业就业机会。土地经营权抵押融资改革为彭山区城镇化构筑了相对稳定的产权基础，使新型城镇化进程能够健康、有序地推进。

三 彭山区土地经营权抵押融资改革的经验启示

彭山区改革针对当前农业转型阶段的现实需求，瞄准农村金融发展的关键环节，以强化土地经营权权能为突破口，重点为新型农业经营主体构建起高效、便捷、低风险的现代金融服务体系。

（一）尊重市场规律的同时，重视政府的有效引导和合理定位

农村土地经营权抵押融资改革是农业转型和农村经济发展的客观要求，改革创新的根本动力在市场之中，源于新型农业经营主体的有效需求与金融机构的供给意愿。在上述改革推进过程中，彭山区充分尊重市场经济规律，重视和发挥市场机制的基础性作用，例如，组建独立的农业投资公司，以市场主体身份提供交易中介、风险防控等服务。

在充分发挥市场作用的基础上，彭山区也十分注重发挥政府在引导制度创新、弥补市场失灵等方面的职能，例如，针对农村土地流转市场信息不对称的问题，政府组建土地价值评估和流转平台，有效破解了信贷供求双方的信息阻塞问题；针对抵押物处置困境，政府引导建立土地收储制度，解除了金融机构的后顾之忧。政府职能的有效发挥不仅有效弥补了市场的"短板"，而且形成了政府与市场良性互动、相互促进的机制。

（二）在突破关键环节的基础上实现制度体系的整体创新

在改革方案制定的过程中，经营权抵押融资风险较高、抵押物处置困难是金融机构的首要顾虑，抵押融资交易程序复杂、贷款利率较高是各类经营主体不愿参与的主要原因。

为保证改革能够顺利进行，彭山区通过推进配套改革完善制度环境，保证改革能够持续推进。例如，在完成土地确权颁证的基础上明确建立可实施的经营权确认与流转制度，并同步推行"政银保"合作制度，进一步增强了对金融风险的控制能力。

（三）推进改革需要顶层赋权与地方实践之间相互结合

彭山区的农地经营权抵押融资改革，是在中央、省级政府赋权的前提下，结合自身实践进行的制度创新。在改革进入全面深化阶段，要进一步推进改革，必然会碰触到目前法律政策已有的制约，这也是许多地区农村金融改革显著滞后的重要原因之一。彭山区改革是在被确定为"两权"抵押贷款试点区后才真正得以全面启动。

在获得自上而下的改革赋权之后，改革成效则主要取决于地方自身的创新动力和组织措施。彭山区长期面临农业资本投入不足的困扰，因而具有强烈的改革需求和内在动力；为了顺利推进改革，区政府组建了改革领导小组，制定了详尽的改革方案和实施路径，全力确保改革试点目标明确、重点突出、循序推进。彭山经验证明，农村改革的成功需要政策支持与地方探索的结合，赋予试点区的特殊政策和试错权利是一系列创新能够进行的外部保障，地方政府基于当地农业发展现实进行大胆的创新性探索是推进改革的内在动力。

（四）既要重视满足经营主体的现实需求，更要通过制度创新激活潜在市场机会

彭山区通过农村土地经营权抵押融资改革，破解了农业适度规模经营中各类新型农业经营主体的融资难题，满足了现代农业发展中投资规模不断增大的现实需求。同时，改革还通过构建起完善的闭合体系控制了金融产品的风险和成本，提高了农村金融行业的比较收益，以经济利益吸引了大批金融机构主动参与改革，有效地激发市场潜在机会，激励各类经济主体的主动行为，发挥以制度建设激发市场潜能和主体积极性的作用。

（五）在释放制度红利的同时重视构建有效的利益协调机制

利益追求是改革成功的初始动力，而不同主体之间利益的协调则是改革持续、顺利推进的根本保证。彭山区通过经营权抵押融资改革，构

建起完善的制度体系，满足了农业发展的资金需求，促进了现代农业的转型升级。同时，通过农村土地流转和农村金融改革，农民、新型经营主体、金融机构多方利益均得到增进：农民能够获得较高的土地财产收益和较多的就业机会；新型经营主体获得急需的资金支持，获利能力进一步增强；金融机构拓展了业务范围，有效降低了贷款成本和风险。

四 进一步推进农村土地经营权抵押融资改革的政策建议

彭山区的农村土地经营权抵押融资改革已经取得初步成效，但改革成果的巩固和推广深化仍面临法律政策的约束，需要从国家和省级层面给予更大力度的政策支持。

（一）中央进一步赋权允许试点地区突破部分法律法规

虽然通过产权制度改革明确了农村土地"三权分置"的权利架构，但对于是否允许经营权抵押仍没有在法律层面明确。同时，部分政策虽然允许土地经营权抵押，但前置条件较为严格。目前，中央给予试点地区的政策仅局限于鼓励试点和试办此类抵质押贷款，对于产生的风险并没有规定给予风险补偿，一旦贷款出现风险时缺乏政策及法律层面的补救措施。

针对上述情况，建议中央尽快修订现行法律或出台支持性法律法规，在法律尚未明确期间，明确赋予农村改革试点地区在合理范围内的试错权和列明情况下的免责权，解除地方政府的改革顾虑，充分发挥试点地区先试先行、探索经验的作用。

（二）构建能够反映基层实际需要的金融产品传递机制

虽然在彭山区改革试点过程中，各个金融机构设计了部分金融产品，但是金融机构多采取自上而下的产品创新和推广方式，由总行或分行设计后在基层金融网点应用。在这一过程中，由于缺少对地域特征的把握，许多产品难以与试点地区实际情况相适应。

为增强金融创新产品的地方适用性，建议在试点地区把银行的产品设计和评估权力下放到地级市或县区层面，赋予地方金融网点的产品创新权，建立起自下而上的金融产品需求表达和创新机制。

（三）建立全国农业经营主体信用评价和农地流转信息系统

在农村金融改革中，信息不对称是融资风险较大、成本较高的重要原因。彭山区建立了对现有新型经营主体的信用评级系统，但随着对农业经营主体身份限制的弱化，来自全国不同地区的农业经营主体越来越多，难以全面把握其信用情况。同时，当发生违约风险时，农业经营主体信息对高效地处理抵押物以及减少损失具有重要作用。

为减少信息不对称问题，建议在全国层面建立公开统一的农业经营主体信用评价体系和农地流转信息系统，以信息共享减少风险、提高改革效率。

后　记

　　为认真贯彻落实中共中央办公厅、国务院办公厅《关于加强中国特色新型智库建设的意见》，根据中国社会科学院 2016 年智库建设工作会议精神，2016 年 4 月农村发展研究所提出了筹建"三农"智库的工作设想并呈报了初步方案。王伟光院长对农发所新型智库建设高度重视，蔡昉副院长多次做出具体批示。根据有关领导的指示精神，农发所经过多次讨论研究，将原"三农"智库建设方案调整为城乡发展一体化智库建设方案。经 2016 年 6 月 8 日院务会议研究决定，批准依托农发所成立中国社会科学院城乡发展一体化智库。

　　在院领导的亲切关怀和有关部门的大力支持下，2016 年 9 月 6 日，中国社会科学院城乡发展一体化智库成立大会暨第一届理事会议、深化农村集体产权制度改革研讨会在北京隆重召开。中国社会科学院院长、党组书记王伟光出席会议并讲话。中国社会科学院副院长蔡昉主持成立大会，并宣读中国社会科学院批准成立城乡发展一体化智库的决定。全国政协经济委员会副主任、中央农村工作领导小组原副组长、办公室原主任陈锡文作主题报告。中央农村工作领导小组办公室副主任韩俊为大会致辞。在成立大会上，王伟光与陈锡文共同为中国社会科学院城乡发展一体化智库揭牌。

　　中国社会科学院城乡发展一体化智库（Center for Urban – Rural Development Studies, Chinese Academy of Social Science）将依托农村发展研究所，整合中国社会科学院及国内外相关研究资源，集中力量研究中国"三农"问题，努力建设国际上有影响、国内最知名的新型智库。城乡发展一体化智库设立理事会，下设秘书处。第一届理事会名誉理事长为王伟光、陈锡文，理事长为蔡昉，常务副理事长为魏后凯，副理事长有闫坤、潘晨光、张晓山、杜志雄、宋洪远、叶兴庆，成员有高培勇、潘家华、李汉林、张车伟、陈光金、邓纯东、杨尚勤、郭玮、张红宇、董祚继、马援、史育龙、方言、左常升、黄秉信、黄超峰、孔凡斌、唐忠、郭沛、黄季焜、苑鹏、朱钢，秘书长为翁鸣。此外，智库还设有学术委员会，主任为魏后凯。

为加强新型智库建设，自 2016 年 3 月以来，我们就以农发所的名义开展工作，启动创办了中国社会科学院农村发展研究所《智库专报》，并于 2016 年 4 月 24 日刊印了第 1 期。城乡发展一体化智库成立以后，我们将该《智库专报》改名为中国社会科学院城乡发展一体化智库《研究专报》。2016 年，城乡发展一体化智库《研究专报》共刊印 18 期。这些研究报告通过各种渠道报送有关政府部门、研究机构和相关组织，对政府决策起到了积极作用，产生了良好的反响。

应有关部门和广大读者的要求，我们将 2016 年度的 18 篇研究报告结集出版，取名为《中国"三农"研究》（第一辑）。借此机会，再次感谢院党组对城乡发展一体化智库建设的关心和指导，感谢中央农村工作领导小组办公室的指导和支持，感谢各位理事和学术委员的支持和帮助，也要感谢院科研局和智库办的指导和督促。

用城乡统筹发展的思路破解我国"三农"问题，是一个大战略，也是一篇大文章。做好这篇大文章，我们应当不忘初心、求真务实、改革创新、不断前行。

这本智库论集即将付梓，也是我们智库在新的起点更上一层楼之际，简短地写下上述文字，是为后记，与各位同事及读者共勉。

编者
2017 年 3 月 31 日